12 femmes d'Orient
qui ont changé l'Histoire

DU MÊME AUTEUR

AUX ÉDITIONS GALLIMARD
L'Enfant de Bruges, roman
À mon fils à l'aube du troisième millénaire, essai
Des jours et des nuits, roman

AUX ÉDITIONS DENOËL
Avicenne ou la route d'Ispahan, roman
L'Égyptienne, roman
La Pourpre et l'Olivier, roman
La Fille du Nil, roman
Le Livre de saphir, roman (Prix des libraires 1996)

AUX ÉDITIONS PYGMALION
Le Dernier Pharaon, biographie

AUX ÉDITIONS CALMANN-LÉVY
Le Livre des sagesses d'Orient, anthologie
L'Ambassadrice, biographie
Un bateau pour l'Enfer, récit
La Dame à la lampe, biographie

AUX ÉDITIONS FLAMMARION
Akhenaton, le Dieu maudit, biographie
Erevan, roman (Prix du roman historique de Blois, Prix Henri Verneuil, Prix Océanes)
Inch Allah, Le souffle du jasmin, roman
Inch Allah, Le cri des pierres, roman

AUX ÉDITIONS ALBIN MICHEL
Les Silences de Dieu, roman,
(Grand Prix de littérature policière 2003)
La Reine crucifiée, roman
Moi, Jésus, roman

Site officiel de Gilbert Sinoué :
http://www.sinoue.com

Gilbert SINOUÉ

12 femmes d'Orient

qui ont changé
l'Histoire

Pygmalion

Sur simple demande adressée à
Pygmalion, 87 quai Panhard et Levassor, 75647 Paris Cedex 13,
vous recevrez gratuitement notre catalogue
qui vous tiendra au courant de nos dernières publications.

ISBN : 978-2-7564-0421-9

La préférée

C'était il y a longtemps…

Abraham n'avait pas d'enfants et ne nourrissait plus l'espoir d'en avoir. Une nuit, Dieu le fit sortir de sa tente et lui dit : « Lève les yeux au ciel et compte les étoiles si tu peux les dénombrer. » Et tandis qu'Abraham plongeait son regard dans la voûte céleste, il entendit la voix lui dire : « Telle sera ta postérité. »

Sarah, l'épouse d'Abraham, avait alors soixante-seize ans, et lui en avait quatre-vingt-cinq. Elle lui donna sa servante Hagar, une Égyptienne, afin qu'il la prît comme seconde épouse. Mais les rapports s'aigrirent entre la maîtresse et la servante, et Hagar s'enfuit devant la colère de Sarah, implorant Dieu dans son infortune. Le Seigneur lui envoya alors un ange avec ce message :

« Je multiplierai ta postérité, et elle sera si nombreuse qu'on ne pourra pas la compter. » Et l'ange ajouta : « Voici, tu es enceinte et tu enfanteras un fils, et tu lui donneras le nom d'Ismaël, car le Seigneur t'a entendue dans ta détresse. »

Alors Hagar retourna auprès d'Abraham et de Sarah et leur rapporta les paroles de l'ange. Quand vint la naissance, Abraham nomma son fils Ismaël, ce qui signifie : « Dieu entend. » Lorsque l'enfant atteignit l'âge de treize ans, Abraham était dans sa centième année et Sarah était nonagénaire. Dieu parla une nouvelle fois à Abraham et lui promit que Sarah également lui donnerait un fils, qui devrait recevoir le nom d'Isaac. Craignant que son fils aîné ne perdît de ce fait la faveur de Dieu, Abraham formula cette prière : « Puisse Ismaël vivre devant Toi ! »

Et Dieu lui dit : « En faveur d'Ismaël, Je t'ai entendu. Vois, Je l'ai béni… Je le ferai croître et multiplier très abondamment. Il engendrera douze princes et Je le ferai devenir une grande nation. J'établirai mon alliance avec Isaac, que Sarah t'enfantera à cette époque-ci de l'année prochaine. »

Sarah donna naissance à Isaac et ce fut elle-même qui l'allaita. Lorsqu'il fut sevré, elle dit à Abraham qu'Hagar et son fils ne devaient pas demeurer plus longtemps dans leur foyer. Abraham en fut affligé, car il aimait Ismaël. Mais Dieu lui parla à nouveau, lui disant de suivre le conseil de Sarah et de ne point s'attrister ; et Il lui renouvela sa promesse qu'Ismaël serait béni.

Hagar et Ismaël furent envoyés dans une vallée déserte d'Arabie. La vallée s'appelait Bacca. Peu de temps après, la mère et l'enfant commencèrent à souffrir de la soif, au point qu'Hagar craignit pour la vie d'Ismaël. Selon les traditions rapportées par leurs descendants, celui-ci, couché sur le sable, élevait ses plaintes vers le Ciel tandis que sa mère, debout sur un rocher au pied d'une éminence voisine, cherchait à voir si quelque secours était en vue. N'apercevant personne, elle gagna rapidement un autre promontoire rocheux d'où son regard ne put découvrir âme qui vive. En proie au désespoir, elle parcourut ainsi par sept fois la distance séparant les deux monticules (El-Safa et El-Marwa) jusqu'à ce que, s'étant enfin assise pour se reposer sur le rocher le plus éloigné, elle entendît la voix de l'ange.

« Qu'as-tu, Hagar ? Ne crains pas, car Dieu a entendu la voix de l'enfant dans le lieu où il est. Lève-toi ! Relève l'enfant et prends-le par la main, car Je ferai de lui une grande nation. »

Dieu lui ouvrit alors les yeux et elle vit un puits d'eau.

L'eau était celle d'une source que Dieu avait fait jaillir du sable au contact du talon d'Ismaël. Par la suite, la vallée devint rapidement une halte pour les caravanes en raison de l'excellence et de l'abondance de cette eau ; et le puits fut appelé Zamzam. Quant à la Genèse, elle nous dit au sujet d'Ismaël : *Et Dieu fut avec l'enfant, il grandit et demeura au désert, et il devint habile à tirer à l'arc.* Après quoi elle ne mentionne que rarement son nom, si ce n'est pour nous apprendre que les deux frères, Isaac et Ismaël, inhumèrent ensemble leur père à Hébron et que, quelques années plus tard, Ésaü épousa sa cousine, qui était la fille d'Ismaël.

Au moment où Hagar et Ismaël atteignaient leur destination, Abraham avait encore soixante-quinze années à vivre, et il rendit visite à son fils dans le lieu saint où Hagar avait été guidée. Le Coran nous dit que Dieu lui montra l'emplacement exact, près du puits de Zamzam, sur lequel lui et Ismaël devaient bâtir un sanctuaire et ils furent instruits sur la façon de l'édifier. Son nom : la Ka'bah, c'est-à-dire le cube. Ses quatre coins sont orientés vers les quatre points cardinaux. Mais l'objet le plus saint de ce lieu est une pierre céleste qui, dit-on, fut remise à Abraham par un ange qui l'apporta de la colline d'Abou Qubays, située à proximité, sur laquelle elle était demeurée à l'abri depuis son arrivée sur terre. « Elle était descendue du Paradis plus blanche que le lait, mais les péchés des fils d'Adam l'avaient noircie. »

Ce fut cette pierre noire qu'ils enchâssèrent dans le coin oriental de la Ka'bah.

Plus tard encore, peut-être lorsqu'il était à Canaan et qu'il contemplait les pâturages et les champs de blé qui s'étendaient autour de lui, Abraham pria ainsi : « En vérité j'ai établi une partie de mes descendants dans une vallée stérile, auprès de Ta Maison sacrée… Aussi incline vers eux les cœurs des hommes et accorde-leur des fruits pour subsistance afin qu'ils soient reconnaissants. »

C'est ainsi que tout a commencé.

Les siècles s'écoulèrent dans le sablier du temps. Et, environ deux mille années plus tard, vers l'an 570 de notre ère[1], à La Mecque, à l'endroit où Abraham et ses fils enchâssèrent la pierre noire, naquit un enfant que l'on nomma Mohammad, « celui qui est loué ». Sa mère s'appelait Aména bint Wahb. Son père, 'Abd Allāh, était membre de la tribu des Qoraïch. Selon certains, Aména n'avait senti ni gêne ni pesanteur due à sa grossesse et, de ce fait, ne savait pas qu'elle était enceinte. Elle apprit la nouvelle dans une vision et c'est un ange qui lui aurait suggéré de nommer son fils Mohammad.

'Abd Allāh mourut deux mois avant la naissance de son fils, et Aména, lorsque Mohammad eut six ans. Orphelin peu fortuné, il fut recueilli par son grand-père, Abd el-Muṭṭalīb, auprès de qui il vécut jusqu'à l'âge de huit ans, puis par un oncle, commerçant aisé : Abū Ṭālib.

D'abord berger, Mohammad se rendit vite très utile en aidant son oncle à servir les clients dans un petit commerce qu'il exerçait à La Mecque et l'accompagna

1. La date de naissance de Mohammad se situe entre 567 et 572. On retient généralement 570.

lors de ses déplacements en Syrie. Ce fut au cours de l'un de ces voyages qu'ils rencontrèrent un moine nestorien du nom de Bahirâ. À la descente des caravaniers, celui-ci alla vers eux (ce qu'il n'avait jamais fait avant ce jour), saisit la main de Mohammad (qui n'avait alors que neuf ans) et dit : « Voici le guide des mondes, voici le messager du Seigneur des mondes, celui qu'Allah envoie par clémence à l'égard des mondes. »

Abū Ṭālib et les sages de Qoraïch lui dirent : « Qu'en sais-tu ? » Il répondit : « Les pierres et les arbres que vous avez dépassés depuis votre départ se sont tous prosternés pour rien de moins qu'un Prophète. » Et il ajouta : « Je l'ai reconnu par le sceau de la prophétie qui, telle une pomme, est au-dessus du cartilage de son épaule[1]. »

À l'âge de vingt-cinq ans, Mohammad fut recruté par Khadîja, une très riche commerçante, deux fois veuve, et que l'on surnommait « El-tâherâ », la pure. Le jeune homme était déjà célèbre parmi les siens pour sa virile beauté et ses manières gracieuses. Il devint son homme de confiance et, grâce à ses vertus morales et à sa probité, réussit à gagner son amour. Elle proposa le mariage. Il accepta, quoiqu'elle eût quarante ans et lui vingt-cinq.

1. Il portait sur son dos le sceau de la prophétie, une marque distinctive sous forme d'un grain de beauté.

Ils eurent quatre filles et trois fils. Ces derniers, hélas, moururent en bas âge. Il prit sous sa protection ‘Alī, le fils de son oncle Abū Ṭālib, et adopta un esclave – Zayd – que lui avait donné Khadîja et qu'il affranchit.

Jusqu'à l'âge de quarante ans, Mohammad mena une vie tranquille et prospère, recherchant calme et silence dans la caverne d'une montagne proche. Il y méditait en s'y livrant à des pratiques d'ascétisme. Un jour, vers l'an 610 de l'ère commune, il eut une vision « comme le surgissement de l'aube », il entendit une voix, et vit, selon la tradition, l'archange Gabriel qui lui ordonna : « Lis ! » et Mohammad lui répondit : « Je ne sais pas lire. » L'ange réitéra son ordre par trois fois, puis il déclara : « Lis, au nom du Seigneur qui a créé, qui a créé l'homme d'un caillot de sang. Lis, ton Seigneur est le Très Noble qui a enseigné par le calame ; enseigné à l'homme ce qu'il ne savait pas ! »

D'abord effrayé, suspectant un piège de Satan, Mohammad s'habitua peu à peu à recevoir ces paroles, ensuite il les répéta à son entourage et, plus tard, les dicta.

Après un silence de trois années, en 613, l'ange lui réapparut et lui donna pour mission d'éclairer tous ses frères en les exhortant de n'adorer qu'un seul Dieu et de pratiquer la charité vis-à-vis des veuves, des pauvres et des orphelins. Il commença son apostolat d'abord dans son entourage, par l'intermédiaire de ses disciples qu'il nomma « les musulmans » pluriel de Musslim, « ceux qui se soumettent » (à Allah), et convainquit les gens de sa maison (Khadîja fut la première femme à croire en la révélation) et quelques amis, parmi lesquels l'homme qui sera le plus proche de lui : Abou Bakr.

En 619 moururent coup sur coup ses deux protecteurs : son oncle Abū Tālib et sa femme-mère Khadîja. Durant les vingt-cinq ans où il était resté uni à Khadîja, il n'avait pas épousé d'autre femme et il lui était resté fidèle. Il dira à son sujet : « Elle a cru en moi, lorsque les gens m'ont renié. Elle a ajouté foi à ce que j'ai rapporté alors que l'on m'accusait de mensonge ! Elle m'a assisté avec ses biens lorsque les gens m'en ont privé. »

La disparition de son épouse le plongea dans une infinie tristesse. Et la solitude fondit sur lui. Il avait alors une cinquantaine d'années. Il songea à se remarier. Mais durant tout ce temps, il n'avait vécu que pour Khadîja et l'adoration de Dieu. Par conséquent, il ne savait rien ou peu de chose sur la réputation des femmes de Qoraïch.

Au cours des mois qui suivirent le décès de Khadîja, Mohammad se rendit régulièrement chez son très cher ami, Abou Bakr ; celui dont il disait : « S'il m'avait été permis d'avoir pour ami intime quelqu'un d'autre qu'Allah, cela aurait été Abou Bakr. Seulement il est mon frère et mon compagnon. »

Abou Bakr était père de six enfants : Asmâ' et 'Abd Allāh, nés d'un premier mariage. Abd el-Rahman et Aïcha, née d'un deuxième ; Mohammad, d'un troisième, et Om Koulthoum, d'un dernier. Mais le regard du destin s'était posé sur un seul d'entre eux : Aïcha. Aïcha qui signifie « La vivante ». Et vivante elle était, et joviale, et dotée d'une extraordinaire mémoire.

Alors qu'il hésitait sur le choix de sa future épouse, il fit un rêve étrange. Il vit un ange qui portait un corps enveloppé dans une étoffe de soie. L'ange lui dit : « Voici ta femme, retire-lui donc son voile ! » Le Prophète avait soulevé le pan de soie et, à sa grande surprise, il avait découvert Aïcha. Comment était-ce possible ? La fillette n'avait que sept ans, alors que lui-même avait dépassé la cinquantaine. En outre, Abou Bakr l'avait déjà promise à Joubeïr, le fils de Mut'im. Alors, le Prophète pensa simplement en lui-même : « Si cela vient de Dieu, Il fera en sorte que cela s'accomplisse. »

Quelques nuits plus tard, il revit l'ange dans son sommeil qui portait le même fardeau enveloppé de soie, et cette fois ce fut le Prophète qui lui demanda : « Montre-moi ! » L'ange souleva l'étoffe. Aïcha apparut à nouveau et le Prophète se redit en lui-même : « Si cela vient de Dieu, Il fera en sorte que cela s'accomplisse. »

Il n'avait encore fait part de ses songes à personne, pas même à Abou Bakr, lorsque lui vint une troisième confirmation, indirecte cette fois.

Depuis la mort de Khadîja, une femme du nom de Khawlah, épouse d'Osman ibn Maz'ûn, s'était montrée très attentive aux divers besoins de la maisonnée, préoccupée de constater la solitude et le chagrin dans lesquels le Prophète était plongé. Un jour qu'elle se trouvait dans la maison, elle lui suggéra de prendre une autre femme. Quand il lui demanda qui il devrait épouser, elle lui dit : « Soit Aïcha, la fille d'Abou Bakr, soit Sawdah, la fille de Zam'ah. » Sawdah était âgée d'une trentaine d'années et veuve.

Aïcha ?

Le Prophète repensa alors à ses rêves qui figuraient la fillette et à la phrase qu'il avait prononcée chaque fois : « Si cela vient de Dieu, Il fera en sorte que cela s'accomplisse. » Il pria donc Khawlah d'essayer d'arranger son mariage avec les deux épouses qu'elle lui avait suggérées. Informée la première, Sawdah lui fit cette réponse : « Je suis à ton service, Envoyé de Dieu ! » Sur quoi le Prophète lui fit remettre un message disant : « Demande à un homme de ton peuple de te donner en mariage. » Elle choisit son beau-frère Hâtib, et Hâtib la donna en mariage au Prophète.

Quelque temps plus tard, Khawlah prit la direction de la maison d'Abou Bakr et lui annonça : « Le Messager de Dieu souhaiterait épouser Aïcha. » Abou Bakr questionna : « Lui est-elle licite alors qu'elle est la fille de son frère ? » Le Messager lui fit répondre : « Tu es mon frère en religion et ta fille m'est licite. »

Abou Bakr vint, alors, voir le Prophète et lui confia : « Ô Messager de Dieu, je l'avais promise à Joubeïr, fils de Mut'im ibn 'Adiy. La droiture exige que je m'enquière auprès d'eux afin de connaître leur décision finale à ce sujet. »

Mohammad acquiesça et Abou Bakr se rendit chez Mut'im et le trouva en compagnie de son épouse, Oum

Joubeïr. Il leur demanda : « Quelles sont vos intentions au sujet d'Aïcha ? »

Oum Joubeïr répliqua : « Tu voudrais peut-être le faire entrer dans ta religion, s'il épousait ta fille. » Elle craignait que l'union de son fils, Joubeïr, avec Aïcha, ne le pousse à se convertir à l'islam et était catégoriquement opposée à cette idée, car elle et son mari faisaient partie des incroyants de Qoraïch. Abou Bakr leur demanda : « Que voulez-vous dire par là ? »

Mut'im ibn 'Adiy prit alors la parole : « Mon épouse a dit ce que tu as entendu. »

Abou Bakr les quitta, libéré de sa promesse et accorda la main de sa fille au Prophète. Cependant, comme elle n'avait que sept ans, le Messager de Dieu la laissa vivre quelque temps chez ses parents. Cette femme, ainsi choisie dans la fleur de l'âge, le Messager de Dieu l'aimera avec plus de passion qu'aucune de celles qu'il épousa plus tard. Toutes avaient été mariées une première fois, mais Aïcha, dira-t-il, était la seule qui fût venue dans ses bras, vierge, pure et sans tache.

D'après un récit qu'elle-même fit plus tard, la première intuition que sa condition allait changer lui vint un jour qu'elle était en train de jouer non loin de leur maison. Sa mère s'approcha d'elle, la prit par la main et la conduisit à l'intérieur en lui disant que dorénavant elle ne devrait plus sortir pour jouer, mais que ce serait à ses amies de venir la rejoindre. Aïcha devina obscurément la raison de ce changement, bien que sa mère ne lui dît pas immédiatement qu'elle était fiancée. Et, mis à part le fait qu'elle ne devait plus jouer dans la rue, sa vie continua comme auparavant.

Le Prophète pourvut chacune de ses deux femmes d'une maison contiguë à la mosquée. Lui et ses filles s'installèrent avec Sawdah dans son nouveau logement. Lorsque Aïcha eut neuf ans, on décida alors de célébrer son mariage. Elle était d'une beauté absolument remarquable. Une beauté que l'on pouvait peut-être expliquer par la lignée dont elle descendait. Chez les Qoraïch, son père avait reçu le nom d'« Atiq » en raison, affirmait-on, de l'élégance de ses traits. Au sujet de la mère d'Aïcha, le Prophète avait déclaré : « Si quelqu'un veut contempler une femme qui appartienne aux Houris du Paradis aux grands yeux, qu'il regarde Oum Roumâne. »

Pour Aïcha, le Prophète était depuis longtemps quelqu'un de très proche et de très cher. Elle s'était accoutumée à le voir tous les jours, sauf durant les quelques mois où lui et Abou Bakr avaient émigré à Médine et où elle-même et sa mère étaient restées à La Mecque. Dès sa plus tendre enfance, elle avait pu observer que son père et sa mère traitaient le Prophète avec un amour et un respect qu'ils n'accordaient à aucun autre. Et comme elle s'était étonnée de cette différence, ses parents lui expliquèrent qu'ils savaient que Mohammad était l'Envoyé de Dieu, qu'il recevait régulièrement la visite de l'Ange Gabriel et s'entretenait avec lui.

Alors que la date prévue pour son mariage se rapprochait, la fillette continua de vivre sans rien changer à ses habitudes. C'est-à-dire comme tous les enfants de son âge. Le jour même où sa mère vint la quérir pour se rendre à la célébration, elle était en train de jouer dans la cour avec une amie de passage. Elle a relaté ainsi l'événement : « J'étais en train de jouer à la balançoire et ma longue chevelure était défaite. On vint alors me chercher et on m'emmena pour me préparer. Et comme je m'étonnais, ma mère me dit : "Aujourd'hui Aïcha, tu vas entrer dans la maison du Prophète." »

En prévision de ce jour solennel, Abou Bakr avait acheté une belle étoffe de Bahreïn à rayures rouges avec laquelle il avait fait confectionner une robe de mariée pour sa fille. Une fois que celle-ci l'eut revêtue, sa mère l'emmena à la maison qui venait d'être construite et où quelques femmes attendaient devant la porte. Le mobilier consistait en un matelas, un oreiller de fibres de dattiers, un tapis, deux jarres, l'une pour les dattes, l'autre pour la farine, ainsi qu'une cruche pour l'eau et un bol. Il y avait aussi une lampe à huile, qui, par manque d'huile, ne fonctionnait que rarement.

Les femmes saluèrent Aïcha en lui souhaitant bonheur et prospérité, et la conduisirent en présence du Prophète. Celui-ci resta debout, en souriant, pendant qu'on la coiffait et qu'on la parait d'ornements. Il n'y eut pas, comme pour les autres mariages du Messager de Dieu, de fête nuptiale et la célébration se déroula dans la plus grande simplicité. On apporta un bol de lait et, après en avoir bu, le Prophète l'offrit à Aïcha. Elle déclina l'offre timidement, mais quand il la pressa à nouveau de boire, elle y consentit et passa ensuite le bol à sa sœur Asma' qui était assise auprès d'elle. Les autres assistants burent à leur tour, après quoi tous se retirèrent.

Au cours des deux années qui avaient précédé la cérémonie, il ne s'était guère passé un seul jour sans qu'une ou plusieurs amies d'Aïcha viennent jouer avec elle dans la cour attenante à la maison de son père, et son départ pour la maison du Prophète ne changea rien à cette habitude. Ses amies continuèrent à lui rendre visite. « J'étais en train de jouer avec mes poupées, raconte-t-elle, en compagnie de mes amies, lorsque le Prophète entrait. Intimidées, elles se glissaient hors de la maison, mais il courait les rattraper et les ramenait, se réjouissant pour moi qu'elles demeurassent à mes côtés. »

« Parfois, il leur disait avant même qu'elles aient eu le temps de bouger : "Restez donc ici !" Il lui arrivait aussi de s'associer à nos jeux parce qu'il aimait les enfants et avait souvent joué avec ses propres filles. »

Un jour raconte encore Aïcha, le Prophète entra pendant qu'elle s'amusait avec ses poupées et lui demanda :

« Ô Aïcha, quel est ce jeu ? — Ce sont les chevaux de Salomon ! » répondit-elle.

Sur quoi il se mit à rire.

Quelquefois aussi, il se contentait une fois entré de se servir de son manteau comme d'un écran afin de ne pas nous déranger.

Le 17 mars 624, se déroula la première bataille que les hommes du Messager de Dieu remportèrent contre le clan des Qoraïchites qui, deux ans plus tôt, l'avait contraint à s'exiler pour Médine[1].

Mais, après cette grande victoire, en 625, les troupes du Prophète durent affronter à nouveau leur ennemi. La bataille eut lieu sur le mont Uhud, près de Médine. Et cette fois, hélas, ce furent les Qoraïchites qui l'emportèrent. Certains Médinois critiquèrent le Prophète et firent observer alors que s'ils étaient restés retranchés au lieu d'aller à la bataille le combat eût été victorieux. Mohammad leur rétorqua que les desseins d'Allah ne pouvaient être contrariés et que, s'ils devaient mourir, c'était la destinée que Dieu leur avait fixée.

« Quand bien même vous seriez restés dans vos maisons, la mort aurait frappé dans leur lit ceux dont le trépas était inscrit là-haut, pour que le Seigneur

1. Cette date représente le point de départ du calendrier musulman. Ce fut en effet dès ce jour que l'*oumma*, la communauté musulmane, naquit « officiellement ».

éprouve ce que recèlent vos cœurs et qu'Il en purifie le contenu. »

Au cours de cette funeste journée, Hamza ibn Abdel-Mouttaleb (l'oncle de Mohammad) fut tué. Et le Messager de Dieu lui-même fut blessé.

En pleine bataille, on vit Aïcha, et d'autres femmes parmi les premières musulmanes, soigner les blessés et donner à boire aux combattants. Dans son condensé des hadiths – les propos tenus par le Prophète – El-Boukhari[1] rapportera ce témoignage d'Anas, l'un des combattants : « Je vis Aïcha et Oum Salama, les vêtements retroussés au point que je pouvais apercevoir le bas de leurs jambes, bondir avec les outres sur le dos et abreuver les blessés. »

Parmi les victimes, on dénombra un guerrier du nom de Khunays ibn Adiy. Sa veuve s'appelait Hafsa. Elle était la fille d'Omar ibn el-Khattab. L'un des personnages qui, avec Abou Bakr, était le plus proche du Prophète. Alors, afin de témoigner de l'affection qu'il lui portait et obéissant aussi aux versets du Coran qui recommandaient d'assurer l'existence des veuves et des orphelins que laissaient derrière eux les martyrs, Mohammad décida d'épouser Hafsa. Âgée d'une vingtaine d'années, elle faisait partie de ces rares femmes qui, à cette époque, savaient lire et écrire. Et bien que cette dernière eût une grande influence sur le Messager de Dieu, Aïcha continua de jouer le premier rôle.

1. Célèbre érudit, on lui doit d'avoir rassemblé près de 600 000 hadiths et d'en avoir mémorisé 200 000.

Pour les mêmes raisons qui l'amenèrent à prendre Hafsa pour femme, il eut d'autres épouses[1]. Mais Aïcha demeurait la plus belle, l'unique, la plus ardente d'entre toutes et continuait d'occuper le statut d'épouse préférée. Au fur et à mesure qu'elle grandissait, elle faisait de plus en plus montre de finesse, et d'une soif jamais altérée d'apprendre. Et bien qu'elle fût encore jeune au moment de l'Hégire, tous ceux qui l'ont côtoyée furent unanimes pour affirmer que nul ne pouvait mieux raconter tous les détails de l'Émigration, même plusieurs années après.

Dès que le Prophète rentrait, elle lui posait mille et une questions. Elle n'entendait jamais une chose qu'elle ne comprenait pas sans revenir à la charge auprès de lui et insistait jusqu'à ce qu'elle l'eût bien saisie. C'est d'ailleurs grâce à ses questionnements que furent transmis bon nombre d'enseignements et de traditions.

Bientôt, le savoir de l'adolescente fut égal à celui de tous les Compagnons et des Mères des Croyants réunis. La raison de sa connaissance était simple : elle était presque toujours présente lors des entretiens que le Prophète avait avec ses disciples lorsqu'il leur transmettait la signification du message divin. Elle le voyait vivre au quotidien et rien de ce qu'il disait ou faisait ne lui échappait. À la différence des autres femmes du

1. Au cours de sa vie, Mohammad épousa onze femmes et eut une concubine d'origine chrétienne : Mâriya El-Qibtiyyah (Marie la Copte). Le verset qui limite le nombre d'épouses à quatre ne lui fut révélé qu'après qu'il eut épousé toutes ses femmes.

Prophète, c'était aussi sa jeunesse qui la rendait si perméable, apte à recevoir, à retenir, pour ensuite retransmettre.

Peu à peu, on la vit se passionner pour la généalogie et l'histoire de toutes les tribus de l'Arabie préislamique, ce qui était très important pour la « stratégie » que le Prophète dut mettre en place, afin que l'« Oumma », la communauté, puisse nouer des alliances.

Jamais, à aucun moment, elle ne perdit ce qui faisait sa fraîcheur, c'est-à-dire sa spontanéité ; ce qui n'était pas sans provoquer parfois quelques incidents ; mais ceux-ci furent autant d'enseignements donnés aux musulmans. Il n'était donc pas étonnant que le Prophète déclarât : « La supériorité d'Aïcha sur les autres musulmanes est comme celle du *tsarîd* sur les autres mets. » Il s'agissait d'un plat à base de viande que le Prophète privilégiait entre tous.

Mais un jour de l'an 625, alors qu'Aïcha venait d'avoir quinze ans, ce « plat préféré » faillit se transformer en poison.

C'était la coutume de Mohammad d'avoir toujours avec lui, dans ses expéditions militaires, une ou deux de ses femmes. Ce jour-là, il avait désigné Oum Salama et Aïcha. Elles voyageaient dans un palanquin, clos par des rideaux et porté à dos de chameau. Or il arriva qu'après deux ou trois jours de marche forcée, alors que l'armée faisait halte au coucher du soleil, le collier d'onyx que portait Aïcha se détacha et tomba à terre sans qu'elle le remarquât. Lorsqu'elle s'aperçut de sa disparition, il faisait déjà trop sombre pour entreprendre des recherches. C'était un bijou que sa mère lui avait mis autour du cou le jour de son mariage et qui était un de ses biens les plus précieux.

Il n'y avait pas d'eau à cet emplacement et le Prophète n'avait eu l'intention que d'y faire une brève halte. Néanmoins, répondant à la supplique de son épouse, il se ravisa et donna l'ordre de ne repartir que le jour suivant. Le motif de sa décision se propagea de bouche en bouche, et beaucoup ressentirent une vive indignation à la pensée qu'une armée entière allait devoir s'attarder dans un lieu aussi peu clément à cause d'un simple collier. Quelques Compagnons allèrent se plaindre à Abou Bakr, lequel se sentit très confus et réprimanda sa fille pour son étourderie. Il n'y avait aucun puits à proximité et personne n'avait songé à conserver une provision d'eau, puisque les outres et les gourdes allaient être remplies au point d'eau où l'armée devait camper ce soir-là. Et s'ils n'avaient pas d'eau pour faire leurs ablutions, les soldats se retrouveraient dans l'incapacité de dire la prière de l'aube.

Pourtant, dans les dernières heures de la nuit, le Prophète eut la révélation du verset concernant la purification par la terre ; événement qui devait avoir un retentissement considérable dans la vie pratique de la communauté. *Si vous ne trouvez pas d'eau, purifiez-vous avec de la terre propre avec laquelle vous vous frotterez le visage et les mains.* De ce fait, l'irritation qu'avait soulevée l'incident se calma totalement, au point que l'un des Compagnons du Messager de Dieu s'exclama : « Ceci n'est pas le premier bienfait que tu nous as apporté, ô famille d'Abou Bakr ! »

À l'aube, le collier n'avait toujours pas été retrouvé et, tout espoir étant perdu, l'ordre de départ fut donné. Au moment même où le chameau d'Aïcha se leva de l'endroit où il était resté agenouillé toute la nuit, le collier apparut sur le sol en dessous de lui. Et Aïcha le récupéra.

Or, la boucle du collier fermait mal et, lors d'une des dernières haltes avant l'arrivée à Médine, il se détacha encore une fois de son cou, cela alors que le signal du départ avait été donné et qu'elle s'était éloignée du camp pour satisfaire un besoin naturel.

La suite de l'incident, c'est elle-même qui le raconta : « Quand j'eus terminé mes besoins, le collier s'était détaché, puis il était tombé je ne sais où. Je ne m'en suis aperçue qu'en revenant à l'endroit où nous avions fait halte. Aussi, ai-je fait demi-tour pour le rechercher. Quand je l'ai retrouvé, je suis revenue au lieu du campement, mais vous étiez déjà partis. Je suis tellement légère, que ceux qui placèrent mon palanquin sur le chameau ne se sont pas aperçus que je ne m'y trouvais pas.

Je n'ai pas eu d'autre choix que de demeurer sur place. Je me suis emmitouflée dans mon jilbab et me suis allongée sur le sol, attendant que l'on s'aperçoive de mon absence et le sommeil m'emporta. Au bout d'un moment, Safwan ibn El-Mu'attal m'aperçut car, lui aussi était resté en arrière du convoi pour des besoins particuliers. Il s'approcha, se pencha au-dessus de moi et, comme il m'avait vue souvent avant que le voile nous soit imposé, il me reconnut et s'exclama : "En vérité nous sommes à Dieu et en vérité à Lui nous retournons. Voilà l'épouse de l'Envoyé de Dieu !" C'est en entendant ce verset du retour que je me réveillai et tirai mon voile sur mon visage. Safwan m'offrit de monter sur son chameau et m'escorta à pied jusqu'à la prochaine halte. »

Quelle ne fut pas la surprise des hommes en la voyant arriver dans le camp et conduite par Safwan. Tous la croyaient en train de sommeiller dans son palanquin que les serviteurs – toujours inconscients de son absence – avaient posé à terre, en arrivant quelques heures auparavant.

Ce fut le début d'un scandale qui allait secouer Médine et que les langues des hypocrites ne furent pas longues à fomenter.

Pour l'instant, toutefois, ni le Prophète ni Aïcha, non plus que la majorité des Compagnons, n'avaient le moindre pressentiment des ennuis qui se préparaient.

Peu de temps après son retour à Médine, elle tomba malade et la rumeur calomnieuse commença à circuler, colportée par un dénommé Mistah, du clan de Muttalīb. Et bientôt, qu'ils y ajoutassent foi ou non, tous les habitants furent mis au courant, sauf Aïcha elle-même. Elle n'en était pas moins consciente d'une certaine réserve de la part du Prophète qui, tout à coup, ne lui témoignait plus la même attention affectueuse que les autres fois où elle avait été malade. Il pénétrait dans la chambre et s'adressait à ceux qui la soignaient en disant : « Comment vous portez-vous tous aujourd'hui ? » se bornant à l'inclure parmi les autres. Profondément blessée, mais trop fière pour se plaindre, elle lui demanda la permission d'aller dans la maison de ses parents où sa mère pourrait la soigner : « Comme tu voudras », lui répondit-il.

Voici en quels termes Aïcha elle-même a rapporté ces événements :

« Je me rendis chez ma mère sans rien savoir de ce qui se disait et je fus guérie de ma maladie une vingtaine de jours plus tard. Puis, un soir où j'étais sortie avec la mère de Mistah (dont la propre mère était la sœur de la mère de mon père) et alors qu'elle marchait à mon côté, elle trébucha sur sa robe et s'écria :

— Que trébuche Mistah !

— Qu'à Dieu ne plaise, m'écriai-je, voilà une vilaine chose à dire d'un des Émigrants qui a combattu à la bataille de Badr !

— Ô fille d'Abou Bakr, reprit-elle, se peut-il que la nouvelle ne t'ait pas atteinte ?

— Quelle nouvelle ?

C'est alors qu'elle me parla des diffamations et de la façon dont elles se colportaient. « Cela se peut-il ? lui dis-je. — Par Dieu, c'est la vérité ! » fut sa réponse, et je rentrai chez moi en larmes, pleurant sans pouvoir m'arrêter au point que je pensais que mes pleurs allaient me fendre le foie.

— Que Dieu te pardonne ! dis-je à ma mère. Les gens parlent et tu ne m'en souffles pas mot !

— Ma petite fille, dit-elle, ne le prends pas si à cœur, car il est rare qu'une femme belle, mariée à un homme qui l'aime, échappe aux commérages que font les autres épouses et qui sont ensuite rapportés ailleurs.

Mais je restai éveillée toute cette nuit-là et mes larmes ne tarirent pas. »

En fait, à part Mistah et d'autres, il y avait aussi une proche parente du Prophète, sa cousine Hamnah, sœur de Zeïnab, la septième épouse du Messager, qui médisait en pensant œuvrer dans l'intérêt de sa sœur. Nombreux en effet étaient ceux qui croyaient que, sans Aïcha, Zeïnab eût été l'épouse favorite du Prophète. Un autre diffamateur était un poète du nom de Hassan ibn Thâbit, tandis qu'à l'arrière-plan on trouvait aussi ibn Ubayy[1] et les autres « hypocrites » qui avaient déclenché toute l'affaire.

Il était évident que le Prophète espérait une révélation qui pourrait l'éclairer, et l'aider à démêler le vrai du faux. Comme rien ne venait, il se mit à interroger non seulement ses épouses mais aussi d'autres proches. Oussama ibn Zayd, le fils d'Oum Aymân qui avait le même âge qu'Aïcha, intervint énergiquement pour la

1. Il s'était converti à l'islam peu après l'arrivée de Mohammad à Yathrib. Mais le Prophète s'était toujours méfié de lui, suspectant la sincérité véritable de cette conversion, et, selon la tradition, il est l'un des principaux « hypocrites » (*Munafiqûn*).

défendre : « Tout cela n'est que mensonges, dit-il. Nous ne connaissons d'elle que du bien. » Comme son fils, Oum Aymân[1] n'avait pour Aïcha que des paroles élogieuses. Quant à Ali ibn Abi Tālib, gendre et cousin du Prophète, il eut cette réplique terriblement ambiguë dont Aïcha devait se souvenir longtemps après : « Dieu ne t'a pas limité, et il y a bien des femmes en dehors d'elle. Interroge cependant sa servante et elle te dira la vérité. »

Le Prophète fit donc mander la servante et lui dit : « Ô Burayrah, as-tu jamais vu chez Aïcha quelque chose qui te la rende suspecte ? » Elle répondit : « Par Celui qui t'a envoyé avec la vérité, je ne connais d'elle que du bien ; et s'il en était autrement, Dieu en informerait Son Envoyé. Je ne sais rien que l'on puisse reprocher à Aïcha, sinon qu'elle est une fille encore jeune et que lorsque je pétris la pâte et que je lui demande de la surveiller, elle s'endort et son agneau favori vient manger la nourriture. Plus d'une fois je l'ai réprimandée pour cela. »

Mohammad avait l'esprit à la torture. Alors, au bout d'un mois, il se décida à interroger Aïcha elle-même, chose qu'il n'avait pas faite jusque-là. Aïcha expliqua :

« J'étais avec mes parents, et j'avais pleuré durant deux nuits et un jour, et pendant que nous étions assis ensemble, une servante demanda si elle pouvait se

---

1. Elle fut une combattante dévouée, présente à la bataille de Khaybar qui opposa, lors de la septième année de l'Hégire (628-629), Mohammad et ses fidèles aux Juifs vivant dans l'oasis de Khaybar, située à 150 kilomètres de Médine.

joindre à nous. Je lui dis d'entrer, elle s'assit et pleura avec moi. Le Prophète apparut alors et s'assit à sa place habituelle. Un mois s'était écoulé et il n'avait reçu du Ciel aucune réponse à mon sujet. Après avoir prononcé le témoignage *qu'il n'y a de dieu que Dieu,* il continua : "Ô Aïcha, on m'a dit telle et telle chose sur toi et, si tu es innocente, Dieu ne manquera pas de proclamer ton innocence ; et si tu as fait quelque chose de mal, demandes-en pardon à Dieu et repens-toi ; car en vérité si l'esclave confesse son péché et s'en repent, Dieu lui pardonne."

À peine avait-il parlé que mes larmes cessèrent de couler et je lui dis : "Je sais bien que vous avez entendu ce que les gens disent, que cela est entré dans votre âme et que vous l'avez cru ; si donc je vous dis que je suis innocente – et Dieu sait que je suis innocente –, vous ne me croiriez pas, tandis que si je vous avouais que j'ai commis ce dont Dieu sait que je suis innocente, vous me croiriez." Puis je voulus rechercher dans ma tête le nom de Jacob, mais ne pus me le rappeler, ce qui me fit dire : "Mais je vous dirai ce qu'a dit le père de Joseph : *Qu'il me soit donné une belle patience !* Et c'est à Dieu qu'il faut demander secours contre ce que vous racontez."

J'allai ensuite m'étendre sur ma couche, espérant que Dieu révélerait mon innocence. Je ne pensais pas qu'Il enverrait une révélation à mon sujet, car je me trouvais trop insignifiante pour que ma situation soit mentionnée dans le Coran ; mais j'espérais que le Prophète aurait dans son sommeil une vision qui me disculperait. Il resta un long moment assis parmi nous, lorsque tout à coup la révélation vint à lui : il fut saisi de l'oppression qu'il éprouvait à ces moments-là, et des perles de sueur se mirent à ruisseler sur son corps bien que l'on fût en hiver. Ensuite, lorsque la pression se fut relâchée, il dit d'une voix vibrante de joie : "Ô Aïcha, loue Dieu car Il t'a déclarée innocente." Ma mère me dit alors : "Lève-toi et va vers l'Envoyé de Dieu", mais je répliquai avec fermeté : "Par Dieu non ! je n'irai pas à lui, et je ne louerai personne d'autre que Dieu !" »

Le Messager de Dieu sortit alors de la maison, se dirigea directement à la mosquée et récita les versets révélés au sujet d'Aïcha dont voici des extraits :

Voici une sourate[1] *que Nous avons fait descendre et que Nous avons imposée, et Nous y avons fait descendre des versets explicites afin que vous vous souveniez.*

Et ceux qui lancent des accusations contre des femmes chastes sans produire par la suite quatre témoins, fouettez-les de quatre-vingts coups de fouet, et n'acceptez plus jamais leur témoignage.

Et quant à ceux qui lancent des accusations contre leurs propres épouses, sans avoir d'autres témoins qu'eux-mêmes, le témoignage de l'un d'eux doit être une quadruple attestation par Allah qu'il est du nombre des véridiques, et la cinquième [attestation] est « que la

1. Sourate 24. El-Nour, *La Lumière.*

malédiction d'Allah tombe sur lui s'il est du nombre des menteurs ».

Ceux qui sont venus avec la calomnie sont un groupe d'entre vous. Ne pensez pas que c'est un mal pour vous, mais plutôt un bien. À chacun d'eux son poids de péché. Celui d'entre eux qui s'est chargé de la plus grande part aura un énorme châtiment.

Pourquoi, lorsque vous l'avez entendue [cette calomnie], les croyants et les croyantes n'ont-ils pas, en eux-mêmes, conjecturé favorablement, et n'ont-ils pas dit : « C'est une calomnie évidente » ?

Pourquoi n'ont-ils pas produit [à l'appui de leurs accusations] quatre témoins ? S'ils ne produisent pas de témoins, alors ce sont eux, auprès d'Allah, les menteurs !

La sentence du fouet fut appliquée à ceux qui avaient le plus ouvertement répandu la calomnie et qui reconnurent leur culpabilité. Les hypocrites cependant, tout en ayant été plus insidieux, n'avaient procédé que par allusions et ne reconnurent pas avoir joué un rôle quelconque dans la diffamation, si bien que le Prophète préféra renoncer à poursuivre l'affaire et laisser à Dieu le soin de les juger.

L'innocence d'Aïcha, ainsi rendue miraculeusement, le Prophète la ramena sur son sein avec un redoublement de tendresse. La révélation finit par convaincre Ali, le gendre du Prophète, de la pureté de l'épouse de l'Envoyé ; mais celle-ci ne lui pardonna jamais d'avoir dit : « Dieu ne t'a pas limité, et il y a bien des femmes en dehors d'elle. Interroge cependant sa servante et elle te dira la vérité. » Sa rancœur se manifestera plus tard au cours de circonstances majeures.

En la septième année de l'Hégire, 628-629 de notre ère, le Prophète eut à livrer bataille contre les Juifs qui s'étaient réfugiés dans l'oasis de Khaybar, située à 150 kilomètres de Médine. Alors que dans les campagnes précédentes le Messager avait utilisé comme étendards de petits drapeaux, il avait apporté ce jour-là un grand étendard noir fait d'une robe ayant appartenu à Aïcha. On l'appelait « l'Aigle ».

La victoire sur les Juifs fut totale et devint le symbole du triomphe des musulmans sur les Juifs.

Après une absence de sept semaines, l'armée victorieuse revint à Médine et le Messager de Dieu épousa alors sa dixième femme. Il s'agissait de Safiyyah bint Huyay, une très belle Juive de Khaybar, dont le mari avait été tué lors des combats. L'arrivée de cette nouvelle épouse ne causa guère d'émoi chez les précédentes ; seule Aïcha en éprouva de l'appréhension. Après tout, on disait cette Juive d'une grande beauté. Elle avait dix-sept ans. Aïcha quinze. Ne risquait-elle pas de voir son statut d'épouse préférée dérobé par la nouvelle venue ?

Brûlante de curiosité, elle envoya demander à Oum Salama ce qu'il en était véritablement. « Elle est vraiment belle, et l'Envoyé de Dieu l'aime beaucoup. » Il n'en fallut pas plus pour attiser plus encore la jalousie d'Aïcha. Elle décida d'aller elle-même dans la maison où Safiyyah était installée. Elle entra, visage voilé, se mêlant au groupe de femmes qui rendaient visite à la jeune mariée. Sans révéler son identité, elle se tint un peu en retrait, mais néanmoins assez près pour pouvoir se rendre compte par elle-même qu'Oum Salama avait dit vrai.

Elle allait ressortir discrètement, mais le Prophète qui était présent la reconnut et sortit à sa suite :

« Ô Aïcha, comment l'as-tu trouvée ? » demanda-t-il. Avec une mauvaise foi évidente, elle répondit : « Je n'ai vu en elle qu'une Juive semblable aux autres Juives.
— Ne parle pas ainsi, dit le Prophète, car elle est entrée en islam et son islam est sincère. »

Mohammad disait vrai, mais Safiyyah n'en resta pas moins particulièrement vulnérable au milieu des autres épouses en raison de son origine. « Ô fille de Huyay ! » était en soi une appellation polie, mais il suffisait de changer l'intonation de la voix pour en faire une insulte, et c'est ainsi que Safiyyah, en larmes, alla trouver un jour le Prophète parce qu'une de ses nouvelles compagnes avait voulu l'humilier de cette façon.

Le Prophète lui rétorqua avec force : « Réponds-leur : Mon père est Aaron, et mon oncle est Moïse ! »

Les premières semaines de craintes passées, Aïcha s'apaisa et une certaine sympathie commença même à naître entre les deux plus jeunes épouses.

Bientôt, Aïcha entra dans sa seizième année. Elle était mûre pour son âge à certains égards, mais pas à d'autres. Tout ce qu'elle ressentait se reflétait clairement sur son visage, et presque toujours sur sa langue.

Le Prophète lui dit une fois : « Ô Aïcha, je n'ignore pas quand tu es en colère contre moi, ni quand tu es contente. — Ô toi qui m'es plus cher que mon père et que ma mère, comment sais-tu cela ? demanda-t-elle. — Lorsque tu es contente, dit-il, tu jures en disant : “Par le Seigneur de Mohammad !”, mais lorsque tu es en colère tu dis : “Par le Seigneur d'Abraham !” »

Une autre fois, alors que le Prophète avait un peu tardé à venir la retrouver, elle lui demanda : « Où étais-tu jusqu'à présent ? » Le Messager lui répondit : « Ô belle petite, j'étais avec Oum Salama. — N'en as-tu pas assez d'Oum Salama ? » continua-t-elle. Et alors qu'il souriait sans répondre, elle ajouta : « Ô Envoyé de Dieu, dis-moi seulement ceci : si tu te trouvais entre les deux versants d'une vallée dont l'un n'a pas encore servi de pâture tandis que l'autre a déjà été brouté, sur lequel mènerais-tu paître ton troupeau ? — Sur celui qui n'a pas été brouté bien sûr, répondit le Prophète. — C'est bien cela, dit-elle, et moi je ne suis pas comme tes autres épouses. Chacune d'elles a eu un mari avant toi, sauf moi. » Le Prophète sourit et ne dit mot.

Aïcha savait bien qu'elle ne pouvait pas avoir le Prophète à elle seule. Elle n'était qu'une unique femme, alors qu'il était comme une vingtaine d'hommes. La Révélation avait dit de lui : *En vérité, tu es d'une nature immense.* C'est comme s'il était à lui seul tout un monde, comparable au monde visible et comme mystérieusement uni à lui.

Mais le fait que le Prophète fût différent des autres hommes n'apaisait pas la jalousie d'Aïcha. Un jour, elle demanda au Prophète : « Ô Envoyé de Dieu, qui sont tes épouses au Paradis ? — Tu es parmi elles », répondit-il, et elle conserva précieusement ces paroles jusqu'à la fin de sa vie, de même que ce qu'il lui avait dit un jour : « Gabriel est ici et il t'envoie ses salutations de paix. — La paix soit sur lui ainsi que la miséricorde de Dieu et ses bénédictions ! » avait-elle répondu.

Au sujet de sa jalousie, elle pouvait dire des années plus tard : « En vérité, je n'étais jalouse d'aucune des épouses du Prophète autant que je l'étais de Khadîja, car il la mentionnait constamment et parce que Dieu l'avait chargé de lui annoncer qu'elle aurait au Paradis une demeure faite de pierres précieuses. Et chaque fois qu'il sacrifiait un mouton, il en faisait porter une bonne portion à ceux qui avaient été de ses intimes. Souvent, je lui ai dit : C'est comme s'il n'avait jamais existé au monde d'autre femme que Khadîja. »

Aïcha avait une façon extrêmement vive de percevoir les choses et de réagir. Peu de temps après Khaybar, ou peut-être un peu avant, Hâlah bint Khuwaylid, la sœur de Khadîja, était venue à Médine pour rendre visite à son fils et à sa petite-fille Oumâmah. Or, ce jour-là, le Prophète se trouvait dans l'appartement d'Aïcha. Hâlah frappa à la porte et demanda la permission d'entrer. Le Prophète pâlit et se mit à trembler. Devinant immédiatement la cause de son trouble, Aïcha fut envahie par une vague de jalousie et se répandit en reproches, ayant compris qu'il avait reconnu dans la voix de Hâlah celle de sa sœur Khadîja. Le Prophète confirma après coup cette interprétation, précisant que la façon même dont elle avait demandé la permission d'entrer était effectivement identique à celle de sa défunte épouse.

Sawdah, que le Messager de Dieu avait épousée en secondes noces, commençait à se faire vieille. Alors, elle céda à Aïcha son jour avec le Prophète, certaine que celui-ci accepterait ce geste avec gratitude, car ce n'était un secret pour aucun membre de la communauté, pas plus que pour aucune des épouses, que parmi toutes ses épouses vivantes le Prophète continuait d'avoir une préférence pour Aïcha.

Cette conviction unanime d'ailleurs n'était pas formée à partir d'une simple conjecture, mais elle résultait d'allusions faites par le Prophète lui-même. Il arrivait en effet de temps à autre que l'un ou l'autre de ses Compagnons lui demande : « Ô Envoyé de Dieu, qui aimes-tu le plus au monde ? » Et même s'il ne donnait pas toujours la même réponse – car ceux qu'il tenait en grande affection étaient nombreux – le Prophète mentionnait Aïcha, mais jamais une de ses autres épouses. Pour cette raison, il devint coutumier que lorsqu'un homme avait une faveur à demander au Prophète il attendait que celui-ci se trouvât dans l'appartement d'Aïcha, car on supposait que c'était alors son moment de plus grand bonheur et, par conséquent, celui où il serait le mieux disposé à répondre favorablement à la requête.

Cette habitude n'alla pas sans engendrer d'ailleurs un certain mécontentement dans la maisonnée de l'Envoyé de Dieu, au point qu'Oum Salama alla un jour le voir en son nom propre et en celui de ses compagnes pour lui demander d'annoncer que quiconque désirerait lui faire un cadeau devrait le faire sans attendre qu'il se trouve dans « une maison particulière ». Comme le Prophète ne répondait pas, elle formula la demande une deuxième fois et, le silence se prolongeant, une troisième fois. Après quoi le Prophète déclara : « Ne m'ennuie pas à propos d'Aïcha, car en vérité jamais la Révélation ne me vient lorsque je me trouve sous la couverture d'une épouse, sauf s'il s'agit d'Aïcha. » Oum Salama lui dit alors : « Je demande pardon à Dieu de t'avoir ennuyé. »

Les autres épouses, cependant, n'étaient pas prêtes à en rester là et elles allèrent trouver Fatima, l'une des filles du Messager, pour lui demander d'intervenir en leur nom et de dire au Prophète : « Tes épouses t'adjurent par Dieu de faire droit à leur réclamation en ce qui concerne la fille d'Abou Bakr. » Fatima accepta à contrecœur. Elle se rendit alors chez son père et lui transmit la demande de ses épouses. « Ma petite fille, lui dit-il, n'aimes-tu pas ce que j'aime ? » Après qu'elle eut répondu affirmativement, il ajouta : « Alors aime-la », voulant désigner Aïcha. Puis il demanda : « C'est bien Zeïnab qui t'a envoyée, n'est-ce pas ? — Zeïnab et les autres, répondit Fatima. — Je jure, dit le Prophète, que c'est Zeïnab qui a manigancé toute la chose ! » Et, Fatima ayant acquiescé, il sourit. Fatima alla retrouver les épouses et leur raconta ce qui s'était passé. « ô fille de l'Envoyé de Dieu, s'écrièrent-elles, tu ne nous as été d'aucune utilité ! » Elles insistèrent pour qu'elle aille retrouver son père une deuxième fois, mais elle refusa et elles se tournèrent alors vers Zeïnab :

« Vas-y, toi ! » Ce qu'elle fit. Finalement, le Prophète conseilla à Aïcha de s'expliquer avec elle, et Aïcha avança des arguments auxquels Zeinab ne sut que répondre.

Le Prophète se devait d'être juste et équitable envers ses épouses, mais il ne pouvait être tenu responsable de la façon dont celles-ci se considéraient entre elles.

Un jour, alors que la nouvelle lune était apparue, le Prophète fit savoir à ses épouses qu'il ne souhaitait voir aucune d'elles tant que le mois ne se serait pas écoulé. Lorsque la lune eut complètement disparu, il se rendit d'abord dans l'appartement d'Aïcha. Heureuse, mais surprise de le voir, elle lui dit : « Il ne s'est écoulé que vingt-neuf nuits. — Comment le sais-tu ? » demanda-t-il ; à quoi elle répondit : « Je les ai comptées ; Ô comme je les ai comptées ! — Mais celui-ci était un mois de vingt-neuf jours », dit le Prophète. Elle avait oublié qu'un mois lunaire ne compte parfois que vingt-neuf jours au lieu de trente.

Le Prophète lui fit alors part d'une révélation qu'il venait de recevoir et qui lui faisait un devoir de la faire choisir entre deux possibilités. II ajouta qu'il avait déjà demandé à Abou Bakr de l'aider en conseillant sa fille en cette affaire. « Que non ! protesta Aïcha, personne ne peut t'aider en ce qui me concerne. Mais dis-moi ce qu'il en est, ô Envoyé de Dieu ! — Voici entre quoi Dieu te donne à choisir », déclara le

Prophète qui se mit ensuite à réciter les versets nouvellement révélés :

Ô Prophète, dis à tes épouses, Si vous désirez la vie d'ici-bas et ses parures, venez et Je vous accorderai ses biens, et Je vous libérerai [par un divorce] sans préjudice. Mais si c'est Allah que vous voulez et Son Envoyé ainsi que la Demeure dans l'Au-delà, Allah a préparé pour les bienfaisantes parmi vous une énorme récompense.

Aïcha dit alors sans hésiter : « En vérité, je désire Dieu et Son Envoyé, ainsi que la demeure de l'Au-delà. » Et il ne s'en trouva pas une seule, parmi toutes les autres épouses, qui ne fît la même réponse.

En début du mois de juin 632, alors que le Messager était rentré à Médine, la maladie qui s'était emparée de son corps se développa rapidement, bien qu'il s'efforçât de vivre comme à l'ordinaire, et qu'il changeât chaque jour de résidence chez ses différentes épouses, ainsi qu'il en avait l'habitude.

Il était dans la demeure de Maïmouna bint el-Hârith, la dernière femme qu'il avait épousée trois années auparavant, lorsque la violence du mal devint si grande qu'il comprit qu'elle lui serait fatale. Il désira alors aller auprès d'Aïcha, pour passer avec elle le peu de temps qui lui restait à vivre. Il alla chez elle, le corps chancelant, soutenu par deux de ses Compagnons. Ce jour-là, Aïcha aussi souffrait d'un fort mal de tête, et le supplia de lui indiquer un remède.

« Pourquoi un remède ? dit-il. Mieux vaudrait que tu mourusses avant moi. Je pourrais alors te fermer les yeux, t'envelopper dans ton linceul, te déposer dans la tombe et prier pour toi. — Oui, répliqua-t-elle avec un léger sourire, ainsi tu pourrais aller vivre avec une de tes autres femmes qui profiterait de ma mort ! »

Le 8 juin, voyant sa fin approcher, il ordonna que tous ses esclaves fussent rendus à la liberté, et son argent distribué aux pauvres ; puis, levant les yeux au ciel, il dit : « Dieu soit avec moi dans la lutte de la mort. »

Aïcha était seule avec lui. Elle soutenait sa tête sur ses genoux, le veillant avec une tendre inquiétude et ce fut ainsi qu'il rendit son âme au Tout-Puissant. Il avait soixante-deux ans. Aïcha, environ dix-huit.

Après la mort du Prophète vint la question de sa succession. Le choix de la communauté se porta presque naturellement sur le père d'Aïcha, le fidèle Abou Bakr. À sa mort, en 634, Abou Bakr nomma Omar ibn el-Khattab qui périt assassiné dix ans plus tard. Ce fut alors Osman qui prit la tête du califat. Hélas, il fut tué à son tour à Médine, en juin 656, et la population médinoise choisit Ali comme successeur. Ali, le gendre du Messager, celui qui avait répondu un jour à propos de l'éventuel adultère d'Aïcha : « Dieu ne t'a pas limité, et il y a bien des femmes en dehors d'elle ! », accéda à son tour au pouvoir.

Aussitôt, certains des Compagnons du Prophète, parmi lesquels Aïcha, le sommèrent de venger l'assassinat d'Osman en appliquant la sentence prévue pour les meurtriers : la peine capitale. Ali refusa. Aïcha encouragea dès lors le clan des Qoraïchites à partir en guerre contre lui. Forte de sa notoriété spirituelle et politique, et entourée d'une armée de fidèles, elle prit Bassora d'assaut, et fit exterminer tous ceux qui étaient soupçonnés d'avoir participé à l'assassinat d'Osman. Après quoi, celle que l'on ne surnommait plus que la Mère des Croyants, exhorta les habitants d'El-Yamâma et de Koûfa pour leur demander de se joindre à elle. Puis, elle marcha contre Ali qui campait aux environs avec son armée.

C'est ainsi que, au cours du mois de novembre 656, se déclencha la première grande lutte fratricide entre les musulmans. Au cours de la bataille, les guerriers d'Ali prirent conscience que la présence de la veuve du Messager de Dieu avait pour effet de galvaniser les troupes adverses. Ali ordonna alors que l'on tente, par tous les moyens, de s'approcher du chameau d'Aïcha pour forcer celui-ci à s'asseoir. Plusieurs dizaines de combattants parmi les partisans d'Aïcha sacrifièrent alors leur vie pour les empêcher de s'approcher. Finalement, après de violents échanges, Ali donna l'ordre que l'on coupât les pattes arrière de la bête. Elle s'écroula aussitôt, et Aïcha fut obligée de sortir de son palanquin. Ceci eut un impact considérable sur le moral des troupes et eut pour conséquence la victoire d'Ali.

En raison de cette scène, on surnomma cette bataille : « La bataille du chameau ». Nul doute que ce jour-là

Aïcha personnifia la première révolte d'une femme contre un pouvoir politique en place.

Après l'arrêt des hostilités, Ali ordonna que la veuve du Prophète fût traitée avec égard et respect, et l'envoya à Bassora en compagnie de son frère. Elle y demeura quelque temps, puis, au début du mois de décembre 656, elle fut renvoyée sous bonne escorte et toujours accompagnée de son frère à La Mecque, où elle accomplit le *hadj* avant de rentrer à Médine.

Tout au long des années qui suivirent, sa demeure devint un lieu de rencontre culturel, de débats et de savoir. Elle y enseigna à nombre de théologiens musulmans. Elle exerça aussi – fait unique dans l'histoire de l'islam – la fonction de *mufti* ou jurisconsulte (celui qui émet des avis juridiques en religion ou sur les *fatwas*), fonction qui, depuis, reste interdite aux femmes…

Elle recevait une bonne pension de la part des califes, mais elle la distribuait aussitôt aux nécessiteux. On ne l'appelait plus que la « Véridique ».

Elle fut connue pour sa passion pour la poésie, sa grande maîtrise de la langue arabe et de ses subtilités, dont elle avait acquis une haute connaissance, et nul ne semblait l'égaler en la matière. Sa contribution dans l'exégèse coranique était aussi considérable. Au cours de son existence, elle ne rapporta pas moins cent soixante-quatorze hadiths, considérés comme des principes de gouvernance personnelle et collective pour les musulmans.

Même quand elle devint plus âgée, elle continua de servir l'islam et les musulmans avec la même vigueur et fut certainement la personne la plus aimée et la plus respectée de son temps.

Au cours du mois de Ramadan de l'an 58 de l'Hégire, elle tomba soudainement malade. Les jours passèrent et sa condition s'aggrava. Les gens accouraient pour prendre des nouvelles de sa santé.

Au soir du 17 Ramadan[1], la Véridique mourut paisiblement. Elle avait environ soixante-sept ans.

1. Vers le 16 juillet 678.

Cléopâtre.
(sculpture, Paris)

Cléopâtre

22 octobre 48 av. J.-C.

Entre le lac Maréotis et l'île de Pharos, Alexandrie sommeille. Les étoiles retiennent leur souffle. La bibliothèque, cœur du savoir, jette son ombre sur la rade. Une barque vient d'accoster au débarcadère royal. Un homme en descend. Il porte sur son épaule un tapis roulé. Étrangement, il franchit sans encombre l'enceinte du palais de Lochias. Ce n'est qu'une fois arrivé devant le dernier poste de garde, qu'un officier romain l'apostrophe :

« Où vas-tu ? Ton nom !

— Apollodore le Sicilien. Je viens de la part de la reine. J'apporte au général César un cadeau.

— Attends ! »

Au bout de quelques instants, l'officier reparaît. Il introduit le visiteur dans la pièce où César travaille. Apollodore dépose le tapis à ses pieds et reste immobile, comme s'il attendait ses instructions.

« Ce message ? s'impatiente César.

— Que la permission d'ouvrir cette natte me soit donnée », répond Apollodore en s'inclinant respectueusement.

César lui fait signe d'ouvrir son colis.

« J'ai ordre de n'ouvrir la natte qu'en présence du seul César. »

L'imperator[1] réfléchit quelques instants, puis hausse les épaules et fait sortir les gardes.

Alors, Apollodore se penche sur le tapis et le déroule lentement. Une jeune femme en sort, s'étire et tend les bras en souriant vers César. Elle n'a pas vingt ans. Elle porte une tunique de soie transparente, à travers laquelle se devinent les courbes de son jeune corps.

Elle s'appelle Cléopâtre.

Ce n'est pas une « pure » Égyptienne, mais une descendante de Lagos, un Grec macédonien, qui fut l'un des plus proches compagnons d'Alexandre.

Les portraits que l'on peut apercevoir d'elle révèlent une femme à l'expression énigmatique, grande, mince, coiffée d'une perruque, vêtue de lin et portant la double plume, le disque solaire, les cornes de vache et l'*uræus* de toute reine d'Égypte. D'autres nous présentent un visage doté d'un nez… bien peu élégant et d'un menton proéminent.

En vérité, la reine possède d'autres atouts autrement plus puissants que la seule beauté. Elle a un charme dévastateur, une rage de vivre, un sang brûlant de sensualité, une voix ensorcelante. À cela s'ajoute une

1. Titre décerné par l'armée ou le sénat à un général victorieux.

formidable intelligence, une impressionnante érudition, ainsi qu'une grande connaissance des langues.

Elle est née au cours de l'hiver 69 av. J.-C., à Alexandrie. Elle est l'une des trois filles du roi Ptolémée XII *Aulète*, le « joueur de flûte ». Un roi sans envergure dont le règne est considéré comme l'un des pires de la dynastie.

En 53 av. J.-C., le « joueur de flûte » est renversé par sa fille aînée, Bérénice IV, demi-sœur de Cléopâtre. Trois ans plus tard, Rome intervient militairement et rétablit le roi fantoche sur le trône. Aussitôt, il se lance dans une série d'effroyables massacres, dont sa fille est la première victime, et met le pays en coupe réglée.

À la veille de s'éteindre, en 51 av. J.-C., il désigne comme successeurs sa fille Cléopâtre et le frère aîné de celle-ci, Ptolémée XIII, alors âgé d'une dizaine d'années. Cléopâtre en a dix-sept. Le couple a pour obligation de se marier afin de perpétuer la tradition lagide qui veut que la Couronne demeure dans la famille.

Au fil des mois, les relations entre le frère et la sœur s'enveniment. Très vite, la reine a discerné les ambitions cachées des trois hauts dignitaires de la Couronne qui se disputent les faveurs du petit Ptolémée : l'eunuque Pothéïnos, son « nourricier » ; Théodote de Chios, son maître de rhétorique, et Achillas, son stratège. Plus d'une fois elle a tenté de mettre en garde son jeune frère contre les agissements de ces personnages, retors et ambitieux. Mais au lieu de l'écouter, l'enfant a pris parti pour le triumvirat. À l'automne 49 av. J.-C., c'est l'affrontement armé. Il tourne à l'avantage de Ptolémée.

Cléopâtre, forcée de fuir, quitte Alexandrie avec sa garde, ses servantes, une bonne partie de son trésor et se réfugie en Syrie, parmi les tribus du désert. Elle sait qu'en payant ce qu'il faut, elle trouvera des mercenaires disposés à se battre à ses côtés et former une armée suffisamment forte pour marcher sur Alexandrie.

C'est le moment que choisit un homme pour débarquer en Égypte. Il s'appelle Pompée. Il est aux abois.

Voilà des mois que, dans une lutte pour le pouvoir, il s'est engagé dans un combat sans merci contre Jules César. Après un premier affrontement en Thessalie[1], qui tourne à l'avantage de Pompée, les deux adversaires se sont retrouvés à Pharsale[2], le 9 août 48 av. J.-C. Cette fois, c'est César qui a triomphé. Depuis, Pompée est un homme traqué. Après s'être embarqué avec une trentaine de fidèles sur un navire de commerce faisant voile vers Amphipolis[3], il s'est rendu à Mytilène avec son épouse Cornelia et son fils cadet, Sextus, puis à Attaleia[4]. Que faire ensuite ? Où aller ? Où trouver un refuge qui le mette à l'abri des coups de César ? Finalement, après mûres réflexions, il a opté pour l'Égypte. Après tout, n'a-t-il pas toujours entretenu d'excellents rapports avec feu le « joueur de flûte » ? Son fils saura certainement lui en être reconnaissant.

1. Vaste plaine, au centre de la Grèce continentale.
2. Région située au nord-est de la Grèce, au sud de la Macédoine.
3. Ville du nord-est de la Macédoine.
4. Aujourd'hui Antalya, sur la côte turque.

Décision prise, il repart avec deux mille hommes qu'il a réussi à rassembler dans les ports de Chypre et de Cilicie.

Le 28 septembre 48 av. J.-C., ne pouvant atteindre Alexandrie en raison des vents contraires, il jette l'ancre devant Péluse[1] et dépêche un messager à Ptolémée XIII pour lui demander l'hospitalité. Folie !

Après lecture de la requête du Romain, l'enfant-roi, qui, rappelons-le, n'a pas treize ans, se tourne vers ses conseillers. « Recevoir Pompée, prévient Théodote de Chios, c'est se donner César pour ennemi et Pompée pour maître. Et si nous le renvoyons, il pourra se venger un jour d'avoir été chassé et César aussi d'avoir été forcé à le poursuivre. Le meilleur moyen serait de l'éliminer. Par là, nous obligerions César qui, n'ayant plus rien à redouter de la part de son rival, n'aura plus qu'une hâte : retourner en Italie et jouir des fruits de sa victoire. De cette façon, l'Égypte serait débarrassée de ces deux importuns. »

C'est Achillas que l'on charge de l'exécution.

Il prend avec lui deux soldats. Il y joint quatre ou cinq esclaves et, à bord d'une embarcation, se rend au vaisseau de Pompée. Ce dernier est entouré de ses principaux compagnons de voyage et de Cornelia, son épouse. Une fois parvenu à hauteur de la trirème de Pompée, Achillas invite le Romain à passer dans la barque afin de gagner la côte. Pompée embrasse

1. Cité de la Basse-Égypte antique, située à l'extrémité nord-est du delta du Nil.

Cornelia et ordonne à Philippos, l'un de ses affranchis, et à un esclave, nommé Scythès, de le suivre. Il s'installe ensuite à l'avant, pour relire le texte grec du discours de bienvenue qu'il se propose d'adresser au souverain d'Égypte. Sur le point d'accoster, il se lève. C'est l'instant que choisit l'un des mercenaires de Ptolémée pour lui enfoncer son glaive dans le dos. Ensuite, sous le regard horrifié de Cornelia, les assassins lui tranchent la tête.

Lorsque le 19 octobre 48 av. J.-C., César débarque à Alexandrie, croyant y trouver son ennemi, il n'est pas encore au courant de la tragédie qui s'est déroulée deux semaines auparavant. C'est au moment de poser le pied à terre qu'on lui apporte la nouvelle. Dans un premier temps, il se refuse à y croire et demande confirmation. Alors, on lui remet un objet rond enveloppé dans une toile grossière : la tête de Pompée !

La réaction de César est diamétralement contraire à celle que Ptolémée escomptait. Non seulement la mort de son rival le prive de sa victoire, mais seul Pompée vivant aurait pu reconnaître officiellement sa suprématie et enjoindre ses lieutenants de déposer les armes.

Des larmes coulent le long de ses joues. Larmes de tristesse, ou larmes de rage ? Les deux sans doute. Il laisse ensuite éclater sa fureur. En faisant assassiner Pompée, on a cru lui enlever tout prétexte de débarquer en Égypte et surtout d'y rester. Le crime aura l'effet inverse. Il revêt la cape d'imperator et donne à ses troupes l'ordre de descendre à terre. Sous l'œil d'une foule hostile, il traverse Alexandrie et, sitôt installé au palais de Lochias, il envoie à son lieutenant Domitius Calvinus, auquel il a confié le gouvernement de la Syrie, l'ordre de prélever deux légions sur ses contingents locaux et de les lui envoyer d'urgence pour renforcer ses effectifs.

Le lendemain, il se propose de jouer le médiateur entre Cléopâtre et son frère et les convoque au palais. La reine, craignant un piège et se méfiant de son jeune frère et de ses conseillers, demande de pouvoir plaider sa cause en personne et… sans témoin. Son instinct lui a sans doute soufflé que le grand séducteur qu'est César ne serait pas insensible à son charme. Il a la cinquantaine ; elle a tout juste vingt ans. Elle aurait tout à gagner d'un tête-à-tête.

L'imperator lui répond favorablement et donne des instructions aux sentinelles pour qu'ils la laissent passer. C'est ainsi que, roulée dans un tapis, elle s'est introduite au palais en cette soirée du 22 octobre 48 av. J.-C.

Maintenant, elle s'est agenouillée et, avec le talent de comédienne qui est le sien, joue la grande scène de la femme tantôt implorante, tantôt flatteuse :

— Ô César ! Ô le plus grand des hommes ! Si l'héritière de Lagos, chassée du trône de ses pères, peut encore dans son malheur se souvenir de son rang ; si ta main daigne la rétablir dans tous les droits de sa naissance, c'est une reine que tu vois à tes pieds. Tu es pour moi un astre salutaire qui vient luire sur mes États[1].

1. Lucain, *La Pharsale*, *in Cléopâtre*, par Joël Schmidt, Folio Biographies.

Elle expose ensuite sa situation :

— Ce n'est pas l'héritage de mon père que je réclame : je te supplie d'affranchir notre maison de la honte qui la souille. Daigne, César, éloigner de mon frère celui qui l'assiège. De quel orgueil cet esclave n'est-il pas enflé, depuis qu'il a tranché la tête de Pompée ! C'est toi, César – puissent les dieux écarter ce présage –, c'est toi qu'il menace à présent.

Elle est parfaite.

César la trouvera encore plus parfaite, lorsque nue, contre lui, elle développera d'autres qualités. Mais il n'est pas le seul à être séduit. Cléopâtre elle aussi est tombée sous le charme. Certes, l'imperator a une trentaine d'années de plus qu'elle. Mais il est svelte, élégant, rompu aux exercices physiques et manie l'épée avec une dextérité que lui envient ses plus jeunes lieutenants. D'ailleurs, existe-t-il au monde une jeune fille de vingt ans capable de résister aux avances d'un homme qui peut se vanter d'avoir conquis huit cents villes ?

Le lendemain, à peine remis d'une nuit brûlante, César fait convoquer le jeune Ptolémée, et lui ordonne de mettre un terme au différend qui l'oppose à sa sœur. Le gamin refuse. Il est fou de rage de constater que, non seulement Cléopâtre s'est réinstallée dans le palais, mais qu'elle a réussi à conquérir le maître du monde. Sans tarder, influencé par ses âmes damnées, il ordonne à l'armée de marcher sur Alexandrie pour reprendre la ville de force ; tandis que ses conseillers font circuler la rumeur que César est en train de piller les temples sacrés.

Très vite, voilà les deux amants assiégés par une foule vociférante et par l'armée de Ptolémée. C'est la « guerre d'Alexandrie » qui commence. Ne disposant que de deux légions, l'imperator n'a d'autre choix que de rester cloîtré entre les murs du palais, en attendant les renforts.

Un soir, un messager fait irruption et annonce la terrible nouvelle : la flotte romaine est en feu ! Le couple se précipite sur la terrasse. En effet, le ciel est rouge. Une centaine de trirèmes et de galères qui étaient demeurées aux abords du littoral égyptien sont la proie des flammes. Et bientôt, attisé par le vent qui transporte avec lui des gerbes d'étincelles, le feu se propage aux entrepôts de blé situés dans le voisinage du port, et de là… à la Grande Bibliothèque. En ce lieu unique au monde où, depuis Ptolémée Ier, sont rassemblés plus de 700 000 volumes. Une part essentielle du savoir de l'humanité s'envole en fumée.

Cette tragédie porte à son comble l'exaspération des Alexandrins qui s'enorgueillissaient de ce trésor. Ils y voient une vengeance divine provoquée par la présence du conquérant étranger.

La guerre s'éternise.

C'est le 24 mars 47 av. J.-C. que pour le couple, enfin, le ciel s'éclaircit.

Le roi Mithridate de Pergame, allié fidèle de César, est proche de Péluse. Il n'est pas seul. Antipater, roi de Judée, est arrivé lui aussi à la rescousse, fort de trois mille hommes.

En apprenant la bonne nouvelle, César exulte. Entraînant les débris de ses légions, il fonce à leur rencontre.

Les trois armées établissent leur jonction et, le 26 mars, prenant lui-même le commandement, César ordonne l'assaut. L'affrontement sera aussi bref que décisif. Pris de panique, la plupart des soldats de Ptolémée fuient vers le Nil. Un grand nombre périra avant d'atteindre le fleuve. En fin de journée, on retrouvera le corps du jeune roi enseveli sous la vase et identifié grâce à la cuirasse d'or qu'il portait. César donne l'ordre que la dépouille soit exposée à Alexandrie afin que le peuple comprenne que l'armée de Ptolémée est détruite et que son roi est mort.

Dès lors, la Couronne revient d'emblée au second frère de Cléopâtre, Ptolémée XIV, qui, tout au long de la guerre, est demeuré fidèle à sa sœur et à César.

Cléopâtre, elle, a gagné sur tous les fronts. Son adversaire est mort, son nouvel « époux », qui n'a pas dix ans, est entièrement acquis à sa cause et, comble du bonheur, elle attend un enfant du maître du monde dont elle espère qu'un jour, peut-être, il lui succédera à la tête de l'Empire. L'essentiel désormais est d'entretenir l'amour et l'admiration que César éprouve pour elle. Pour y parvenir, elle détient deux armes irrésistibles : le Nil et les richesses de la Haute-Égypte. Elle propose donc à César de l'emmener… en croisière.

Commencent alors pour l'imperator des journées irréelles.

C'est à bord d'un véritable palais flottant somptueusement aménagé que le couple remonte le fleuve-dieu. Certains historiens romains n'ont vu dans ce voyage qu'un grand spectacle orchestré par Cléopâtre pour éblouir César en lui faisant toucher du doigt l'étendue de ses richesses. D'autres ont prétendu que le vainqueur de Pompée n'avait entrepris cette expédition que pour inspecter le pays, et évaluer par lui-même les profits qu'il pourrait en tirer.

Ce voyage fut, sans doute, tout cela à la fois, avec quelque chose en plus : l'initiation d'un dictateur[1] républicain aux rites et aux splendeurs d'une théocratie orientale, et la rencontre de l'Orient et de l'Occident à travers deux de leurs figures les plus marquantes.

Mais les plus grandes passions du monde n'ont jamais pu arrêter le temps. L'heure est venue pour l'imperator de quitter la vie alexandrine et ses délices. Il s'est beaucoup trop attardé en terre égyptienne : vingt et un mois ! Il est temps de rentrer en Italie pour reprendre les rênes du pouvoir. C'est le cœur mélancolique qu'il s'arrache aux bras de sa maîtresse. D'autant plus mélancolique qu'il sait que Cléopâtre va bientôt donner le jour à leur enfant. Il naîtra en juin 47 av. J.-C. Le 23 très précisément. Ce sera un garçon. Faisant une grave entorse à la continuité dynastique des Ptolémées, Cléopâtre lui donnera le nom de Césarion.

Quelques semaines après son retour à Rome, faisant fi de ceux qui critiquent violemment sa liaison avec l'Égyptienne, l'imperator fait construire un temple

1. À noter que, dans la Rome antique, le terme « dictateur » avait le sens de « Magistrat extraordinaire » que l'on nommait dans les circonstances critiques, avec un pouvoir illimité, pour six mois (en principe).

dédié à Vénus Genitrix, Vénus, la déesse de l'amour. Vénus en hommage à la femme qui s'est donnée à lui avec tant de passion et qui lui manque éperdument.

C'est que César est réellement épris. Le Nil, désormais, coule dans ses veines. Bien sûr, il y a Calpurnia. Mais son épouse n'a ni la fantaisie ni la sensualité débordante de la reine d'Égypte. César se languit. César s'ennuie. Au fil des jours, il mesure toute la place que Cléopâtre a prise dans son cœur. Incapable de résister au manque qui le ronge, il prend la décision de la faire venir à Rome et l'installe dans une somptueuse demeure sur la rive droite du Tibre. Aux yeux du peuple, c'est une hérésie. On ne pardonne pas à l'Égyptienne de parader aux côtés du dictateur, de l'encourager – ce qui serait un crime – à restaurer la monarchie, et surtout sa présence est jugée inconvenante, trop proche de l'épouse légitime de César. Très vite, elle hérite de la réputation de « putain ». Une réputation qui la poursuivra jusqu'à sa mort. Les amants, eux, n'ont que faire des remous qu'ils soulèvent. Ils s'aiment tout aussi passionnément et, si le décor a changé, l'ivresse est la même.

À l'aube du mois de décembre 46 av. J.-C., l'imperator est ramené à la réalité politique. Les fils de Pompée ont repris les armes contre lui. Il repart donc en campagne et les brise. Et lorsqu'il revient à Rome une dizaine de mois plus tard, auréolé de gloire, il est affublé de tous les titres honorifiques que peut offrir la République : consul à vie, dictateur à vie, grand pontife à vie. Mais, ses nouveaux ennemis sont désormais à l'intérieur de Rome. Ils prétendent qu'il songe à transférer la capitale de l'Empire à Alexandrie, tant il semble devenu étranger à tout ce qui l'entoure, tant il est devenu distant à l'égard de ses concitoyens. Il ne répond plus que par monosyllabes aux questions qu'on lui pose. Faut-il attribuer son manque d'intérêt à l'influence de Cléopâtre, à l'indifférence ou au dédain ?

« On nous a changé César ! » rugit le peuple. Qui en est responsable ? La réponse est unanime : « C'est la putain égyptienne ! L'ensorceleuse d'Alexandrie ! Elle a dû lui verser un de ces philtres dont l'Orient a le secret ! »

En vérité, Cléopâtre a effectivement changé César. Mais en le poussant à revendiquer l'héritage d'Alexandre le Grand, et en lui révélant le prestige des monarchies de droit divin. Elle l'a rendu trop grand pour la République. Elle le pousse à se faire couronner. D'ailleurs, elle n'est pas la seule. Son maître de cavalerie, son ami, Marc Antoine, l'encourage pareillement. Ce dernier, en l'absence de César, était devenu un familier de la demeure de la reine d'Égypte et peut-être – chuchotent les fâcheux – son amant.

C'est d'ailleurs lui qui, au mois de février 44 av. J.-C., le jour de la fête des Lupercales, propose à César le diadème royal. La foule interloquée guette la réaction du dictateur. Va-t-il franchir le pas ? Commettre l'impensable ? Mais, pressentant sans doute qu'il est allé trop loin, César s'écrie : « Allez porter cette couronne au temple de Jupiter, elle sera mieux placée sur la tête du dieu que sur la mienne ! » Pourtant, les républicains, eux, sont convaincus que ce refus est passager. L'homme veut rétablir un régime monarchique. Comment l'en empêcher ? Avec les nouveaux pouvoirs qui sont désormais les siens, un renversement par la voie légale n'est plus possible. Il ne reste qu'une solution : l'assassinat. La tâche n'est pas aisée. Seul peut y parvenir un homme de son entourage. Les sénateurs vont porter leur choix sur un personnage envers lequel César a toujours eu une grande bienveillance et qu'il a nommé responsable de la préfecture urbaine : Marcus Junius Brutus.

Le jour idéal sera le 15 mars, jour où César a convoqué le sénat. La séance doit se tenir dans la salle aménagée sous les portiques du théâtre de Pompée. C'est donc là qu'il faudra l'abattre.

À l'aube de cette journée fatale, Calpurnia se réveille, tremblante de peur. Elle a fait un songe affreux : César gisait dans ses bras, ensanglanté. Elle adjure son époux de rester à la maison. Cette mise en garde vient s'ajouter à la prédiction d'un aruspice qui, un mois auparavant, avait déclaré au dictateur : « Méfie-toi des Ides de mars ! » César, troublé, hésite. Guère longtemps.

Une heure plus tard, il entre dans l'enceinte du sénat où tout le monde se lève en signe de déférence. Un petit groupe d'hommes se détache de l'assistance et va à sa rencontre. Ils s'approchent de lui, le pressent de tous côtés, tandis que leurs doigts furtifs s'insinuent sous sa toge et palpent son corps, pour s'assurer qu'il ne porte pas sa cotte de mailles habituelle. Au même instant, un homme, qui est passé derrière lui, lui plonge son poignard dans le dos. Mais sa main a tremblé. La lame a dévié en rencontrant l'omoplate.

Sans perdre son sang-froid, César se retourne et s'écrie :

— Que fais-tu, scélérat ?

Le saisissant par le bras, il blesse son agresseur avec le stylet qui lui sert à écrire et cherche à échapper au cercle de ses agresseurs. Mais Brutus, Brutus son protégé, son ami, lui porte un second coup de poignard. César chancelle et ne sait où diriger ses pas.

C'est la curée.

« Dès que la foule apprend ce qui vient de se passer, nous dit Plutarque, toute la ville se remplit de tumulte et d'effroi. Les uns ferment leur maison ; les autres abandonnent leurs échoppes ou leurs comptoirs et s'en vont en courant vers les lieux du crime. »

D'autres groupes sillonnent les rues en hurlant :

« Mort au tyran ! Gloire à ses meurtriers ! »

Mais aussi :

« Mort à l'étrangère ! À mort, la putain du Nil ! »

À ce moment, Cléopâtre et Césarion sont toujours à Rome. La reine d'Égypte pense aussitôt à protéger son fils. Elle craint non seulement pour lui, mais pour l'Égypte qu'un décret peut transformer en province romaine, la privant du même coup de toute souveraineté sur ce pays. Sur les conseils d'Antoine, elle s'embarque avec sa suite sur un navire partant d'Ostia.

César mort, c'est un triumvirat composé d'Octave, le fils adoptif de César, Antoine et Lépide qui a été désigné pour gouverner l'Empire ; c'est-à-dire les chefs les plus radicaux du parti césarien. Cette évolution imprévue a acculé les conjurés au désespoir. Ne sachant comment échapper aux représailles qui les menacent, ils se sont égaillés dans toutes les directions. Mais Antoine et Octave les ont pourchassés à travers la Thessalie et ont fini par les écraser. C'est ainsi qu'à la tête d'une immense armée, dont la plupart des éléments ont été recrutés par César avant sa mort, Antoine entame une marche triomphale à travers la Grèce et l'Asie Mineure.

Après un court séjour à Éphèse, il établit son quartier général à Tarse[1].

Un de ses premiers soucis en arrivant dans la ville est de renouer les contacts avec la reine d'Égypte. Toutefois, il ne veut surtout pas tomber dans ses filets comme l'a fait imprudemment César et décide de ne pas aller au-devant d'elle, mais de la convoquer.

Convoquer la reine d'Égypte ? En recevant le pli, Cléopâtre pousse un cri d'exaspération. Mais pour qui se prend donc cet homme au corps de géant et au cœur de gamin ?

La femme veut décliner la requête, mais le stratège qui sommeille en elle a conscience que ce serait une erreur. Rome, c'est-à-dire Antoine, a besoin des trésors de l'Égypte. Et l'Égypte, c'est-à-dire Cléopâtre, a besoin des légions romaines. Mais au-delà de tout, une seule chose intéresse vraiment la reine : l'avenir de Césarion. Elle a perçu que l'homme qui fait courir le plus grand danger à son fils n'est ni Antoine ni Lépide, mais

1. Actuelle Tarsus, en Turquie.

Octave, le fils adoptif de César. Pour elle, il est bien pire qu'un ennemi : c'est *un rival.* Son instinct de femme lui a laissé entrevoir que, derrière ses lèvres minces et son regard glacé, le personnage n'est qu'ambition et possède la volonté implacable d'accéder à la magistrature suprême.

Cléopâtre se met donc en route. Faisant voile à travers la Méditerranée orientale, elle parvient, quelques jours plus tard, à l'embouchure du Cydnus[1]. De là, elle remonte le fleuve en direction de Tarse. À peine arrivée, elle prie Antoine d'être son hôte à bord de sa galère. Il ne songe même pas à refuser, ayant déjà oublié que c'est lui qui l'a convoquée. Il faut dire que la vision de la galère royale a subjugué non seulement ses conseillers, mais tous les habitants de Tarse.

Ce qu'il a aperçu dépasse l'imagination. « À travers les eaux calmes où se reflètent les dernières lueurs du couchant, la nef royale glisse, manœuvrée par des bancs de rames à monture d'argent, ses immenses voiles de pourpre inertes dans l'air du soir. Deux gouvernails en forme d'aviron la dirigent. Leurs timoniers se tiennent debout à la poupe, sous un abri doré qui évoque l'apparence d'une énorme tête d'éléphant dressant sa trompe vers le ciel. Devant le dais royal se dressent des brûle-parfums de vermeil d'où s'élèvent des volutes de cet incomparable encens égyptien, dont l'arôme insinuant s'est propagé jusque dans la ville. »

Comment résister ?

1. Rivière de Cilicie.

Le soir, Marc Antoine monte à bord de la galère égyptienne pour découvrir la reine, parée des atours de la déesse Vénus, étendue sous un baldaquin passementé d'or, tandis que, de chaque côté de sa couche, des éphèbes l'éventent avec des plumes d'autruche. Oubliant complètement les raisons pour lesquelles il l'a fait venir à Tarse, Antoine s'abandonne à la douceur crépusculaire, au charme de cette femme étonnante, à la volupté subtile de la musique, à l'ivresse de l'encens et au clapotement des eaux contre la coque du navire.

L'aube venue, le triumvir[1] titube légèrement et ne sait plus très bien où il a passé la nuit : sur terre ou dans l'Olympe ? Il a succombé au charme de l'Égyptienne comme jamais n'y a succombé César.

Dans les jours qui vont suivre, les deux personnages se livrent à un jeu insensé où chacun cherchera à impressionner l'autre en donnant des fêtes aux allures de féerie, jusqu'au moment où Cléopâtre lancera le défi plus loin encore :

« Mon cher, les réceptions auxquelles je vous ai convié jusqu'ici furent bien modestes. Je peux facilement vous offrir un banquet dont le coût dépasserait… »

Et de citer une somme folle, démesurée ! Comme Antoine se récrie que c'est matériellement impossible, Cléopâtre propose d'en faire l'objet d'un pari, dont un certain Plancus sera l'arbitre.

1. Celui qui gouverne en association avec deux autres qui sont ses égaux.

Au jour dit, le Romain se rend à bord de la galère royale. En constatant que le luxe de la décoration ne dépasse guère celui des réceptions précédentes. Marc Antoine s'écrie :

« J'ai gagné mon pari !

— Patientez un peu, lui répond Cléopâtre. Ceci n'est qu'un commencement. »

Sur son ordre, un esclave dépose devant elle une coupe contenant un peu de vinaigre. Sous l'œil étonné de son hôte, elle détache une énorme perle qui lui sert de boucle d'oreille et la fait tomber dans le liquide, où elle se dissout. Ce joyau vaut à lui seul plus de la moitié de la somme prévue dans le pari. Ayant bu le contenu de la coupe, elle s'en fait apporter une autre et s'apprête à y faire tomber la seconde perle, lorsque Plancus l'arrête, et déclare le pari gagné.

Attribuer l'extravagance de Cléopâtre au seul désir d'impressionner Antoine par l'étalage de sa richesse serait une erreur. Chacun des actes de l'Égyptienne est dicté par de puissants motifs politiques. Si Cléopâtre ne recule pas devant la dépense, si elle multiplie les tentatives de séduction, c'est qu'elle poursuit le plan qu'elle s'est tracé avant de venir à Tarse. Elle veut donner à Antoine un avant-goût de ses immenses ressources pour le décider à contracter une alliance avec elle, et recréer les conditions nécessaires à la conquête de l'Empire dont elle a rêvé avec César, et dont elle a été frustrée par la mort du dictateur.

Au quatorzième jour, elle fait part à Antoine de son intention de retourner en Égypte et l'invite à l'y suivre. Il accepte avec empressement.

Et voilà Cléopâtre qui vogue vers sa capitale prestigieuse, entraînant dans son sillage un homme subjugué. Ce sera le début pour les deux amants d'une existence voluptueuse, de nuits et de jours si chargés d'ivresse que les poètes, les écrivains et les chroniqueurs en parleront à travers les siècles.

Mais là-bas, en Italie, tandis que les amoureux brûlent de mille feux, un homme a mis à profit l'inaction d'Antoine, et son éloignement prolongé, pour renforcer ses positions. Il s'agit d'Octave. L'ascension vers le pouvoir absolu du fils adoptif de César semble de plus en plus irrésistible.

En février 40 av. J.-C., Antoine apprend que son épouse Fulvie a dû fuir l'Italie, après une tentative avortée pour renverser ce même Octave. En effet, furieuse d'être trompée et décidée à rappeler à son mari volage ses devoirs politiques et militaires, Fulvie a recruté une petite armée et déclenché ce que l'Histoire appellera la « guerre de Pérouse ».

Dans le même temps, en Syrie, la situation est devenue des plus préoccupantes. Certains princes syriens, que le triumvir avait déposés au cours de l'automne précédent, ont fait cause commune avec les Parthes.

Malgré son insouciance, devant ces périls qui menacent désormais son autorité et son pouvoir, Antoine s'arrache aux bras de sa maîtresse, réunit quelques légions, et quitte Alexandrie au printemps 40 av. J.-C., pour gagner le port de Tyr en Phénicie. Sept ans plus tôt, le départ de César avait représenté pour Cléopâtre un sacrifice cruel. Mais elle avait une confiance absolue en l'imperator. Lorsqu'il lui avait promis de revenir en Égypte ou de l'installer à Rome, elle l'avait cru sur parole, et il avait tenu ses engagements. Mais Antoine ?

À la fin de l'année 40 av. J.-C., le voilà qui arrive à Athènes où il retrouve sa femme. La confrontation est terrible. Fulvie somme son époux de mettre fin à sa liaison avec la reine d'Égypte. Antoine refuse. Alors l'infortunée n'a d'autre choix que de suivre son mari en Italie. Mais il semble que la violence de l'affrontement qu'elle a vécu n'a pas été sans laisser de trace : arrivée à Sycione, un port du Péloponnèse, elle s'écroule. Morte. Certaines mauvaises langues feront courir le bruit que c'est Antoine qui l'a fait assassiner.

Après ce décès inattendu, les pires appréhensions de Cléopâtre sont bientôt confirmées. Au cours des mois suivants, elle apprend que, non seulement Antoine s'est réconcilié avec son rival, mais pour sceller cet accord, il a épousé Octavie, la propre sœur d'Octave et le couple s'est installé à Athènes. Ces nouvelles transpercent le cœur de la reine d'Égypte comme autant de coups de poignard.

Durant près de quatre ans, son amant ne donnera plus signe de vie, coulant des jours insouciants sous le ciel grec. Et puis, soudain, à la fin de l'hiver 36 av. J.-C., avec l'inconstance qui le caractérise, voilà qu'il décide de renvoyer Octavie (qui vient pourtant de lui donner une fille) en Italie. Il ne la supporte plus. Elle l'ennuie. Elle l'étouffe. Comme pour aggraver son cas, et éviter d'avoir à fournir des explications à Octave, il choisit de se brouiller avec lui, et s'embarque à Corfou à destination de la Syrie, décidé à rompre tout lien avec Rome. Folie, coup de tête, inconscience. Et Cléopâtre ? Tout aussi brusquement, le souvenir de la reine d'Égypte le submerge. Il lui envoie un messager, la priant de le rejoindre à Antioche.

En prenant connaissance du message, une foule de pensées contradictoires traverse l'esprit de la reine d'Égypte. Cet homme velléitaire sait-il seulement que pendant son absence elle a accouché de deux jumeaux : Alexandre et… Cléopâtre ?

La reine médite. Sans Antoine, aucun de ses plans ne peut se réaliser et malgré ses trahisons, son inconstance, elle a, semble-t-il, continué de l'aimer. Elle veut bien partir pour Antioche. Toutefois, comme elle se méfie de ses propres sentiments, elle ne se réconciliera avec son amant que sous certaines conditions. Si Antoine désire reprendre la vie commune, qu'il commence par l'épouser. Non pas secrètement, mais à la face du monde. Il faudra aussi qu'il reconnaisse la paternité des jumeaux. En outre, il devra se déclarer ouvertement l'ennemi d'Octave et s'engager à reconquérir l'Orient jusqu'à l'Oxus[1], c'est-à-dire reprendre à son compte les projets de César. Enfin – et c'est là la clause la plus importante du traité – il devra consentir à ce que l'unique héritier de leur Empire soit Césarion.

Ce sera le *Pacte d'Antioche*.

Antoine accepte et, au mois de mars 36 av. J.-C., fidèle à son engagement, et à l'instigation de la reine, il se met en marche avec une partie de son armée pour attaquer l'Arménie. Cléopâtre l'accompagne jusqu'à

1. L'actuel fleuve Amou-Daria.

Apamée de Syrie, une ville située à une centaine de kilomètres d'Antioche. Elle aurait sans doute ardemment voulu le suivre dans son expédition, mais son état physique ne le lui permet pas. Elle attend un quatrième enfant et ses médecins l'ont suppliée de ne pas s'exposer aux fatigues et de retourner à Alexandrie. Elle se range à leurs conseils. Qu'elle se rassure, la convainc Antoine, la campagne sera brève. Son issue victorieuse ne saurait faire de doute.

Les yeux embués de larmes, Cléopâtre voit s'éloigner l'arrière-garde de l'armée qui porte tous ses espoirs.

La campagne sera brève, avait affirmé son amant.

Hélas, Antoine a perdu toutes les facultés militaires qui avaient fait sa réputation. La guerre en Arménie se révélera un véritable désastre et la retraite sous un temps hivernal, une agonie.

Plus grave encore. Dans son impatience de retrouver Cléopâtre, il n'accorde pas aux survivants de son armée un temps de repos pourtant indispensable et presse tellement sa marche malgré les rigueurs de l'hiver qu'il perd près de huit mille hommes en chemin.

Une fois parvenu dans un bourg, près de Beryte[1], il envoie des émissaires à Cléopâtre pour implorer son secours. Elle n'hésite pas. Elle accourt avec des vêtements chauds, de la nourriture et surtout de l'argent pour payer les légionnaires qui sont à deux doigts de la rébellion.

1. Aujourd'hui, Beyrouth.

Au chevet de son amant, la reine tente de le réconforter, de lui insuffler toute l'énergie dont elle est capable et, surtout, de lui faire prendre conscience du danger qui les guette et qui a un nom : Octave. Octave qui, témoin de la débâcle de son beau-frère, attend simplement que le rapport de forces lui soit favorable. C'est peine perdue. Antoine n'entend pas. Le couple repart pour Antioche.

Quelques jours plus tard, comme pour donner raison à la reine, un messager débarque dans la cité et annonce à Antoine que son épouse, Octavie, est arrivée à Athènes et le prie instamment de venir la retrouver. Elle a amené avec elle deux mille légionnaires et voudrait que son mari lui dise comment elle doit en disposer. En vérité, ce voyage impromptu est une machination d'Octave. Si Antoine refuse d'obtempérer, il inflige publiquement un camouflet à sa sœur, et fournit à Octave un prétexte pour ouvrir les hostilités. Antoine ne voit pas le piège. Il renvoie le messager à Athènes, le charge de dire à Octavie qu'il a bien trop à faire pour s'occuper d'elle, puis il retourne à Alexandrie avec Cléopâtre auprès de qui il passe l'hiver 35-34 av. J.-C.

En délaissant son épouse, en concluant le *Pacte d'Antioche*, en nommant Césarion corégent de l'Empire, l'ancien lieutenant de César a apporté à Octave tous les arguments dont ce dernier avait besoin pour lui permettre de se poser en défenseur de l'honneur national. D'ailleurs, le sénat le presse d'abattre le triumvir, et « d'en débarrasser le monde au nom de la salubrité publique ».

Toujours aussi impétueux et inconséquent, Antoine réagit en expédiant un messager à Rome pour intimer à son épouse l'ordre de quitter le domicile conjugal dans les délais les plus brefs. La notification est rédigée en termes si injurieux, qu'ils rendent désormais impossible toute réconciliation entre les deux beaux-frères. L'affrontement est inévitable.

Tandis que les forces antonines remontent vers le nord, Octave descend avec ses légions vers le sud de l'Italie et les dispose, face à la Grèce, dans la région de Brindes[1] et de Tarente.

Ainsi, pas à pas, les deux adversaires se rapprochent l'un de l'autre.

Octave n'ignore pas que le temps travaille contre lui. C'est pourquoi il voudrait en finir au plus vite. Si seulement Antoine débarquait rapidement en Italie, comme cela l'arrangerait ! Aussi multiplie-t-il les provocations dans l'espoir de l'y attirer. Misant sur sa vanité, il lui propose de venir « le combattre à visage découvert, s'il n'est pas un lâche », ajoutant qu'il ne fera rien pour s'opposer à son débarquement et ne lui livrera bataille que lorsqu'il aura eu le temps de regrouper ses forces.

Mais Antoine n'a aucune envie de s'enfoncer en Italie. Il fait répondre à Octave que, « bien qu'il soit d'un certain âge, il est prêt à l'affronter en combat singulier, partout où il lui plaira, en dehors de la Péninsule ». Octave se récuse et, passant plus au nord,

1. Brindisi.

transporte le gros de ses forces de Brindes à Corcyre[1], et de là en Épire[2].

Et le 30 août 31 av. J.-C., il arrive à Actium, à l'entrée du golfe d'Arta, où se trouve ancrée la plus grande partie de la flotte de son adversaire.

C'est là que tout va se jouer. Le combat éclate le 2 septembre, à l'aube. Pendant quatre heures la bataille fait rage. Quatre heures au cours desquelles une évidence éclate aux yeux de tous : les bâtiments d'Antoine sont lourds, difficiles à manier, et nettement surclassés par les petits vaisseaux d'Octave. La galère de Cléopâtre est harcelée elle aussi par l'ennemi, mais elle réussit à se dégager. De loin, elle voit, les unes après les autres, les galères d'Antoine s'engloutir dans les flots. Constatant que la situation est perdue, elle donne le signe de ralliement et met le cap sur l'Égypte.

Antoine s'en aperçoit. Sa reine déserte, elle l'abandonne ! C'est ici, nous dit Plutarque, qu'il montra à la face du monde qu'il n'était plus guidé par les mobiles d'un chef, mais par ceux d'un amoureux plongé en plein désespoir.

Il passe dans une galère rapide, et ordonne au capitaine de rattraper sa maîtresse. En agissant ainsi, il signe la défaite et renonce à son dernier espoir de vaincre l'ennemi. Lorsqu'il monte à bord du vaisseau de la reine d'Égypte, elle refuse de le voir et s'enferme dans sa cabine, folle de rage.

1. Corfou.

2. Région montagneuse des Balkans, partagée entre la Grèce et l'Albanie.

Après une courte escale, à Ténare[1], au cours de laquelle les deux amants se réconcilient dans leur malheur commun, la galère reprend la mer et arrive bientôt en vue de Paraetonium[2], une bourgade désolée située sur la côte égyptienne. Antoine a décidé d'y faire halte, tandis que Cléopâtre poursuivra sa route vers Alexandrie. Elle a dû lui faire comprendre qu'après la catastrophe d'Actium il est préférable qu'il ne se montre pas à la foule égyptienne…

L'homme est brisé. Sa flotte anéantie, son armée disloquée, ses amis persécutés. L'Italie est perdue. Mais aussi la Grèce.

Il tente de se suicider, mais il est sauvé par l'un de ses lieutenants qui l'adjure d'aller rejoindre Cléopâtre, convaincu que le seul fait d'être auprès d'elle le réconfortera.

Lorsque Antoine arrive à Alexandrie, il retrouve une Cléopâtre qui tente de négocier avec Octave dans l'espoir de conserver à l'Égypte le statut d'un royaume indépendant. Dans le même temps, comme elle ne veut à aucun prix que Césarion tombe entre ses mains, elle s'est résolue, la mort dans l'âme, à le faire partir vers le sud. Elle l'a envoyé avec son tuteur, Rhodon, à Bérénice, un port situé sur la côte occidentale de la mer Rouge. De là, si les choses tournaient mal, ils pourraient prendre le large et cingler vers la vallée de l'Indus.

1. Cap du Péloponnèse.
2. Aujourd'hui Marsa Matrouh, à 300 km à l'ouest d'Alexandrie.

Fin juillet 30 av. J.-C., Octave arrive aux portes d'Alexandrie.

Comme à la veille d'Actium, Antoine l'invite à venir se mesurer avec lui en combat singulier. Octave lui fait répondre avec une froideur dédaigneuse « qu'en cherchant bien, il trouvera plusieurs autres moyens d'en finir avec la vie ».

Celle qui est encore reine d'Égypte décide alors de jouer au chantage. Elle informe le vainqueur d'Actium de son intention de se suicider dans le mausolée (encore inachevé) où elle a fait porter tout ce qu'elle possède de plus précieux.

Inquiet, Octave lui dépêche un émissaire. Il tient à capturer sa proie vivante et craint que, dans son désespoir, elle ne mette le feu à ses fabuleux trésors. Antoine qui a eu vent des tractations en cours intercepte l'émissaire, le fait battre de verges et le renvoie à Octave.

Tout est consommé.

Acculé, Antoine n'a plus d'autre choix que de jeter ses dernières forces contre son ennemi. Le 6 septembre 30 av. J.-C., à la pointe du jour, Antoine range en bataille son armée de terre sur les hauteurs de la ville. De là, il domine le champ d'action. L'attaque doit avoir lieu simultanément sur terre et sur mer, car Cléopâtre a donné l'ordre aux galères égyptiennes de briser le barrage de navires qu'Octave a disposé devant l'entrée du grand port.

Soudain, Antoine manque de défaillir. Tous ses cavaliers s'éloignent au galop et vont se mettre à l'abri…

derrière les lignes ennemies ! Du coup, il en est réduit à sa seule infanterie, qui n'est pas de taille à soutenir le choc des forces octaviennes. Le chef de sa cavalerie l'a donc trahi à la dernière minute ! Affolé, il tourne son regard vers la mer, et ce qu'il aperçoit l'affole encore davantage.

La flotte égyptienne a bien appareillé. Cependant, contre toute attente, obéissant aux ordres de la reine qui a jugé plus prudent de la préserver, elle évite le combat et rentre au port.

Antoine est au bord de la folie. Impossible de s'y tromper : Cléopâtre l'a également trahi ! Elle a écouté les conseillers félons qui l'ont poussée à pactiser. C'est alors que les événements se précipitent dans la plus grande confusion.

Un des officiers qui a suivi la reine jusqu'au mausolée où elle s'est réfugiée et qui a dû mal interpréter le message dont l'a chargé l'une de ses suivantes, vient annoncer à Antoine que Cléopâtre s'est suicidée.

La colère du triumvir tombe d'un seul coup. Terrassé de douleur, il reste un long moment silencieux, comme privé de vie. Puis, se ressaisissant, il enlève sa cuirasse, appelle son esclave Éros et lui demande de lui donner le coup de grâce. L'esclave tire son épée, mais au lieu de la diriger contre son chef, il l'enfonce dans sa propre poitrine et s'effondre. Retirant l'épée sanglante, Antoine s'en transperce lui-même et retombe sur sa couche. Évanoui. Sa blessure, bien que très grave, n'est pas immédiatement mortelle.

Ayant repris ses sens, il prie ceux qui sont présents de l'achever. Mais ils refusent et s'enfuient. Ce qui suit, nous est livré par Dion Cassius dans son *Histoire romaine.*

« Un certain tumulte s'étant élevé à la suite de cet événement, Cléopâtre s'en aperçoit et regarde du haut du mausolée où elle s'est terrée, car, les portes une fois fermées, on ne peut les ouvrir que par un mécanisme et les parties hautes vers le toit ne sont pas encore achevées. En la voyant regarder de là, quelques-uns poussent des cris tels qu'Antoine les entend. Instruit qu'elle vit encore, il se lève mais, ayant perdu beaucoup de sang, il demande avec instance à ses esclaves de le porter auprès de Cléopâtre ; ceux-ci le prennent dans leurs bras et le conduisent jusqu'à l'entrée de la sépulture : Cléopâtre n'ouvre point les portes ; mais elle paraît à une fenêtre d'où elle fait descendre des chaînes et des cordes avec lesquelles on attache Antoine, Puis aidée de deux femmes, les seules à qui elle a permis de la suivre, elle le remonte.

Après l'avoir introduit dans le tombeau, elle le fait étendre sur une couche, déchire ses voiles en pleurant sur lui. Se frappant le sein et se meurtrissant le corps, elle essuie le sang qui souille le visage d'Antoine en y collant le sien. Elle l'appelle son maître, son époux, son chef suprême : sa compassion pour les maux d'Antoine lui fait presque oublier les siens propres.

Antoine, après avoir calmé les lamentations de Cléopâtre, demande du vin, soit qu'il ait réellement soif ou qu'il espère que cette boisson hâtera sa fin. Quand il a bu, il exhorte Cléopâtre de ne pas s'affliger sur lui pour ce dernier revers, mais plutôt de le féliciter des biens dont il a joui durant toute sa vie, et surtout se pouvant glorifier à la fin de sa carrière de n'avoir été vaincu, lui Romain, que par un Romain. »

En achevant ces mots, il expire.

Cléopâtre se retrouve en résidence surveillée sous la garde d'Octave qui lui accorde quelques jours de délai pour embaumer le corps d'Antoine. Il lui permet même de prendre pour les funérailles toutes les dispositions qu'elle souhaite. Elle va donc l'ensevelir avec une magnificence royale. Puis, ses gardes du corps, qui ne sont autres que des geôliers, la conduisent dans sa demeure royale, où elle peut disposer comme auparavant de sa suite et de son service habituel, afin de ne pas sombrer dans le désespoir et ne pas se suicider.

Si cela ne tenait qu'à elle, elle se donnerait volontiers la mort. Mais tant qu'elle n'a pas rencontré Octave, une lueur d'espoir subsiste. Peut-être, à la faveur d'un ultime entretien, parviendra-t-elle à lui arracher quelques concessions en faveur de son fils ? À défaut d'une couronne de souverain, Césarion ne pourrait-il pas au moins être régent d'Égypte ? Les charmes de l'Égyptienne ont déjà fait tant de prodiges ! Octave résistera-t-il au spectacle de sa détresse ? Domptant la répugnance qu'elle éprouve à le voir, elle guette le vainqueur avec un mélange d'espoir, d'impatience et d'horreur. Enfin la porte cède. Il paraît.

Selon Plutarque : « Cléopâtre, s'élance vers lui dans l'unique vêtement qu'elle porte à même la peau et se jette à ses pieds, échevelée, le visage farouche, la voix tremblante, les yeux sombres enfoncés dans leurs orbites. La trace des coups qu'elle s'est portés demeure visible autour de ses seins. Toute sa personne ne semble pas moins affligée que son corps. Et pourtant, ni son charme fameux, ni l'insolence de sa beauté ne l'ont totalement délaissée. En dépit de sa condition présente, ils irradient d'elle et apparaissent dans toutes les expressions de son visage. »

En arrivant à Alexandrie, César avait rencontré en Cléopâtre une jeune fille fascinante, espiègle et rieuse ; Antoine, une reine mûrie par l'expérience et parvenue au faîte de sa beauté. Mais pour Octave – qui n'a que trente-trois ans – elle n'est qu'une femme vieillissante, aux charmes flétris pour laquelle il n'éprouve que répulsion. S'il lui disait le fond de sa pensée, il lui déclarerait qu'il n'a que faire de ses gémissements et de ses sanglots. Il n'est même pas intéressé par les liens qui l'ont unie à César. Il y a longtemps qu'il l'a jugée et, en ce qui concerne l'Égypte, ses décisions sont prises.

Quand Octave se retire, Cléopâtre comprend enfin que la partie est perdue. Rien ne désarmera la haine du vainqueur. Il la traînera au Capitole, chargée de chaînes, l'exposera aux quolibets et aux crachats de la foule. Cette seule pensée suffit à la faire frémir d'horreur. Non ! Pareil spectacle ne sera pas offert au peuple de Rome ! Elle ordonne à ses suivantes de lui procurer un aspic. Un esclave est introduit nuitamment dans le mausolée. Il apporte avec lui un petit serpent noir dissimulé dans un panier de figues. Le sortant délicatement, elle le pose contre son sein et s'endort à jamais.

Octave a vaincu : il est le maître de l'Égypte. Quelques jours plus tard, Césarion est assassiné. Au lieu de l'inciter à s'enfuir aux Indes comme le lui avait recommandé la reine, son tuteur Rhodon l'a persuadé que toute résistance à Octave était inutile et que mieux valait pour lui s'en remettre à sa clémence. Se conformant à ce conseil, l'adolescent trop confiant est revenu à Alexandrie où Octave l'a fait immédiatement étrangler.

Deux César, c'eût été trop pour le monde.

Je m'appelle Leïla Khaled

Ville de Tyr, sud du Liban, octobre 1957.

La fillette de treize ans scrute la mer avec intensité. La brise souffle dans ses mèches noires. Elle a un visage d'ange, tranquille, mais à bien y regarder, on peut apercevoir de temps à autre des éclairs d'acier dans ses yeux. Cherche-t-elle l'apparition d'un navire qui l'emmènerait loin ? Vers une île ou une terre enchanteresse ? Non. Rien de tout cela. Elle rêve de retourner chez elle, à Haïfa, dans sa maison natale d'où des forces obscures les ont chassés, elle et les siens.

La vie était douce en ce temps, dans la petite maison de Stanton Street, proche du quartier juif de Hadar Hacarmel. Les voisins avaient pour nom Abramovitch, Aronstein ou Eisenberg. L'une de ses meilleures camarades de jeux s'appelait Tamara. Elle était juive. Juive, Arabe ? À quel moment la fillette prit-elle conscience qu'il existait une différence entre l'un et l'autre ? Elle avait toujours cru appartenir, comme l'ensemble des habitants de Haïfa, à la communauté des humains. C'est alors qu'était survenu ce maudit 29 novembre 1947, le jour où des étrangers réunis dans une maison de verre et d'acier quelque part dans le monde avaient décidé d'accorder cinquante-six pour cent de la terre palestinienne aux parents de Tamara et à leurs frères sionistes. Lorsque les Arabes se mirent en colère et décidèrent de se battre, Tamara et les siens en furent tout étonnés. Ils ne comprenaient pas pourquoi ceux-ci refusaient ce partage.

Près de 80 000 habitants de Haïfa avaient alors plié bagage, sans livrer combat, sous l'emprise de la peur. La famille de la fillette faisait partie de cet exode. Elle se souvenait clairement de leur départ, bien qu'elle n'eût que quatre ans. C'était le 9 avril 1948. Coïncidence, le 9 avril était le jour de son anniversaire.

Depuis, la voilà qui survit dans ce camp de Borj el-Chemali où s'entassent depuis la *nakba*, la catastrophe, 7 000 de ses frères[1]. Tous les jours, d'autres vagues d'exilés viennent s'y ajouter. Comme eux, il lui arrive d'errer parmi les dédales des ruelles crevassées, parsemées de déchets aux odeurs nauséabondes.

Nous sommes nés réfugiés, nous mourrons réfugiés. Mektoub.

1. Aujourd'hui, ils sont environ 18 000. Le nombre total de réfugiés palestiniens présents au Liban oscille entre 400 et 500 000 âmes, regroupés dans une dizaine de camps. Le plus peuplé étant celui d'Aïn el-Heloueh, à l'entrée de Saïda, avec près de 40 000 habitants. Il s'agit de l'une des principales communautés résidant en dehors des frontières de la Palestine du mandat britannique, derrière la Jordanie et à égalité avec la Syrie.

Combien de fois a-t-elle entendu cette phrase lancinante, répétée à l'infini, par ses parents et les vieux d'alentour ?

Elle n'y a jamais cru, elle n'y croira jamais !

Pourquoi ? *Ya Allah ?* Pourquoi ?

Comment est-elle née cette aurore où leur vie s'est diluée dans la poudre et le sang ?

Nous sommes nés réfugiés, nous mourrons réfugiés.

Non ! Rien n'est écrit ! Quoi qu'il advienne, elle continuera de s'accrocher à sa terre que des étrangers ont morcelée. La Palestine dans ses veines, et la vengeance dans l'âme, elle ne lâchera pas un grain de poussière.

La fillette s'agenouille sur le sable et murmure, les yeux levés vers l'azur :

— Je m'appelle Leïla Khaled. Je viens de là où, un jour, demain, le cri des pierres remplacera les lamentations des hommes. Je m'appelle Leïla Khaled.

Tyr, 14 juillet 1958.

Assise sur un sac de riz qui, la veille, avait été distribué par l'UNRWA[1], Nawal, la sœur aînée de Leïla Khaled,

1. En anglais : *United Nations Relief and Works Agency for Palestine Refugees in the Near East.* Organisation des Nations unies pour l'aide aux réfugiés palestiniens dans la bande de Gaza, en Cisjordanie, en Jordanie, au Liban et en Syrie. Soit dans environ une soixantaine de camps. Elle a été créée à la suite de la première guerre israélo-arabe de 1948 par la résolution 302.

souffla sur la bougie plantée au centre du petit gâteau que leur mère avait réussi à cuisiner pour l'occasion : une *namoura*. Un délicieux dessert à base de semoule, de yaourt, de sucre et d'eau de rose.

Leïla et ses sœurs, Zakia et Rihab, applaudirent, tout en se demandant comment leur mère avait réussi à dénicher de si précieux ingrédients dans ce bidonville de Borj el-Chemali où même l'eau potable se révélait un luxe.

« N'oublie pas que, tout à l'heure, ta sœur et toi repartez pour Saïda ! J'espère que tu as préparé ton cartable. »

Leïla avait totalement oublié le retour à l'internat protestant où sa mère l'avait inscrite deux semaines plus tôt. Elle n'en éprouva aucune tristesse, si ce n'est qu'elle devrait se séparer une fois de plus de sa famille. Au moins, là-bas, auprès de ces pasteurs américains dont elle ne partageait pas la foi, elle pouvait manger à sa faim et – comble du bonheur – gratuitement.

Beyrouth, août 1963.

Leïla Khaled traversa d'un pas gracieux le campus de l'AUB, l'université américaine de Beyrouth, et prit la direction de l'amphithéâtre.

À dix-neuf ans, sa silhouette s'était affinée. Ses yeux en paraissaient plus grands. Son visage avait une expression presque enfantine, d'une surprenante douceur. Ceux qui la croisaient lui trouvaient une vague ressemblance avec l'actrice Audrey Hepburn.

Elle avait encore du mal à se convaincre du bonheur qui lui était accordé. Auparavant, elle avait dû subir les contraintes familiales, le respect des traditions et de la bienséance, et par-dessus tout l'injustice inhérente à sa condition de femme. La dernière en date l'avait opposée à son frère Khaled. Bien que le garçon eût échoué au bac, alors qu'elle l'avait passé avec mention, ce fut quand même lui que sa famille inscrivit en priorité à l'AUB, l'obligeant à ronger son frein jusqu'en 1962. Au fond, jamais elle ne se résoudrait à accepter le machisme de la société arabe, ses carcans, ses rituels d'un autre temps.

Cela étant, elle se devait d'être reconnaissante : n'était-ce pas grâce à la générosité d'un autre de ses frères, Mohammad, qui travaillait comme ingénieur au Koweït, qu'elle pouvait poursuivre aujourd'hui des études universitaires ?

Au cours de ces dernières années, elle avait beaucoup lu, beaucoup réfléchi sur la situation de son peuple déraciné et avait pris conscience, chaque jour un peu plus, de ses racines historiques. Elle avait appris aussi que des êtres dans le monde s'étaient battus au nom de la liberté, qu'ils s'étaient sacrifiés, et qu'à force de ténacité ils avaient gagné. Insensiblement s'était forgée en elle la conviction que les travailleurs, les réfugiés, les opprimés, les sans-grade, les oubliés de la société, possédaient – à condition de le vouloir – la capacité de redresser la tête et recouvrer leur dignité.

Le cheminement intellectuel fut lent, car tout au long de ses années scolaires, on avait tenté de la persuader qu'elle n'avait aucune histoire, qu'elle n'était personne, que le peuple palestinien n'était qu'une vue de l'esprit. Heureusement que, dans sa soif de connaissance, au hasard de ses lectures, elle avait découvert qu'une grande civilisation arabe avait existé. Ce qui l'avait confortée dans l'idée qu'elle n'était pas née de « rien », que son peuple faisait partie intégrante de cette formidable civilisation. Un jour, à l'instar de ces grandes figures légendaires, elle aussi se battrait. Aucune force au monde ne pourrait l'en empêcher. Oui, elle se battrait. C'était inexorable. Comme l'était la décision qu'elle avait prise de ne plus jamais fêter son anniversaire. Le 9 avril, jour où on l'avait arrachée à sa terre, serait, aussi longtemps qu'elle vivrait, jour de deuil.

Koweït, 15 décembre 1966.

La première fois qu'ils avaient fait sa connaissance, Hussein et Zeyd crurent qu'ils étaient victimes d'une hallucination. Une femme ? Une femme membre du Fatah ? Très vite, ils devaient se rendre compte que Leïla Khaled n'avait rien d'un mirage.

N'étant plus en mesure de financer ses études à l'AUB, elle avait débarqué au Koweït trois ans auparavant. Sitôt après son arrivée, elle avait adhéré au Fatah et trouvé un emploi d'enseignante.

Dans les premiers temps, ses allures de garçon manqué avaient plutôt déplu aux deux jeunes gens. Il leur arrivait de la croiser lors des réunions du Fatah, mais leurs rencontres se limitaient à des échanges courtois, voire distants. Jusqu'au jour où Zeyd, déclinant son nom de famille, El-Qassam, vit presque la jeune femme lui sauter au cou.

« El-Qassam ? Tu es le fils d'Ezzedine el-Qassam ? »

Zeyd confirma.

Il lui aurait annoncé être le mahdi en personne que sa réaction eût été plus mesurée.

« Tu ne peux pas imaginer ce que ton père a représenté, et représente encore à mes yeux ! avait-elle lancé. C'est mon idole. Le plus grand personnage de l'histoire de notre peuple. J'aurais tellement voulu le connaître, tellement ! »

Elle avait saisi Zeyd par le bras.

« S'il te plaît, peut-on se revoir ? Prendre un café ? Je veux que tu me parles de lui. Je veux tout apprendre.

— Bien sûr ! »

Dès ce jour, le trio se voyait régulièrement. Soudé comme les doigts de la main.

En cette soirée, ils s'étaient réunis dans la chambre de Hussein, autour de quelques plats que Leïla avait exceptionnellement préparés. Preuve d'amitié s'il en fut, car elle haïssait faire la cuisine.

Ils en étaient au café, lorsque Hussein commenta avec une pointe d'admiration :

« Donc, finalement, tu connais le Coran par cœur ?

— Presque. C'est normal, après avoir eu comme institutrice, chez les Évangélistes, une femme qui était non seulement une pratiquante assidue, mais aussi une personne soucieuse de nous transmettre la richesse du livre sacré. Tout en nous enseignant les rudiments de l'alphabet – nous avions alors cinq ou six ans, je ne sais plus –, elle nous faisait lire chaque jour des versets que nous devions ensuite réciter. »

La jeune femme eut un sourire malicieux.

« Inutile de vous dire que les sourates qui me séduisaient le plus étaient celles qui racontaient la fuite en Égypte de la Sainte Famille, pour échapper à la vindicte du roi Hérode, et les passages qui traitaient des pharisiens, prototypes parfaits de leurs descendants sionistes. »

Zeyd et Hussein pouffèrent. Ils n'avaient jamais pensé jusqu'ici à faire un tel rapprochement.

Leïla poursuivit :

« Et lorsqu'il m'arrivait d'obtenir de bonnes notes, je rentrais folle de joie à la maison pour annoncer la nouvelle à ma mère. Ensuite, je guettais la suprême récompense : des *atayefs*[1] dont je raffolais ! Malheureusement, la plupart du temps, je devais me contenter de quelques dragées. Les *atayefs* étaient un luxe que nous ne pouvions pas nous offrir souvent. Ce qui ne m'empêchait pas, colérique et insupportable comme je l'étais, de piquer des crises de rage, de pousser des hurlements, à assourdir le camp de Borj el-Chemali.

— Insupportable, en effet, ironisa Hussein.

1. Sorte de petites crêpes présentées en cornets, fourrées à la crème de lait, parfumée à l'eau de fleur d'oranger, garnies de pistaches concassées et de quelques pétales de rose confits. Le tout, nappé de sirop.

— Oui, mais j'ai tout de même gagné mon premier argent à l'âge de six ans !

— Six ans ?

— Un peu par hasard, je l'admets. Mon oncle Mahmoud qui avait appris que j'étais capable de réciter des sourates entières, m'a fait venir pour vérifier si mes parents ne se vantaient pas. Après avoir sélectionné des versets, il m'a demandé de les dire. Ce que j'ai fait. Impressionné, il a sorti de sa poche une livre libanaise[1], une livre entière ! et me l'a donnée. Je suis retournée chez moi et j'ai raconté l'histoire à ma mère. Ensuite, comme je ne savais trop que faire de ce trésor, je me suis proposée de le lui offrir. Elle a refusé net. "C'est à toi. Tu l'as gagné."

— Et comment l'as-tu dépensé ? s'étonna Zeyd. Tu t'es acheté des *atayefs*, j'imagine.

— Non. Un cadeau pour ma mère. Je ne sais plus ce que c'était. »

Elle avait répondu sur un ton égal. Sans orgueil ni vantardise. Hussein se resservit une tasse de café avant de s'enquérir :

« Il y a quelque chose que tu ne nous as jamais dit : à quel moment t'es-tu intéressée à la politique ? »

Leïla hocha la tête, pensive.

« Le jour où j'ai été témoin d'une discussion enflammée entre mon frère aîné, Mohammad, et mon père. Je venais tout juste d'avoir sept ans. Ils évoquaient la manière dont des officiers égyptiens avaient réussi à

1. Approximativement, l'équivalent de 25 centimes d'euro.

renverser la monarchie et mettre à la porte le roi Farouk. J'étais subjuguée par le courage de ces hommes. Paradoxalement, mon émerveillement n'était pas partagé par mon père. Il ne voyait dans ces révolutionnaires qu'une bande d'inconscients, de gamins, dépourvus d'expérience et indisciplinés. En vérité, il défendait surtout le roi, car celui-ci n'avait pas hésité à voler au secours de notre peuple en 1948, aux côtés des autres pays arabes.

— Et ton frère ?

— Mon frère accusait le monarque de n'être qu'un individu corrompu, un faible et un lâche, qui fut incapable de tenir tête à l'occupant anglais. Ma famille rassemblée comptait les points, encourageant surtout mon frère. Dans les années 1960, il a été le premier à adhérer au Mouvement nationaliste arabe, suivi par mes sœurs. Moi-même je leur emboîtai le pas quand j'eus dix-sept ans. »

Leïla écarta les bras en souriant.

« Voilà, conclut-elle, comment j'ai attrapé le virus ! »

Elle se dressa tout à coup et lança :

« J'ai trop mangé. Que diriez-vous si nous allions marcher au bord de la mer ? Connaissez-vous Ras Kazimah ?

— Mais c'est à quarante kilomètres ! se récria Hussein.

— Et alors ? Quarante kilomètres vous feraient peur ? Il y en a mille deux cent quarante-cinq d'ici à Jérusalem ! »

Koweït, 10 juillet 1967.

Yasser Arafat fit glisser entre ses doigts les grains de son chapelet tout en écoutant attentivement les propos de Leïla Khaled. Quand elle eut fini, un sourire anima les lèvres du Palestinien.

« L'action militaire, dit-il lentement. Ce n'est pas moi qui te contredirais, tu le sais. D'ailleurs la charte de l'OLP à laquelle le Fatah a souscrit sous-entend clairement l'éradication d'Israël. Sans l'action militaire, ce but ne sera pas atteint. Par conséquent, je ne peux que t'approuver. Sais-tu ce que j'ai dit à Nasser au téléphone le mois passé ? “Il faut rallumer la guerre, même avec des allumettes !”

— Vous m'approuvez, Abou Ammar[1], mais votre équipe rechigne à me former. On refuse que je m'entraîne comme mes camarades masculins. Pourquoi ?

— Parce qu'il n'est pas dans l'esprit du Fatah que des femmes risquent leur vie. Elle est trop précieuse à nos yeux. »

Leïla fulmina.

« En quoi ma vie est-elle plus précieuse que celle d'un homme ! Nous sommes tous égaux devant la mort. »

Arafat sourit.

« Tu es donc si pressée de mourir ?

— Pour mon pays, sans aucun doute. »

1. Surnom que le président du Fatah avait adopté depuis peu, en hommage à Ammar ibn Yasser, un compagnon du Prophète Mahomet et premier martyr de l'islam.

Le président du Fatah fit tournoyer à plusieurs reprises son chapelet autour de son index avant de le poser sur la table bringuebalante qui le séparait de son interlocutrice.

« Il faut que je t'explique certaines données dont tu n'as pas conscience. La lutte armée se révèle beaucoup plus difficile que prévue, surtout depuis la *naksa*[1] que nous venons de subir. La Palestine n'est pas la jungle vietnamienne. La géographie ne facilite guère les opérations. De plus, maintenant qu'elle occupe tout le pays, et bien au-delà, l'armée israélienne est en mesure de contrôler les routes, isoler les villes et les villages, et donc de limiter fortement nos actions. Tu ne le sais pas, mais de nombreux réseaux clandestins que nous avions mis en place ont été démantelés par les forces de sécurité israéliennes, avec d'autant plus de facilité que ces dernières détiennent depuis la débâcle un atout maître. »

Leïla sourcilla.

« En occupant la bande de Gaza et la Cisjordanie, l'Intelligence sioniste a mis la main sur des listes de militants tenues minutieusement à jour par les services secrets égyptiens et jordaniens, jusque-là administrateurs de ces territoires.

— C'est effroyable !

— Une tragédie, oui. S'en est ensuivie une vague d'arrestations au cours de laquelle nous avons perdu une bonne partie de nos meilleurs éléments. Pour ce qui est des armes – il se mit à rire –, nous ne disposons que de

1. La défaite.

vieux "Karlo", des fusils tchèques utilisés par l'armée égyptienne en 1956 ! C'est seulement depuis peu que les Chinois ont bien voulu nous fournir – gratuitement je le précise – des armes légères. La première cargaison est arrivée il y a un mois à Damas, via l'Algérie. »

Le président du Fatah marqua un temps de silence.

« Tu comprends mieux, maintenant, combien notre tâche est difficile ? »

Leïla l'admit, mais s'empressa de faire observer :

« Ce qui n'explique toujours pas pourquoi on me refuse ce qui est accordé à mes camarades masculins. »

Arafat inclina la tête.

« Tu peux servir la cause autrement.

— Comment ?

— Le renseignement. Nous avons découvert que les Israéliens utilisaient de jeunes Palestiniens pour infiltrer nos rangs. Des traîtres ! Le renseignement est donc devenu primordial. Nous pouvons te former en Jordanie, à Amman, à cette autre forme de guerre. La guerre secrète. Qu'en dis-tu ? »

Leïla réfléchit un instant mais, à l'expression déterminée de son visage, il était clair qu'elle n'était pas acquise à l'idée.

« Écoutez-moi, Abou Ammar. À quatorze ans, j'ai participé à la distribution de tracts au nez et à la barbe des soldats libanais. J'ai apporté de la nourriture à mes frères et sœurs enfermés dans la vieille ville de Tyr. En plein bombardement, j'ai continué à circuler avec un grand plateau sur la tête. Lorsque j'étais chez les

Évangélistes, j'ai appelé les autres élèves à faire la grève des cours, j'ai... »

Arafat la stoppa de la main.

« Je connais ton parcours. Il est glorieux. Mais n'insiste pas. Je me refuse à voir une femme risquer sa vie. »

Leïla s'appuya sur la table et considéra longuement le président du Fatah.

« Si vous ne voulez pas de moi, j'irai là où l'on est prêt à m'accueillir.

— Tu as une idée ?

— Oui. Le FPLP[1].

— Cette création marxiste ? Tu plaisantes !

— Pas le moins du monde. Ils recrutent en ce moment. Et eux ne font aucune différence entre militante et militant.

— Sais-tu que Habache prêche pour une Palestine égalitaire entre Juifs et Arabes ?

— Intégrée dans la nation arabe. Ce qui change tout. »

Arafat récupéra son chapelet, le regard sombre.

« Tu es libre. Fais ce que ton cœur te dicte. »

La femme repoussa sa chaise.

« Mais nous nous reverrons, Abou Ammar. Nous nous reverrons sûrement. »

1. Le Front populaire de libération de la Palestine, fondé en 1967 par Georges Habache et Ahmed Jibril.

29 août 1969, aéroport Léonard-de-Vinci, Rome.

Assise dans le hall des départs, la jeune femme scruta une fois encore le tableau d'information. Le mot *delayed* y était toujours affiché. Trente minutes de retard ! Elle fouilla nerveusement dans son sac, alluma une Rothmans, tout en tournant discrètement la tête vers un homme, barbu, assis à quelques mètres, qui devait avoir le même âge qu'elle : vingt-cinq ans. Il paraissait aussi tendu.

Étaient-ce ces minutes perdues qui la rongeaient et rendaient cette attente insupportable ? Ou le désir de se retrouver enfin confrontée à la réalité après toutes ces années vécues dans le rêve ?

À 9 h 45, enfin, une voix à l'accent italo-américain annonça : « Les passagers du vol TWA 840 à destination de Tel-Aviv sont invités à embarquer. »

L'homme se leva prestement. La femme lui emboîta le pas. Au moment où elle se dirigeait vers le guichet, des éclats de rire captèrent son attention. Une Américaine d'une quarantaine d'années plaisantait, entourée de ses quatre enfants. « Pourvu que tout se passe conformément au plan, songea la femme, ce serait effroyable si des innocents devaient mourir. » Néanmoins, aussi vite qu'il avait surgi, son sentiment de compassion s'évanouit : les enfants palestiniens eux aussi étaient innocents.

Une vingtaine de minutes plus tard, elle et l'homme barbu se glissèrent dans l'espace luxueux réservé aux voyageurs de première classe. Sur les huit fauteuils, seuls cinq étaient occupés. La femme se dit que c'était bien.

De là où elle se trouvait, elle disposait d'un point de vue idéal sur le cockpit. Au moment où l'avion commença à rouler sur la piste, elle récupéra machinalement son sac de voyage, fit mine de chercher son paquet de cigarettes, et vérifia que son arme, un Makarov PMM de fabrication russe, était toujours là.

« Désirez-vous du champagne ? »

Elle refusa aimablement la coupe que lui présentait l'hôtesse. Assis un rang derrière elle, sur la droite, son compagnon déclina l'offre lui aussi. Le Boeing s'élevait dans un ciel sans nuage. Il était 10 h 15. À 10 h 30, un bip résonna dans la cabine et le pictogramme lumineux qui figurait une ceinture de sécurité s'éteignit.

« Vous désirez quelque chose ? »

À nouveau la femme répondit par la négative, prenant conscience du même coup qu'au lieu d'être un avantage, le nombre réduit de passagers se révélait un inconvénient ; les hôtesses concentraient toute leur attention sur les cinq voyageurs présents.

Elle jeta un coup d'œil à travers le hublot. Le spectacle était magnifique.

À 10 h 45, la côte italienne ne fut plus qu'un mince fil à peine visible.

L'hôtesse de l'air était réapparue. Elle poussait devant elle un trolley chargé de fruits et de friandises.

« Flûte, songea la femme, exaspérée. J'espère qu'elle ne va pas passer le restant du voyage à servir ! Elle va nous bloquer l'accès au cockpit ! »

Au bout d'un temps qui parut une éternité, l'hôtesse se décida à repartir avec son chariot. La voie était libre.

La femme réclama alors une couverture, s'en couvrit partiellement le corps et, discrètement, leva vers l'homme ses cinq doigts écartés. Cinq minutes.

Reprenant son sac de voyage, elle le dissimula sous la couverture, sortit son arme et la glissa dans sa ceinture. Ensuite, elle prit une grenade et la dégoupilla. Elle était prête. Au moment où elle allait se lever, une hôtesse – encore ! – apparut sur le seuil du cockpit. Elle portait un plateau et s'aidait de son épaule pour maintenir la porte ouverte.

C'est alors que l'homme barbu décida d'agir. Il fonça vers l'hôtesse, une arme dans la main droite, une grenade dans la gauche, l'écarta du passage et s'engouffra dans le cockpit. La femme quitta son siège à son tour. Tout en remontant le couloir, elle porta la main à sa ceinture pour récupérer son Makarov PMM. Il n'était plus là. Il avait glissé à travers son jean vers ses chevilles – conséquence sans doute de sa récente perte de poids. Cela faisait pratiquement une semaine que le stress lui avait noué l'estomac. Elle avait dû maigrir d'au moins deux tailles.

Elle se baissa à la recherche de son arme, offrant ainsi aux passagers la vue de son postérieur. Tout à coup, consciente du ridicule de la situation, elle fut prise d'un fou rire. Après avoir réussi à récupérer le Makarov, elle le cala au fond de sa poche et rejoignit son camarade dans le cockpit.

« *Good morning, gentlemen*, annonça-t-elle, sur un ton décontracté. *I am the new captain.* »

Le commandant, Dean Carter, la dévisagea, abasourdi. Harry Oakley, le copilote, se dit que cette gamine plaisantait. Et Hobart Tomlinson, le navigateur, n'en pensa pas moins.

Comme pour les contredire, la femme brandit la goupille de la grenade et la confia au commandant.

« Tenez. Vous la garderez en souvenir. »

Elle montra sa main gauche. Une goupille identique ornait son annulaire.

« Vous voyez, c'est mon seul bijou. Souvenir de ma première grenade. Ma bague de fiançailles. »

Elle plaça l'arme sous le nez de Dean Carter.

« Écoutez-moi attentivement : si vous n'obéissez pas scrupuleusement à mes ordres, je n'hésiterai pas une seconde à la faire exploser. Et vous seuls serez responsables de la mort de vos passagers.

— Que voulez-vous ?

— Oh ! rien de bien compliqué. Vous allez prendre le cap de la Palestine. Direction l'aéroport de Lydda.

— Lydda ? Vous voulez dire Lod ?

— J'ai dit Lydda ! Lod n'existe pas ! Lydda est son nom, deux fois millénaire[1] ! »

Elle scanda :

« Lyd-da.

— Mais nous devions nous diriger vers Athènes pour y faire escale, protesta le navigateur, nous...

— Vous comprenez l'anglais ? Faites ce que je vous dis ! »

1. La ville s'appelait effectivement Lydda avant de tomber entre les mains des forces israéliennes en 1948.

La mort dans l'âme, le commandant Carter obtempéra.

Alors que le Boeing 707 amorçait son virage, la femme et son compagnon, leurs grenades toujours à la main, s'installèrent sur les strapontins derrière l'équipage.

Au bout d'un moment, la femme s'informa auprès du navigateur :

« De combien d'autonomie disposons-nous ? »

Tomlinson répondit :

« Pas plus de deux heures. »

Elle le broya du regard.

« J'étais certaine que vous me mentiriez ! Figurez-vous que j'ai subi un entraînement très complet et que je connais le tableau de bord du Boeing 707 par cœur. La jauge indique que nous disposons de cinq heures et demie. Au prochain mensonge, je vous brise la nuque ! Compris ? »

Le navigateur acquiesça en silence.

« Pourquoi diable vous mettez-vous à ce point en colère ? questionna le commandant.

— Parce que je déteste les menteurs ! »

Au bout d'un quart d'heure, la femme quitta son strapontin et ordonna que l'on branchât l'Intercom.

« Pourquoi ? s'affola le copilote.

— Parce que je veux m'adresser aux passagers. »

Elle s'approcha du micro et déclara :

« Mesdames et messieurs, votre attention, s'il vous plaît. C'est votre nouveau commandant de bord qui vous parle. Prière d'attacher vos ceintures. Nous appartenons au commando Che Guevara, du Front populaire de libération de la Palestine, et nous avons pris le contrôle de cet appareil. Nous vous prions instamment de suivre les instructions suivantes à la lettre… »

Elle énuméra :

« Ne quittez pas vos sièges et gardez votre calme. Pour votre propre sécurité, placez vos mains sur votre tête. Ne tentez aucune action qui pourrait mettre en péril la vie de l'ensemble des passagers. Nous sommes disposés à répondre à tous vos souhaits dans la limite de nos possibilités et à condition qu'ils ne perturbent pas la sécurité de ce vol. »

Elle enchaîna :

« Si nous sommes ici, c'est parce que parmi vous devait se trouver un individu responsable de la mort d'hommes, de femmes et d'enfants palestiniens. Notre souhait était de l'appréhender afin qu'il soit jugé par un tribunal palestinien. Malheureusement, cet homme n'a pas embarqué[1]. Par conséquent, considérez que, lorsque nous atterrirons, vous serez les invités du Front populaire de libération de la Palestine. Nous garantissons à chacun d'entre vous, quelle que soit sa religion ou sa

---

1. Futur martyr de la paix, il s'agissait de Yitzhak Rabin qui, un an auparavant, avait été nommé ambassadeur d'Israël à Washington. Il devait effectivement se trouver à bord du vol TWA 840, mais, à la dernière minute, il modifia ses plans. Il avait joué un rôle actif lors de la guerre de 1948 et obtint également des victoires significatives lors de la guerre des Six-Jours, en 1967. Il fut parmi les premiers Israéliens à mettre le pied dans la Vieille Ville après la réunification de Jérusalem.

nationalité, qu'il pourra s'en aller librement, là où bon lui semblera une fois que nous nous serons posés. Notre prochaine destination est un pays fraternel. Et vous y serez accueillis comme des hôtes. »

Elle tourna le commutateur de l'Intercom et regagna son strapontin. C'est à ce moment qu'elle s'aperçut que l'appareil avait modifié son cap.

« Commandant ! rugit-elle. Reprenez immédiatement la direction de Lydda ! »

Surpris que la femme se soit rendu compte de la manœuvre, Carter bafouilla :

« Je suis désolé.

— Je vois bien où vous vouliez nous emmener. À Tripoli ! Il existe une base militaire américaine là-bas. Pas de chance, mon ami ! »

Carter garda le silence et rectifia la trajectoire du Boeing. Une quinzaine de minutes plus tard, l'homme barbu chuchota à sa camarade :

« Les passagers…

— Quoi donc ?

— Ils ont toujours les mains sur la tête. »

Elle se retourna. À la vue de tous ces gens immobiles, dans une posture pour le moins inconfortable, elle sourit. Elle avait complètement oublié. Elle enclencha à nouveau l'Intercom, s'excusa, puis demanda aux hôtesses que soient servis des boissons, de la nourriture, voire du champagne pour ceux qui le souhaitaient.

Le vol se poursuivait, mais la tension ne baissait pas au sein de l'équipage. De temps à autre, le commandant jetait un coup d'œil furtif par-dessus son épaule en direction de la grenade que tenait toujours la Palestinienne.

« Ne vous inquiétez pas, finit-elle par déclarer. J'ai l'habitude des armes. Je ne risque donc pas de la laisser tomber à moins que vous ne m'y forciez. »

Ils avaient décollé depuis trois heures et cinquante-cinq minutes, lorsqu'ils furent en vue de la côte israélienne.

« Descendez à 12 000 pieds. »

Le Boeing amorça sa descente.

« Et une fois ce palier atteint, questionna Oakley, le copilote, que comptez-vous faire ?

— Un petit tour.

— Pardon ?

— Nous avons très envie de pique-niquer dans notre pays. »

La voix du contrôleur de Lod claqua dans le cockpit.

« TWA 840, me recevez-vous ?

— Affirmatif, TWA 840.

— TWA 840, vous n'êtes pas autorisé à pénétrer dans l'espace aérien israélien. Stoppez votre descente et virez immédiatement au 240 !

— Passez-moi le casque », ordonna la femme.

Le commandant essaya de protester, mais elle répéta durement :

« Le casque ! »

Carter obéit.

« Tour de contrôle de Lydda, vous me recevez ?

— Je vous reçois, TWA 840. Vous…

— Ici le Front populaire de libération de la Palestine. Dorénavant, vous ne nous contacterez plus que par ce nom. TWA n'existe plus.

— TWA 840 ? Qu'est-ce que vous racontez ?

— J'ai dit : Front populaire de libération de la Palestine ! Nous sommes armés de grenade et nous n'hésiterons pas à tout faire sauter si vous persistez !

— TWA 840 !

— Front populaire de libération de la Palestine ! Ne testez pas ma patience ! Vous n'imaginez pas combien elle est limitée !

— Merde ! Obéissez ! adjura le commandant. Nous avons cent seize passagers à bord ! »

Un silence lourd se fit dans le cockpit.

« D'accord, reprit le contrôleur avec lassitude. Front populaire de libération de la Palestine, quelles sont vos demandes ?

— Nous allons atterrir. Libérez une piste et donnez-nous ses coordonnées. »

Elle décocha un coup d'œil malicieux à son camarade. Tous deux savaient pertinemment qu'il était hors de question de se poser. Ils jouaient.

La voix hystérique du contrôleur envahit la cabine.

« Atterrissage refusé ! Stoppez votre descente sinon vous serez abattus. »

À peine eut-il proféré sa menace que deux Mirage surgirent à droite et à gauche de l'appareil et se faufilèrent sous les ailes.

« Continuez jusqu'à 12 000 pieds ! »

L'altimètre indiquait 13 200.

« C'est de la folie ! Nous allons les heurter !

— Ils s'écarteront. Tout sionistes qu'ils sont. »

Elle avait vu juste. Les deux Mirage s'éloignèrent tout en restant à bonne distance.

« Maintenant, cap au nord.

— Mais où nous emmenez-vous ? s'affola le navigateur.

— Sur Haïfa.

— Haïfa ?

— Oui. Je veux voir la maison où je suis née.

— Votre maison ?

— Oui. J'en ai été chassée il y a vingt et un ans. Mon ami aussi. »

L'avion opéra un virage en direction du nord. Quelques minutes plus tard, ils survolaient la ville. Le couple colla le nez contre le hublot, dévorant le paysage des yeux. L'émotion avait submergé leur visage. La Palestinienne dit, mais cette fois d'une voix rauque :

« Faites un autre tour… »

Le Boeing survola une fois encore Haïfa. Le cercle accomplit, le commandant s'informa :

« Et maintenant ?

— Remontez à 25 000 pieds pour ne pas consommer trop de carburant et prenez la direction de Damas. »

Les deux Mirage continuèrent à les escorter jusqu'au moment où ils franchirent la frontière syro-libanaise. Alors là, seulement, ils firent demi-tour.

La femme entra en contact avec la tour de contrôle de Damas et décrivit en arabe la situation avant de demander l'autorisation d'atterrir. Ce qui lui fut accordé.

S'adressant ensuite au personnel de cabine, elle recommanda de déclencher la mise en place des toboggans dès que l'appareil se serait immobilisé afin d'évacuer les passagers.

« Pourquoi une évacuation d'urgence ? s'insurgea un steward.

— Parce que nous allons faire sauter votre avion. »

Elle se tourna ensuite vers le commandant de bord et lui demanda de ne pas freiner brusquement car, n'étant pas attachée, elle pourrait perdre l'équilibre et lâcher sa grenade.

L'atterrissage fut exemplaire. Quelques minutes plus tard, le Boeing était vide.

« Vous pouvez partir, lança la Palestinienne à l'intention de l'équipage. Merci de votre coopération.

— Je vous en prie, ironisa le commandant de bord. Ce fut un plaisir. »

À peine l'équipage parti, l'homme barbu sortit de son sac une bombe à retardement et la plaça sous le tableau de bord. Le couple fonça à l'extérieur.

Une fois au pied du toboggan, ils coururent droit devant. Une vingtaine de mètres plus tard, l'explosion attendue ne s'était toujours pas produite. Ils s'immobilisèrent, affolés.

« Que se passe-t-il ? hurla Leila. Tout ce travail pour rien ?

— Je vais voir. »

L'homme fit demi-tour, escalada avec difficulté l'un des toboggans et disparut dans l'avion. Quelques minutes plus tard, il ressortait.

« Alors ?

— Un fil mal connecté. »

Une minute, deux, trois. Toujours rien.

« Ce n'est pas possible ! gémit la Palestinienne. Quelle merde ! Je… »

Ses derniers mots furent couverts par un bruit de tonnerre. Le nez de l'appareil vola en éclats.

« *Ya Allah !* s'écria-t-elle. Grâce soit rendue au Tout-Puissant ! Nous avons réussi. »

La police syrienne les entourait.

L'homme barbu déclina son identité sans opposer de résistance.

« Mon nom est Salim Issaoui. J'appartiens au Front populaire de libération de la Palestine. »

La femme fit de même :

« Je m'appelle Leïla Khaled. »

Elle ajouta avec un sourire espiègle :

« Ma valise est dans la soute. J'espère que la TWA fera le nécessaire pour qu'elle me soit rapportée[1]. »

1. Tous les passagers furent libérés sauf trois d'entre eux qui possédaient la nationalité israélienne. Trois mois plus tard, début décembre, ils furent échangés contre 71 prisonniers syriens et égyptiens. Quant au Boeing, une fois réparé, il reprit du service

Aéroport de Schiphol, Pays-Bas, 6 septembre 1970.

Patrick Arguello avait la mine des jours heureux. Il conservait encore intact le souvenir de l'anniversaire-surprise organisé par ses camarades du Front de libération de la Palestine, à Amman. Pourtant, il y avait six mois de cela. Si seulement ses parents avaient pu imaginer où, et dans quelles conditions il avait soufflé ses vingt-sept bougies ! Parce qu'en vérité, Patrick avait suivi un parcours relativement classique. Il était né aux États-Unis, de père nicaraguayen et de mère américaine. En 1946, la famille avait décidé de revenir dans son pays natal. Dix ans plus tard, l'arrivée du dictateur Somoza les avait contraints à plier bagage et à retourner vivre aux États-Unis.

Patrick fut inscrit au *Belmont Senior High School* de Los Angeles. Une école publique, il est vrai. Mais ses parents n'avaient guère eu les moyens de lui offrir plus.

Somoza. Ce despote, ce salaud. Adolescent, avant d'être forcé de partir pour les États-Unis, Patrick avait été témoin des outrages, de la répression, infligés à la population par le dictateur. Il en avait conservé une rage intérieure, une envie de vengeance jamais assouvie contre toutes les formes d'injustice et les régimes

---

jusqu'en juin 1983. On enregistra le cockpit endommagé sous le code : « Nez de Damas ». Le récit du détournement est la retranscription de l'interview que Leïla Khaled a accordée au magazine *Life*, le 18 septembre 1970.

autoritaires. Bien sûr, son idole était le Che, et la révolution cubaine, un magnifique exemple.

Ses études secondaires terminées, il était retourné au Nicaragua, il avait essayé d'adhérer au Front national de libération sandiniste mais, pour des raisons inexpliquées à ce jour, on avait rejeté sa candidature, le soupçonnant d'être un agent double. Insensé ! D'autant plus insensé qu'en 1969 le gouvernement de Somoza décida de l'expulser du pays, l'accusant d'appartenir à des mouvements subversifs.

La mort dans l'âme, Patrick s'était alors envolé pour Genève afin de s'associer avec des exilés nicaraguayens et poursuivre la lutte à distance.

Peu de temps après, le leader du mouvement sandiniste, Oscar Turcios, ayant établi des contacts avec les dirigeants du Front de libération de la Palestine, des volontaires furent envoyés en Jordanie dans les camps palestiniens pour y subir un entraînement. Arguello se porta immédiatement candidat. Jubilatoire ! Quand il fut prêt, les Palestiniens lui proposèrent de participer à l'opération qui justifiait sa présence, aujourd'hui, à l'aéroport de Schiphol. Enfin ! Il pourrait mettre en pratique tout ce qu'on lui avait enseigné, et surtout humilier les sionistes dont le régime, à ses yeux, ne valait guère mieux que celui de Somoza.

Patrick se sentait d'autant plus serein qu'il n'était pas seul pour accomplir cette opération. Trois autres commandos le secondaient. Deux compatriotes : Juan Jose Quezada et Pedro Arauz Palacios. Le troisième était une femme, une Palestinienne du nom de Dalia, qui avait le même âge que lui : vingt-six ans. Officiellement, son épouse.

Il lui jeta un regard en coin. Elle n'était pas désagréable à regarder, elle était même mignonne. La mini-jupe qu'elle portait lui conférait une allure de pin-up. Mais pourquoi diable la lui avoir imposée ? Patrick ne faisait pas confiance aux femmes. Trop émotives, trop sensibles, trop irrationnelles. Tant pis !

Le Nicaraguayen se tourna vers elle.

« Je ne vois pas nos deux camarades.

— Ils ont peut-être rencontré des difficultés pour se rendre à l'aéroport. Ce n'est pas grave.

— C'est fâcheux tout de même. Nous devions être quatre.

— Peu importe, avec ou sans eux, nous mènerons à bien l'opération ! »

La détermination du ton surprit Patrick. Elle n'était pas en harmonie avec le physique angélique de la femme.

« Allons-y ! ordonna-t-elle. Et n'oublie pas : nous sommes M. et Mme Sanchez. »

Ils marchèrent vers le comptoir d'El Al et furent tout de suite frappés par l'absence de voyageurs. Personne.

« Trop tôt, leur déclara l'agent affairé à ranger des documents.

— Comment ? s'indigna Dalia. Sur nos billets, le décollage est prévu pour 11 h 20.

— Dans trente minutes », répliqua l'agent, indifférent.

Ne laissant rien entrevoir de son impatience, le couple alla se rasseoir. Quand ils retournèrent vers le guichet. L'agent s'était volatilisé.

Déconcertés, ils en étaient à s'interroger sur la marche à suivre, lorsqu'une voix claqua dans leur dos. Ils se retournèrent. Devant eux se tenait un militaire israélien.

« Pourquoi êtes-vous en retard ? »

Dalia expliqua :

« Nous étions à l'heure, mais lorsque nous nous sommes présentés, l'agent – qui a disparu depuis – nous a déclaré que le guichet n'était pas ouvert et que nous devions patienter.

— Vos passeports ! »

Sur le document que lui montra la femme était inscrit le nom de Maria Sanchez. Nationalité hondurienne. Sur celui de Patrick : Alfonso Sanchez. Hondurien aussi.

L'Israélien examina les passeports sous toutes les coutures, puis leur demanda de vider leurs sacs de voyage, puis leurs valises qu'il fouilla de fond en comble.

Soudain, des éclats de voix retentirent.

Dalia leva les yeux dans leur direction.

Trois voyageurs marchaient vers eux. Le cœur de la femme fit un bond dans sa poitrine. C'étaient des Arabes. Des Jordaniens. Elle les connaissait. Et si, par malheur, ils s'avisaient de la saluer ?

Sans hésiter, sous le regard interdit de l'Israélien, elle enroula ses bras autour du cou de Patrick Arguello et l'embrassa fougueusement.

Le Nicaraguayen se laissa faire. Après tout, ce n'était pas désagréable. Une fois que le trio les eut dépassés, elle relâcha son étreinte.

« Désolé, monsieur l'officier, lâcha la femme. Je suis très amoureuse. »

L'Israélien se racla la gorge.

« Quelqu'un vous a-t-il remis quoi que ce soit ? »

Le couple répondit par la négative.

« Possédez-vous sur vous des objets contondants ? Couteau ? Canif ? Ou une arme à feu ? »

Dalia lui offrit son sourire le plus charmeur.

« Monsieur l'officier, que ferait une femme avec ce genre de choses ?

— Vous pouvez y aller. Mais dépêchez-vous ! »

Une quinzaine de minutes plus tard, le couple prenait place dans le Boeing 707, en classe économique. Lorsque l'appareil prit son envol pour New York, il était 13 h 30.

Une vingtaine de minutes plus tard, Dalia extirpa de sous sa jupe deux grenades. Arguello récupéra un revolver scotché sur son thorax. À l'instant de bondir vers le cockpit, elle chuchota au Nicaraguayen :

« Je ne suis pas Dalia. Je m'appelle Leïla Khaled. Bonne chance, mon ami ! »

Leïla Khaled ? L'héroïne du vol TWA 840 ? Impossible ! Arguello avait eu l'occasion de voir de nombreuses photos d'elle. Une en particulier, qui avait fait le tour du monde. En noir et blanc, tenant une kalachnikov, les cheveux couverts d'un keffieh. Impossible !

Aucune ressemblance ! Mais ce n'était pas l'heure d'approfondir.

Ils se ruèrent dans le couloir en criant :

« Que personne ne bouge ! »

Un mouvement de panique s'empara des passagers.

« Que personne ne bouge ! répéta Dalia. Je vous… »

Elle s'interrompit net.

Trois stewards armés leur barraient la voie.

Derrière eux, une hôtesse prise d'une crise d'hystérie se laissa tomber à genoux en les adjurant en arabe de ne rien tenter.

Très calme, Leïla mit en garde les stewards – en réalité des agents de la sécurité israélienne :

« Sachez que, si vous tirez, j'aurai quand même le temps de balancer mes grenades. »

Pour prouver sa détermination, elle les dégoupilla.

« Laissez-nous passer !

— Vas-y ! Je te couvre ! » cria Patrick Arguello.

Elle fonça vers l'avant.

Au moment où elle atteignait la porte du cockpit, des éclats de feu fusèrent et l'appareil amorça une brusque descente en piqué. Prise au dépourvu, Leïla perdit l'équilibre et se retint in extremis au dossier d'un siège pour ne pas tomber.

Combien de passagers se jetèrent alors sur la Palestinienne ? Une meute, pensa-t-elle dans l'instant. Un coup violent s'abattit sur sa nuque. Elle sombra. La dernière image qui resta gravée dans son esprit fut celle de son camarade Arguello écroulé dans une mare de sang.

Londres, même jour.

L'interrogatoire dans les bureaux du commissariat d'Ealing n'en finissait plus. Il y avait plus de trois heures que Leïla était enfermée ici, depuis que le pilote d'El Al avait détourné l'avion à Heathrow et que l'équipage avait livré la Palestinienne aux autorités anglaises. C'était encore et toujours les mêmes questions. Trois policiers de Scotland Yard étaient venus à la rescousse.

« Vous dites que vous vous appelez Leïla Khaled. Vous ne lui ressemblez pas. Comment l'expliquez-vous ?

— Je vous ai déjà répondu. Après le détournement du vol TWA 840, j'ai subi six opérations de chirurgie esthétique.

— Pourquoi six ?

— Parce que les cinq premières n'étaient pas satisfaisantes. »

Elle enchaîna :

« Écoutez, je suis exténuée, j'ai mal partout à cause des coups que l'équipage et les passagers m'ont infligés. »

Les médecins avaient diagnostiqué deux côtes cassées.

« Et je vous répète que je me considère comme une prisonnière de guerre.

— Mais il n'y a pas de guerre entre la Grande-Bretagne et les Palestiniens ! objecta l'un des officiers.

— Si, depuis 1917 et la Déclaration Balfour[1] !

---

1. Le 2 novembre 1917, le ministre britannique des Affaires étrangères, lord Arthur James Balfour, adressa à lord Rothschild, président de la Fédération sioniste de Grande-Bretagne, une lettre

— Nous n'allons pas refaire l'Histoire, maintenant…

— Je suis libre de parler de ce que je veux.

— Qui a imaginé le plan du détournement du vol El Al 219 ?

— Je suis le commando Leïla Khaled du FPLP, unité Rasmieh Odeh, une combattante détenue.

— Qui vous a fourni les armes ?

— Je suis le commando Leïla Khaled du FPLP, unité Rasmieh Odeh, une combattante détenue.

— Comment avez-vous rencontré Patrick Arguello ?

— À l'aéroport.

— À titre d'information, sachez qu'Israël a demandé votre extradition et que le gouvernement de Sa Majesté a refusé.

— Vous pouvez me livrer, si vous le voulez !

— Vous n'avez donc pas peur qu'ils vous torturent ?

— Vous savez donc qu'ils torturent ? De toute façon, il y a deux millions de Palestiniens qui sont emprisonnés dans les territoires occupés, une prisonnière de plus ou de moins ne changera pas grand-chose.

— Des passagers affirment vous avoir vu lancer une grenade dans l'avion.

---

dans laquelle il promettait la création d'un foyer national juif en Palestine. Pour le gouvernement britannique, ce document visait à obtenir rapidement le soutien des banques juives d'Angleterre et des États-Unis dans le contexte de la Première Guerre mondiale qui nécessitait une mobilisation croissante de fonds.

— C'est faux. Mon objectif était de faire relâcher des détenus. Ce monde refuse de nous comprendre. Je suis ici parce que je défends une cause. »

Finalement, vers 23 heures, un nouvel officier entra dans le bureau.

« Saviez-vous que se préparaient d'autres tentatives de détournement ? »

Elle secoua la tête. L'inspecteur annonça :

« On vient de nous signaler que le vol Swissair 100 reliant Zurich à New York avec 143 passagers et 12 membres d'équipage, ainsi que le vol TWA 741 Francfort-New York ont été détournés par des gens de votre mouvement. Ils viennent de se poser sur l'aéroport de Zarka, en Jordanie. »

Il réitéra sa question :

« Étiez-vous au courant ? »

Un sourire radieux illumina ses traits.

« Non, dit-elle. Puis-je avoir une cigarette ? »

Elle jubilait intérieurement.

Elle jubila bien plus encore lorsque deux jours plus tard on lui apprit qu'un troisième acte de piratage avait eu lieu. Cette fois il s'agissait du vol BOAC 775, Bombay-Rome, également forcé de se poser en Jordanie sur le même aéroport. Les exigences des pirates étaient sans équivoque : la libération immédiate et inconditionnelle de Leïla Khaled.

Sous les yeux de la presse internationale, le 11 septembre, les trois cent dix passagers furent libérés, à l'exception de ceux qui détenaient la nationalité israélienne, soit une quarantaine de personnes. Ils furent transportés à Amman, à bord d'une camionnette, dans un lieu inconnu et considérés comme des « prisonniers de guerre[1] ».

À 11 h 05, les trois appareils furent dynamités. Les débris volèrent sur des centaines de mètres, recouvrant le sable ocre du désert.

Leïla Khaled éclata de rire.

Pont Allenby, avril 1996.

La femme remonte le pont qui relie la Jordanie à la Cisjordanie. Cinquante-deux ans, de petite taille, cheveux noirs coiffés à la garçonne, vêtue sobrement, mais avec élégance, elle fait penser à une mère de famille modèle. Pourtant, lorsqu'elle s'adresse à l'officier israélien, sa voix est rauque, et traduit une détermination qui contraste avec son allure.

« Appartenez-vous à une organisation palestinienne ?

— Oui. Je suis membre du Front populaire de libération de la Palestine depuis trente ans.

— Quel était votre rôle dans le FPLP ?

— Je détournais des avions. Comment est-il possible que vous ne sachiez pas quel était mon rôle dans le FPLP ?

1. Le récit du détournement, ainsi que l'interrogatoire sont extraits de l'autobiographie de Leïla Khaled intitulée *My people shall live*, éditée par G. Hajjar en 1973.

— Quels types d'avions avez-vous détournés ?

— Un avion de la TWA, un autre d'El Al.

— Et vous comptez récidiver ?

— Non. Parce que c'est un procédé politique où l'équilibre des forces est en votre faveur. Vous avez toutes les cartes en main, alors que nous, les Palestiniens, n'avons rien.

— Maintenant, vous venez ici après l'accord de paix ? Vous…

— Je suis ici parce qu'un accord politique a été conclu[1] mais pas pour l'accord de paix, car s'il existait un véritable accord de paix, je ne serais pas assise en train de subir un interrogatoire.

— Mais vous-même, êtes-vous partisane de la paix ?

— Oui, je soutiens la paix, mais pas la vôtre. Je suis pour une paix qui me garantisse, ainsi qu'à mes frères du peuple palestinien, le retour dans ma patrie sans permission et tracasseries de votre part comme vous le faites maintenant. La paix, c'est de pouvoir retourner dans mon pays, la Palestine. »

L'officier examine son passeport et découvre son lieu de naissance : Haïfa.

« La paix, selon vous, signifie-t-elle que vous puissiez revenir vivre à Haïfa ?

— Évidemment ! Pourquoi pas ? Qu'est-ce qui pourrait m'en empêcher ? Vous permettez bien à des Juifs du

1. À l'occasion du vote par le Conseil national palestinien visant à modifier les articles de la Charte nationale palestinienne qui rejetaient l'existence de l'État d'Israël.

monde entier de venir vivre dans mon pays, et moi vous me l'interdiriez ?

— Encore une fois, êtes-vous partisane de la paix ?

— Oui, je suis favorable à la paix ! Nous avons combattu pendant des dizaines d'années et nous avons perdu des dizaines de milliers de fils de notre peuple pour la paix. Mais la paix que je soutiens est celle qui garantit les droits de chaque être humain et non pas celle qui impose les conditions du fort sur le faible. »

Elle fait une pause et conclut en toisant l'officier :

« N'oubliez pas, jeune homme : je m'appelle Leïla Khaled[1] . »

1. Leïla Khaled vit toujours à Amman, en Jordanie, mariée et mère de deux enfants. Sa maison jouxte le siège des services secrets jordaniens. Elle est membre du Conseil national palestinien (CNP) et de l'Union générale des femmes palestiniennes. Ce dialogue n'appartient pas à la fiction. Il est tiré d'un article paru dans le quotidien arabe *El-Charq el-awssat,* du 8 mai 1996.

L'Égyptienne

Le Caire, été 1923.

Une dizaine de femmes vêtues de noir scrutent avec fébrilité le train qui vient d'entrer en gare. La foule est dense. Des journalistes jouent des coudes. Les premiers passagers se déversent sur le quai. Une silhouette féminine, le visage couvert, apparaît à la portière d'un wagon. Elle reste immobile un instant, arrache son voile, le jette à terre et s'écrie avec force :

« Plus jamais ! »

Elle s'appelle Hoda Shaarawi.

Des youyous s'élèvent. Des applaudissements crépitent, alors qu'une seconde silhouette descend à son tour les marches et accomplit le même geste.

C'est Saiza Nabarawi.

On entoure les deux femmes, on les congratule. Certaines de leurs consœurs osent même les imiter et découvrent elles aussi leurs traits.

Elles ont une quarantaine d'années. Toutes deux rentrent de Rome où elles ont participé à un congrès féministe. Mais pourquoi ce triomphe ? Qu'a donc accompli Hoda Shaarawi pour soulever un tel enthousiasme ? Elle vient tout simplement de briser un tabou séculaire. Ce voile jeté à terre est un véritable défi lancé à ces « années harem », telles que l'Égyptienne les surnomme dans ses Mémoires.

Harem… Deux syllabes qui résonnent comme un joli souffle, et qui ont entretenu longtemps l'imaginaire des voyageurs occidentaux, des poètes et des écrivains. Au fil des rimes et des pages, on a décrit ces magnifiques palais de cristal au bord du Bosphore, ces femmes lascives qui, allongées sur des divans fleuris, guettaient le bon vouloir de leur seigneur et maître. On a maintes fois évoqué les parfums enivrants, les odalisques élevées un jour au rang de favorite, comblées de présents, accédant, pour les plus fortunées d'entre elles, au rang suprême de Sultane Validé[1].

Mais derrière ces lieux communs, se cachait une autre forme de harem. Celle qui touchait une partie de la société, la plus aisée, et, paradoxalement, la mieux éduquée, très éloignée de l'image que les poètes s'en faisaient.

Ici, point d'odalisques, mais une, ou des maîtresses, à qui incombait la lourde tâche de gérer une pléiade de serviteurs et d'esclaves. La hiérarchie était soumise à un protocole rigide. On l'imagine, l'idée même de bonheur personnel, d'amour, n'effleurait pas les esprits, seul comptait le maintien du patrimoine à l'intérieur des familles.

1. Littéralement « mère du sultan », ou reine mère.

Dans le même temps qu'elles géraient le personnel, les mères devaient aussi veiller à l'éducation des enfants, aux cuisines, à la bonne tenue des lieux et, finalement, l'intendance de certaines demeures s'apparentait plus à celle d'un grand hôtel qu'à un simple domicile. Et bien évidemment, s'il arrivait à ces femmes de sortir de chez elles, elles étaient forcées de se voiler la face.

Comme il a été sous-entendu plus haut, cette vie de contraintes et de soumission ne touchait pas les gens modestes, mais concernait la haute bourgeoisie. En effet, qui pouvait entretenir de grands appartements exclusivement réservés aux femmes ? Qui aurait eu les moyens de s'offrir un ou plusieurs eunuques, des préceptrices ou des précepteurs pour les enfants, sinon les familles aisées ? Les paysannes, elles, étaient libres de leurs mouvements, et ne portaient qu'un foulard, parfois orné de piécettes dorées, qui masquait leur chevelure. Jamais leurs traits.

Notons qu'en ces premières années du XXe siècle, le port du voile n'était aucunement inspiré par des impératifs religieux. C'était plutôt une coutume, une tradition sociale. Pour preuve, dans cette Égypte-là, il n'était pas rare de croiser des juives ou des chrétiennes, qui, elles aussi, se voilaient. Dans ses *Lettres d'Égypte*, publiées en 1863, une célèbre voyageuse anglaise, Lucie Duff-Gordon, nous révèle que les coptes de Haute-Égypte se montraient en ce domaine bien plus tatillonnes que leurs sœurs musulmanes.

Il va de soi que les chanteuses, les danseuses, les marchandes qui allaient de maison en maison jouissaient également d'une grande liberté. Hoda Shaarawi évoque d'ailleurs dans ses Mémoires une poétesse itinérante qui, de temps à autre, venait séjourner dans sa maison, et n'était pas du tout soumise aux mêmes obligations que ses consœurs.

Mme Khadîja m'impressionnait parce qu'elle avait l'habitude de s'asseoir avec les hommes et de discuter avec eux de sujets littéraires et culturels. Dans le même temps, je remarquais à quel point les femmes incultes tremblaient d'embarras et de crainte lorsque, cachées derrière une tenture, elles avaient à échanger quelques mots avec un homme. À observer Mme Khadîja, j'ai acquis la conviction qu'en se cultivant les femmes pourraient devenir les égales des hommes, et peut-être même les surpasser.

C'est à partir de 1890 que les femmes égyptiennes commencèrent à débattre des brimades qu'on leur imposait. Des hommes aussi, des écrivains, des intellectuels, se mirent à exprimer ouvertement leurs critiques devant une situation qu'ils jugeaient déshonorante pour le sexe féminin. En 1894, un jeune auteur copte, Morcos Fahmi, publia une pièce de théâtre qui fit grand bruit : *La Femme en Orient*, dans laquelle il attribuait le retard culturel du pays au sectarisme dont les femmes étaient victimes. Un état de choses surprenant quand on le comparait aux conditions privilégiées que connurent les femmes dans l'Égypte antique.

Qasim Amin, l'un des plus célèbres nationalistes égyptien, rédigea en 1899 un ouvrage intitulé *La*

Libération de la femme, qui provoqua aussi de très vives controverses. Il y appelait expressément son pays à s'aligner sur le modèle occidental. Traiter les femmes comme des égales, leur accorder le droit d'apprendre et d'enseigner ne pouvait que conduire au bonheur de tous. « Je ne crois pas exagéré de proclamer, écrivait-il, que les femmes représentent le fondement d'une édification solide de la civilisation moderne. »

Lorsque Hoda Shaarawi voit le jour le 23 juin 1879, à Minieh, en Haute-Égypte, le pays est dirigé depuis peu par le khédive (seigneur) Tawfiq, mais c'est en réalité l'Angleterre qui est à la tête de l'administration égyptienne. Elle s'est assurée le contrôle du canal du Suez en rachetant les actions du père de Tawfiq, le khédive Ismaïl, ruiné par ses prodigalités. C'est une Égypte qui bouillonne, qui vibre, qui rêve d'indépendance. Trois ans après la naissance de Hoda, le 13 septembre 1882, à proximité de la ville de Tell el-Kébir, à environ 110 km du Caire, les troupes britanniques du maréchal Garnet Wolseley avaient vaincu celles du nationaliste égyptien, Ahmed Orabi. Bataille perdue, mais prélude à bien d'autres.

Le père de Hoda, Mohammad Sultan pacha, issu d'une grande famille cairote, était président de la Chambre des députés. Il avait épousé en premières noces Hasiba, dont il avait eu un enfant, Ismaïl. Deux ans plus tard, il convolait avec Iqbal, qui lui donnerait une fille, Hoda, et un garçon, Omar. À la différence de Hasiba, Iqbal n'était pas égyptienne, mais circassienne et, aux dires de tous, c'était une femme d'une extraordinaire beauté. Pudeur ou discrétion, jamais Hoda n'osa l'interroger sur son passé. Les quelques informations soufflées par l'un de ses oncles lui apprendront qu'en 1860, au moment où les troupes russes déferlaient sur le Caucase, les parents d'Iqbal avaient été obligés de fuir vers l'Empire ottoman. Le grand-père de Hoda avait perdu la vie lors des combats et sa grand-mère, Sharaluqa, épuisée et malade, n'avait eu d'autre choix que de laisser sa fille, Iqbal, à un homme de confiance. Elle l'avait chargé d'emmener la fillette – alors âgée d'une dizaine d'années – au Caire et de la confier à un oncle, un certain Youssef Sabri pacha, militaire de carrière. Hélas, ce dernier étant en déplacement hors de la capitale, son épouse avait refusé catégoriquement de recevoir l'enfant, niant de surcroît que Youssef eût un quelconque lien de parenté avec elle. En désespoir de cause, Iqbal avait été conduite auprès d'une famille proche de sa mère. Elle devait y demeurer jusqu'à son mariage avec Mohammad Sultan pacha.

Propriétaire terrien, grand fermier, Mohammad Sultan joua un rôle majeur dans la politique égyptienne. Après avoir accédé à différents postes honorifiques au sein de l'État, il avait été nommé commissaire du district de Qulusna dans la province de Minieh, puis successivement gouverneur de la ville de Beni Soueif, Assiout et enfin Ruda el-Bahrain. Son ascension fut proportionnelle à l'accroissement de sa richesse. À la fin de sa vie, il possédait près de 4 500 feddans[1]. Soit une

1. Un feddan est égal à 4 200 m^2.

étendue de terres astronomiques. Hélas, la mort brutale de son fils aîné, Ismaïl, en qui il avait fondé tous ses espoirs, brisa l'homme tant moralement que physiquement. Il le suivit peu de temps après dans la tombe, le 14 août 1884.

Dès lors, Hoda, âgée de cinq ans et Omar, de deux ans plus jeune, furent élevés exclusivement par des femmes : leur mère, Iqbal, et Hasiba, surnommée *Om kabira,* la « Grande mère », parce qu'elle était la plus âgée des deux épouses. Un tuteur légal fut aussi attribué à Hoda : Ali Shaarawi, son cousin germain – un personnage pour lequel elle n'avait jamais éprouvé une grande sympathie. Elle n'imaginait pas alors le rôle qu'il jouerait dans sa vie.

Assez rapidement, la fillette prit conscience de la différence de traitement entre elle et son frère. Il bénéficiait de toutes les attentions, quand elle se sentait négligée. Le jour où elle s'en étonna auprès de Hasiba, celle-ci lui répondit : « C'est simple : toi tu es une fille, et lui un garçon. Il est le seul héritier mâle de la famille. C'est sur lui que reposeront toutes les responsabilités, et un jour il se mariera et perpétuera notre descendance. »

La fillette resta dubitative et elle reconnut plus tard avoir éprouvé une certaine jalousie à l'égard de son frère. Un jour, qui sait ? quelqu'un remettrait en cause cet état de fait. Pourquoi un homme devait-il avoir plus de droits qu'une femme ?

Dès qu'elle fut en âge d'apprendre à lire et à écrire,
elle entama des études sous l'œil aiguisé de son précepteur, Saïd Agha. On lui enseigna le piano, le turc,

l'italien, et, comme toutes les « filles de bonne famille », le français. Bientôt, curieuse de tout, elle ne résista pas au plaisir de dérober la clef qui permettait d'ouvrir la bibliothèque de son père. Chaque fois qu'elle en avait l'occasion, elle s'y réfugiait pour se nourrir de poésie et de littérature. Nous ne saurons jamais si, parmi ces livres, elle croisa certains recueils « interdits ».

Étonnant paradoxe, cette femme qui fut non seulement la première féministe, mais aussi la figure la plus importante du nationalisme égyptien, ne maîtrisait pas suffisamment la langue arabe pour être en mesure d'écrire ses Mémoires. Elle dut faire appel à un secrétaire. Bien qu'ayant appris le Coran par cœur, elle ne fut jamais autorisée à suivre des cours de langue arabe ! À ce propos, elle raconte comment Saïd Agha, l'eunuque chargé de superviser ses études, réagit le jour où son institutrice s'était présentée avec un précis de grammaire arabe à la main :

« Qu'est-ce que cela ? avait-il demandé en fronçant les sourcils.

— Ma jeune élève m'a prié de lui enseigner la grammaire.

— Remportez donc votre livre, madame ! La jeune dame n'a pas besoin de grammaire, car elle ne deviendra pas juriste ! »

Mais au-delà de ce paradoxe, existait aussi une réelle contradiction au sein de la société égyptienne, liée à la complexité morale et politique inhérente aux pays qui vivaient alors sous le joug de la colonisation. Si, sous certains aspects, la revendication nationaliste s'était développée dans les couches sociales les plus européanisées, avec tout ce que cette « occidentalisation » impliquait de progrès, et de libération des mœurs, sous d'autres aspects, les femmes continuaient d'assumer leur réclusion et le port du voile ; ces deux éléments étant – à leurs yeux – une manière d'affirmer leurs différences, voire même d'exprimer leur résistance face à l'occupant occidental.

Ce fut au lendemain de son douzième anniversaire que Hoda Shaarawi nota une certaine fébrilité autour d'elle. On chuchotait, on échangeait des coups d'œil complices. Et puis, des bribes de conversations lui parvinrent un soir.

Sa mère et la tante de celle-ci, Gazbeyya Hanem, s'entretenaient avec flamme :

« Puisque je te dis que la famille du khédive aimerait la marier à l'un de ses garçons !

— Ce serait terrible ! »

Et Gazbeyya Hanem d'ajouter :

« La meilleure solution est qu'elle épouse son cousin.

— Ali ? Ali Shaarawi ? Mais quelle horreur ! Un homme qui pourrait être son père ?

— Oui. Mais c'est tout de même mieux qu'un inconnu, qui plus est, un membre de la famille du khédive ! Tu ne la reverrais jamais. »

Et la tante de conclure :

« C'est la seule garantie pour que les biens dont elle a hérité de son père ne quittent pas la famille. »

Mariée ? À douze ans ? Et à un personnage qu'elle n'avait jamais apprécié de surcroît ?

Hoda n'en croit pas ses oreilles. C'est impossible !

Et pourtant… C'est bien ce que sa mère allait lui imposer.

Elle accueillit la nouvelle avec des sanglots et sombra dans l'abattement, partagée entre abnégation et révolte. On l'accusa alors de vouloir déshonorer le nom de son défunt père et de « tuer » sa mère qui ne survivrait pas à son refus. L'enfant était d'autant plus perturbée par ces fiançailles forcées avec son cousin et tuteur, qu'il était non seulement déjà marié, mais aussi père de trois filles, toutes plus âgées qu'elle.

Iqbal dut sans doute prendre conscience du désespoir de sa fille, puisque, quelques jours avant la date fatidique, elle tenta de trouver une solution honorable. Elle fit établir un document qui stipulait que le futur mari demeurerait monogame. Ce qui signifiait qu'il devait se séparer de sa première épouse et ne plus entretenir le moindre rapport avec elle. De plus, s'il prenait une autre femme après son mariage avec Hoda, leur union serait automatiquement rompue. La mère avait dû vraiment croire qu'Ali Shaarawi signerait. Ce qu'il ne fit pas. Les invitations pour la noce étaient lancées. Il était hors de question d'annuler la cérémonie et le mariage se conclut : Hoda n'avait que treize ans. Shaarawi vingt de plus. On ne sait si l'hymen fut consommé cette nuit-là, et dans quelles conditions. Tout ce qui touche à la sexualité, sujet tabou s'il en fut, n'apparaît ni dans le récit que fait Hoda de ses jeunes années ni dans les revendications du mouvement qu'elle animera. Mais on y détecte tout de même la plupart des thèmes qui alimenteront son combat pour les femmes : l'égalité des deux sexes, le droit à l'éducation, la condamnation du mariage précoce, la condamnation de la polygamie.

L'Égypte du XIXe siècle fascinait. Depuis que Bonaparte avait débarqué en 1798, et depuis que le mystère des hiéroglyphes avait été élucidé par Champollion, l'égyptomanie avait envahi la France. Des personnalités célèbres jugeaient le voyage en Égypte incontournable : Flaubert, Lamartine, Chateaubriand, Gérard de Nerval... mais aussi des anonymes, des hommes, des aventuriers, des femmes. Ces dernières étaient particulièrement bien accueillies dans la haute société cairote, qu'elles fussent les épouses d'autorités locales – telles qu'Eugénie née Le Brun, l'auteur du livre *La Répudiée,* dont le mari, Hussein Rouchdi, fut Premier ministre d'Égypte – ou bien des conférencières féministes, à l'instar de Marguerite Clément ou Mlle A. Couvreur[1], l'une des toutes premières femmes à avoir obtenu en France l'agrégation.

Comme il fallait s'y attendre, la fillette se mit à dépérir dans son nouveau statut d'épouse. L'écart d'âge ; le carcan dans lequel on l'avait emprisonnée ; la peur de mal faire ; l'interdiction de jouer du piano, de sortir, ne fût-ce que pour rendre visite à une amie ; l'interrogatoire quasi militaire que son époux lui faisait subir s'il la

1. L'une de ses conférences s'intitulait « Études de psychologie et de morale féminines ».

surprenait en train de discuter avec un membre masculin du personnel ; cette panique qui s'emparait d'elle au moindre bruit de pas, et qui la forçait à se cacher, de peur de voir surgir un homme autre que son mari : autant d'éléments qui faisaient de sa vie un cauchemar.

Et puis, un matin, sa mère débarqua dans sa chambre et lui réclama une enveloppe qu'elle lui avait confiée quelques jours après son mariage.

« Une enveloppe ? s'étonna Hoda.

— Parfaitement. Je t'avais recommandé de la ranger précieusement. J'espère que tu ne l'as pas égarée ! »

Manifestement, cette histoire d'enveloppe lui était totalement sortie de l'esprit. Elle la retrouva néanmoins et la remit à sa mère.

« Sais-tu ce que c'est ? »

Hoda secoua la tête.

« C'est le document que j'ai voulu faire signer à ton mari avant la noce. Celui qui stipulait qu'il demeurerait monogame et qu'il n'entretiendrait plus de rapports avec sa première épouse.

— Je me souviens. N'avait-il pas refusé de signer ? »

Iqbal confirma.

« C'est vrai. Mais j'ai tellement insisté que, quelques jours après votre mariage, il a fini par céder. »

Elle ajouta sèchement :

« Il n'a plus aucun droit sur toi ! »

Et comme Hoda restait sans voix, sa mère enchaîna :

« Il a recommencé à revoir son esclave ! J'ai découvert qu'il court chez elle dès qu'il en a l'occasion. Et, plus ignoble encore, elle attend un enfant de lui. »

Hoda ne put s'empêcher de pousser un cri de joie. Elle allait pouvoir rentrer chez elle. Libre enfin !

Quinze mois à peine s'étaient écoulés depuis le jour de son mariage…

Forte du contrat que sa mère était parvenue à imposer, elle put se séparer (physiquement mais pas juridiquement) de son mari, et acquérir un début d'autonomie. Elle reprit des cours de français avec une dénommée Mme Richard, veuve d'un ingénieur français, une femme particulièrement savante, qui transmit à Hoda sa passion pour la littérature française.

Elle se remit au piano, commença à fréquenter l'Opéra, mais bien entendu, toujours dissimulée dans des loges réservées aux femmes où elle pouvait assister au spectacle sans être vue. Elle fit des excursions en bateau sur le Nil, et noua de profonds liens d'amitié avec Eugénie Le Brun qui avait coutume d'organiser tous les dimanches des salons où se réunissait tout ce que Le Caire comptait d'intellectuelles et où les sujets les plus divers étaient débattus en toute liberté. Hoda devint rapidement l'une des visiteuses les plus assidues.

Hélas, au bout de sept ans, les portes de la prison devaient se refermer à nouveau sur elle : des amis de son époux commencèrent à faire pression sur elle afin qu'elle réintègre le domicile conjugal. Parmi ceux-ci, Zubair Pacha, un proche du couple, qui lui fit comprendre que son comportement « n'était pas digne d'une fille de Sultan Pacha ».

« Sais-tu que, selon la loi, ton mari peut te contraindre à revenir vivre avec lui ?

— Pour quelle raison ? s'insurgea Hoda. Il n'est pas dans la solitude que je sache ? N'a-t-il pas une femme à ses côtés ? Une épouse docile qui lui fait un enfant tous les ans ! »

Un autre ami, Cheikh el-Laithi, essaya à son tour de la faire plier. Mais la plus grande pression vint, indirectement, de son propre frère, Omar. Il y avait deux ans qu'il était fiancé et la date de son mariage n'était toujours pas fixée. Un jour que Hoda lui fit part de son étonnement, il lui expliqua :

« Tant que tu ne seras pas revenue auprès de ton mari, le mariage m'est impossible. Tu sais bien que c'est la tradition qui l'exige. Le garçon de la famille n'a pas le droit de convoler avant que toutes ses sœurs – et tu es la seule – ne se soient mariées. »

Nous étions en 1900. Elle avait alors vingt et un ans. Elle céda. Pouvait-elle faire autrement ? Dès lors, elle rentra dans le rang, redevint une épouse docile et conforme, et donna naissance à une fille, Bassna, et un garçon, Mohammad. Elle se consacra entièrement à leur éducation, et ce n'est que lorsqu'ils eurent une dizaine d'années, qu'elle entreprit de voyager, d'abord en compagnie de sa mère, avec qui elle alla passer des vacances d'été en Turquie, ensuite avec son mari qui l'emmena à Paris pour la sortir du chagrin dans lequel l'avait plongée la mort soudaine d'Eugénie Le Brun.

Elle habita un hôtel près des Champs-Élysées, l'hôtel Princesse, admira l'élégance des femmes qu'elle ne tarda pas à imiter, comme le montrent des photos de l'époque. On y voit une belle jeune femme, avec un chapeau perché au sommet de son chignon et s'appuyant sur une ombrelle. Elle tomba littéralement amoureuse de la Ville lumière, des monuments, des rues, de chaque quartier. Elle était en accord profond avec cette culture qu'elle avait approchée si souvent au cours de ses études, et qu'elle pouvait maintenant « voir » et « sentir ». En revanche ce qui l'indisposa, écrit-elle dans ses Mémoires, ce fut l'absence de courtoisie des Parisiens, des chauffeurs de taxis, notamment la froideur des vendeuses. Le contraste entre la douceur égyptienne et la rudesse de la vie parisienne la surprit autant qu'il la choqua.

De retour dans sa maison du Caire, elle n'hésita pas à se faire photographier dans ses belles tenues parisiennes décolletées et enrubannées. Mais, évidemment, dès qu'elle se retrouvait en public, elle se voilait à nouveau. Au tréfonds d'elle-même vibrait de plus en plus violemment la volonté de transformer la condition des femmes et surtout une farouche pensée nationaliste. Cette pensée avait germé un matin de 1908, quand elle fut conviée au palais par la princesse Ain el-Hayat, fille du sultan Hussein Kamel. La réception était donnée en l'honneur de lady Cromer qui avait fondé un dispensaire et tenait à remercier les femmes qui, grâce à leur don, avaient participé à sa création.

Hoda déclina l'invitation. Intriguée par son refus, Ain el-Hayat, la convoqua quelques jours plus tard pour lui en demander la raison. Hoda lui expliqua alors qu'elle ne pouvait en aucun cas soutenir l'initiative de cette dame, si généreuse fût-elle, parce qu'elle était l'épouse de lord Cromer, le haut-commissaire britannique. Un homme qui, depuis près de vingt-cinq ans, gouvernait l'Égypte d'une main d'airain.

Elle ajouta :

« Ce serait plutôt à nous, femmes égyptiennes, de concevoir de tels projets, non de laisser faire des étrangers. Des occupants de surcroît. »

Manifestement, la réaction de Hoda dut émouvoir la princesse qui, non seulement l'approuva, mais l'encouragea à créer, avec son aide, l'institution qu'elle jugerait utile. C'est ainsi que fut fondé un dispensaire auquel on joignit une école de puériculture et de soins, voués aux femmes de condition modeste, et sans distinction religieuse. L'institution, soutenue par une association philanthropique (le Mabarrat Mohammad Ali[1]), fut financée par des dons, mais aussi par des collectes organisées dans les palais princiers. Le petit dispensaire devint rapidement un grand hôpital, à partir duquel se développa tout un réseau d'établissements de soins du même type.

À la veille de la Première Guerre mondiale, en juillet 1914, la nièce de Hoda mourut brusquement. Terriblement choqué, Mohammad, le fils de Hoda alors âgé de quatorze ans, sombra dans la dépression. Appelés

1. Souvent écrit Méhémet Ali (1769-1849), il fut le fondateur de l'Égypte moderne.

à son chevet, les médecins égyptiens recommandèrent d'emmener le garçon à la montagne. Tout naturellement, Hoda et son époux optèrent pour la France et, sur les conseils d'un médecin parisien, déterminèrent Vittel. Avant de se rendre dans la station thermale, l'Égyptienne prit le temps d'assister à un meeting de femmes pacifistes réclamant le droit de vote. Elle y retrouva sa fidèle amie, Marguerite Clément, mais fit aussi la connaissance de nouvelles personnalités féministes, telles qu'Avril de Sainte-Croix[1].

Son fils ayant recouvré la santé, elle rentra en Égypte. Un retour que l'éclatement de la guerre allait transformer en épopée : Bâle, Zurich, Milan. Le 10 août 1914, elle et Mohammad embarquent à Gênes à bord du *SS Oriente*. Mais lorsqu'ils arrivent à Alexandrie, huit jours plus tard, c'est pour apprendre le décès d'Iqbal, la mère de Hoda. Nouveau choc terrible.

La période de deuil achevée, Hoda reprend sa lutte pour les droits de la femme et, en novembre 1914, elle crée l'Association intellectuelle des femmes égyptiennes.

Forte de son succès, elle s'attela à la question du développement intellectuel des femmes des classes supérieures. Paradoxalement, l'accès à la culture et à l'éducation leur était plus difficile qu'aux femmes des

1. (1855-1939) « Peut-être la plus grande féministe de France », écrivait *La Presse* dans les années 1920 et 1930, à propos de cette femme qui a presque totalement disparu de l'historiographie de la IIIe République.

classes moyennes lesquelles, moins soumises aux obligations de réclusion statutaire, commençaient à fréquenter les premières écoles pour filles, devenaient institutrices, et aspiraient à entrer à l'université.

Hoda invita son amie Marguerite Clément à revenir en Égypte pour y donner une nouvelle série de conférences. Afin de répondre à ceux qui justifiaient l'absence d'autonomie des femmes par l'invocation de la loi islamique, la Française, encouragée par Hoda, s'efforça d'expliquer que c'était précisément *dans* l'islam que se trouvait la source des droits des femmes. Un débat qui, aujourd'hui encore, est bien loin d'être clos. Cette même idée sera reprise par des personnalités comme Fatima Mernissi, sociologue, écrivain et féministe marocaine. Notons qu'à cette époque vivaient en Égypte des femmes chrétiennes, coptes ou d'origine syrienne et que les plus favorisées d'entre elles avaient la possibilité de bénéficier de l'enseignement des écoles religieuses et d'accéder plus librement à l'espace public. Hoda estimait donc que les musulmanes ne devaient plus être en reste. D'ailleurs, ces femmes qui appartenaient à des élites chrétiennes s'associeront très largement à ses initiatives. L'historienne américaine Margot Badran émet, à juste titre, l'hypothèse que Marguerite Clément ne fut finalement que le porte-parole de Hoda Shaarawi à qui son statut interdisait de s'exprimer en public. Lorsqu'elle transgressera cette règle, elle saura parler avec fermeté et détermination. Mais elle ne pourra s'y autoriser qu'après la mort de son mari…

En 1917, un nouveau choc émotionnel va une fois encore bouleverser l'existence de la féministe égyptienne : la mort de son frère Omar.

« Quand mon frère décéda, écrira-t-elle, mon intérêt pour la vie mourut avec lui. Nous avions partagé une grande intimité. Il avait été la joie de ma vie, quelqu'un avec qui je pouvais communiquer et sur qui je comptais. En le perdant, je perdais un lien entre moi-même et le monde. Si je n'avais pas eu mes enfants, je n'aurais jamais survécu à la mort de mon frère. »

On reconnaît chez Hoda Shaarawi une structure des relations affectives propre à beaucoup de familles du pourtour méditerranéen. Le lien à la famille d'origine passait bien avant le lien conjugal, lequel à cette époque était plus économique et social qu'amoureux. On le voit aussi dans l'attitude du mari de la féministe. Quel que fût le gouffre affectif qui séparait les deux êtres, Ali Shaarawi eut le mérite d'associer son épouse à son combat politique personnel et tous deux se rangèrent aux côtés du grand leader nationaliste Saad Zaghloul. Hoda était d'autant plus impliquée que Zaghloul défendait de nombreux thèmes empruntés à la modernité européenne : organisation de partis politiques avec le développement d'un système électoral, appel à des débats publics, volonté d'établir une citoyenneté à l'intérieur d'un état séculier. Et dans cette pensée, les femmes occupaient une place majeure : celle de compagnes que l'on ne cache plus derrière les murs du harem, mais que l'on montre publiquement, comme le fit d'ailleurs Zaghloul avec son épouse, laquelle recevra le surnom de « Mère de la nation ».

Ce fut l'engagement nationaliste de son mari qui persuada Hoda de ne pas se séparer de lui, alors que leurs rapports étaient devenus de plus en plus difficiles car, sous ses apparences d'homme « moderne », Ali Shaarawi restait muet quant aux aspirations de son épouse. Il alla même jusqu'à lui imposer de marier sa nièce, Naila (la fille de son frère défunt qui n'avait que quatorze ans), à son propre fils, Hassan, âgé de vingt ans, et encore étudiant en Angleterre. La tension entre Hoda, son mari, et le fils de ce dernier qui lui était particulièrement hostile, fut extrême. Elle écrira : « S'il n'y avait eu l'implication de notre couple dans le mouvement nationaliste, je me serais séparée de mon mari à cause de Hassan. J'avais relégué ma vie personnelle au second plan ; seule m'importait la cause de mon pays. »

Le déclenchement de la Première Guerre mondiale avait, en effet, posé la question du statut de l'Égypte. Quand celle-ci prend fin, les Égyptiens, irrités par les promesses d'indépendance faites aux Arabes et réclamant pour leur pays l'application du principe du droit des peuples à disposer d'eux-mêmes proclamé par le président Wilson, veulent obtenir des Anglais leur propre indépendance. Saad Zaghloul forme une délégation (en arabe *Wafd*) avec Abdel Aziz Fahmi et Ali Shaarawi ; ils se rendent tous trois auprès du haut-commissaire britannique pour demander la suppression des mesures d'exception (loi martiale, censure de la presse).

« Nous voulons devenir les amis de l'Angleterre, déclara Zaghloul, mais nous voulons l'amitié qui unit l'homme libre à l'homme libre, non celle qui lie l'esclave à l'homme libre. » À cette requête, le commissaire britannique répondra par une formule terrible : « Chez un enfant, trop de nourriture provoque l'indigestion. »

L'échec de cette démarche, et la répression britannique qui s'est ensuivie, auront de multiples conséquences : la première sera l'organisation de l'opposition nationaliste autour d'un parti structuré qui prendra le nom de la délégation méprisée : *Wafd*. Elle se réclamera de l'ensemble du peuple, et Ali Shaarawi en sera le vice-président ; la seconde conséquence sera l'éclatement de la révolution de 1919.

On trouve dans les romans et les nouvelles de Naguib Mahfouz des récits ou des allusions à ces événements violents qui ont profondément marqué la mémoire collective égyptienne. Il n'y est pourtant guère question du rôle joué par des femmes comme Hoda, qui fut pourtant déterminant. Les hommes étant constamment menacés d'arrestation et de déportation, c'était aux femmes de prendre le relais. Hoda Shaarawi s'y employa, alors que manifestations et grèves se succédaient. Le 14 mars 1919 une femme, Hamidah Khalil, tomba frappée par une balle anglaise devant la mosquée du sultan Hussein. C'était la première martyre de la cause nationale. Quarante-huit heures plus tard, près de deux cents femmes issues de la haute société égyptienne se rassemblèrent pour manifester. Arrivées en voiture au lieu du rassemblement, elles se mirent en marche, le visage recouvert de leurs voiles, et brandirent des drapeaux où se mêlaient croix et croissants, signifiant la solidarité des musulmans et des coptes, ainsi que des bannières appelant à la fin de l'occupation britannique.

Hoda Shaarawi faisait naturellement partie du groupe, en dépit de l'interdiction de son mari. Face à cette marée féminine, le commandant britannique se retrouva dans une situation des plus embarrassantes, ne pouvant décemment faire usage de la force à l'égard de ces « chéries », il se contenta de les humilier en les forçant à rester debout, trois heures, en plein soleil.

Lors de la manifestation suivante qui se tiendra quelques jours plus tard, il les fera encercler par des officiers égyptiens, souvent d'origine paysanne, incitant ceux-ci à être injurieux et grossiers à l'égard de ces dames jugées trop élégantes. S'ensuivront des échanges vifs qui troubleront certaines jeunes recrues au point que celles-ci, raconte Hoda dans ses Mémoires, fondront en larmes.

Les émeutes se poursuivirent. Le 8 avril 1919 se tint une manifestation massive qui eut la particularité de réunir des hommes et des femmes dans une organisation qui reflétait parfaitement la hiérarchie sociale : en tête marchaient les hommes ; les membres du gouvernement d'abord, puis les députés. Les derniers étant les écoliers et les lycéens, immédiatement suivis par les femmes, elles aussi en ordre hiérarchique ; celles des classes supérieures dans leurs voitures ; celles des classes inférieures dans des carrioles.

Hoda ne se contenta pas de participer à ces mouvements. Secondée par d'autres femmes, elle visita des écoles de jeunes filles et n'eut de cesse de les pousser vers le militantisme. En janvier 1920 fut créé le Comité central des femmes du *Wafd*. Hoda Shaarawi en fut naturellement élue présidente. C'est dans la cathédrale copte du Caire que ce comité vit le jour, formé largement, mais pas exclusivement, d'épouses de membres du parti. Son activité durant la lutte pour l'indépendance nationale sera décisive, qu'il s'agisse de collectes de fonds, d'appels aux boycotts, de soutiens aux grèves.

La plupart de ces femmes appartenaient à des familles de grands propriétaires fonciers. Il ne leur fut donc pas difficile d'être partie prenante dans la création de la banque Misr, la nouvelle banque nationale qui se voulait le symbole de la future indépendance. En poursuivant leurs activités philanthropiques, mais en donnant à celles-ci une justification « wafdiste », elles élargirent la base sociale du mouvement, mais pas suffisamment, cependant, pour empêcher, quelques années plus tard, la naissance des oppositions marxiste et islamiste. Pendant un temps, ces femmes furent persuadées de pouvoir jouer un rôle politique. Hélas, l'avenir devait leur donner tort[1]. Dans les négociations

1. Il faudra attendre 1957 avant qu'une femme, Rawya Atiya, soit élue au Parlement.

entreprises avec l'occupant britannique, nulle place ne leur sera accordée.

Ali Shaarawi décédera en février 1922. Le veuvage de Hoda va lui conférer alors un statut et une liberté qu'elle va mettre au service des causes qui lui sont chères, et d'abord à la cause des femmes qu'elle va lier étroitement à la cause nationale. Elle prendra ses distances avec le *Wafd* de moins en moins respectueux du droit des femmes et créera, en 1923, une association féministe indépendante, l'Union féministe égyptienne (UFE) qui participera aux conférences féministes internationales. Hoda reprochait à Saad Zaghloul aussi bien son attitude envers les femmes qui n'avaient pas obtenu le droit de vote dans la nouvelle loi électorale, que les concessions faites aux Britanniques en acceptant la séparation du Soudan et de l'Égypte. Sa démission du *Wafd* devint inévitable, et c'est dorénavant de l'intérieur du mouvement féministe que Hoda poursuivra son combat nationaliste. Au cours de cette même année 1923, en mai, elle se rendra à Rome, à la tête d'une délégation de l'UFE, pour participer à un congrès organisé par l'Alliance des femmes romaines. Et c'est au retour de cette manifestation qu'elle accomplira ce geste qui est resté désormais gravé dans toutes les mémoires égyptiennes : le rejet du voile.

Dès lors, l'existence de Hoda se confondra avec les luttes qu'elle mènera dans de nombreux domaines : participation à des réunions internationales, conférences, parrainage d'associations, création d'une Maison de la femme au Caire, et surtout, lancement en 1925, deux ans près la fondation de l'UFE, d'une revue explicitement féministe, rédigée en langue française et baptisée *L'Égyptienne,* dont la rédactrice en chef sera Saiza Nabarawi.

Précisons que ce n'était ni la première ni la seule publication féministe d'Égypte. Mais son caractère à la fois intellectuel et politique la distinguait de toutes les autres. L'emploi de la langue française ainsi que le contenu éditorial soulignaient clairement que la revue, à laquelle collaboraient aussi des hommes, s'adressait à ces mêmes dames de la haute société qui animaient les œuvres philanthropiques et fréquentaient les salles de conférence.

Douze ans plus tard, cependant, l'UFE lança une revue bimensuelle, en langue arabe cette fois. Bien que son nom semble être l'exacte traduction de *L'Égyptienne* (*El-Misriyah*), le contenu et les destinataires n'étaient plus les mêmes. Dans son premier éditorial, Hoda Shaarawi dédia sa nouvelle revue aux leaders d'opinion égyptiens, mais aussi à ceux des États arabes frères, aux jeunes, aux femmes qui travaillaient chez elles, à l'usine ou dans les champs. Il s'agissait encore d'associer les revendications féministes à un programme politique. Mais bientôt, ce programme allait changer.

En 1936, les troubles qui agitaient la Palestine depuis les années 1920 s'étaient transformés en un véritable soulèvement populaire. Forte de son immense charisme, Hoda Shaarawi ne va pas hésiter à répondre à l'appel du Comité des femmes arabes de Jérusalem, et se battre pour obtenir une condamnation internationale de la

Déclaration Balfour. C'est elle qui sera désignée à la tête de la Conférence des femmes d'Orient qui, en 1938, condamnera la politique britannique et les activités sionistes en Palestine.

À plus long terme, ce qui est visé est l'unité politique du monde arabe. En décembre 1944, à l'appel de l'Égyptienne, se tiendra le premier congrès féministe arabe qui associera cette fois féminisme et nationalisme panarabe, en se donnant pour objectif la construction d'une véritable citoyenneté pour les hommes et les femmes dans des États arabes libérés du joug de la colonisation. Pourtant, lorsque quelques mois plus tard naîtra la Ligue arabe, elle ne comprendra aucune femme, ce que Hoda ne manquera pas de déplorer : « La Ligue dont vous avez signé le pacte hier n'est qu'une moitié de Ligue, la moitié du peuple arabe. »

Il n'a jamais été simple pour les féministes des pays colonisés de s'allier aux femmes des puissances colonisatrices. La situation créée à la veille de la Seconde Guerre mondiale rendra les choses encore plus difficiles. L'Alliance internationale des femmes, tout en affirmant ses convictions démocratiques, se voulait statutairement neutre en ce qui concernait les questions strictement nationales. Elle refusera de prendre position sur la question de la Palestine.

Cependant, sa totale implication dans la cause arabo-palestinienne n'empêchera pas pour autant Hoda Shaarawi d'être parfaitement consciente des souffrances subies par les Juifs d'Europe et, après la guerre, elle n'hésitera pas à voter, au sein de l'Alliance internationale des femmes, la motion qui exprimait son horreur devant la Shoah. Dans le même temps, fidèle à ses engagements, elle suppliera l'ambassadeur de Grèce aux Nations unies de voter contre la partition de la Palestine. Ce sera son dernier acte public. En 1945, le gouvernement égyptien lui accordait la plus haute décoration jamais obtenue par une femme : le *Nichan el-Kamal.*

Deux ans plus tard, en 1947, à la fin de l'été, une épidémie de choléra déferla sur l'Égypte. Hoda fit partie des premières victimes.

Elle s'éteignit dans la soirée du 12 août.

Près de soixante ans après le geste accompli par la féministe, en 1981, une autre Égyptienne, Nawal Saadaoui, s'est vue jetée en prison parce qu'elle s'opposait à la loi du parti unique voulu par Anouar el-Sadate. Une fois libérée, elle a été obligée de fuir l'Égypte, condamnée à mort par les fondamentalistes, pour avoir osé déclarer que le port du voile n'était pas une obligation coranique et plaidé pour l'égalité successorale entre les hommes et les femmes, égalité non reconnue dans le Coran…

De là-haut, Hoda Shaarawi doit sourire.

La quatrième pyramide

Silhouette ronde, imposante, cheveux noir de jais. Elle tient son écharpe de soie fermement serrée entre les doigts de sa main gauche. Elle le fait avec une sorte de désespérance, comme si tout son génie y était contenu. À ses pieds, la foule en extase l'observe, la boit des yeux, la dévore. La foule, ce n'est pas uniquement l'Orient, mais le monde arabe tout entier. Soit plusieurs millions d'adorateurs.

Elle s'appelle Oum Kalsoum Ibrahim el-Sayyed el-Beltagui[1]. Mais des confins de l'Arabie aux portes de Damas et jusqu'à Djakarta, on la surnomme « El-Sett », la Dame, ou encore « Kawkab el-Shark », l'Astre de l'Orient.

Par tradition, les chanteuses ne furent jamais légion dans le monde musulman. Avant le Prophète, certaines femmes de lettres s'étaient fait remarquer, à l'instar de la fameuse El-Khansa'a[2], dont les poèmes élégiaques

1. S'écrit aussi Oum Kalthoum.

2. Surnom de Toumadir bint 'Amr. Elle serait née dans la Péninsule arabique avant 610, et serait morte sous le califat d'Omar ibn el-Khattab, entre 634 et 644.

faisaient l'admiration de ses compatriotes. Mais il faudra attendre les Abbassides, aux mœurs moins austères que leurs prédécesseurs, les Omeyyades, pour voir des femmes chanter en public à la cour des califes.

Pour un Occidental, non arabophone, rien de plus fastidieux à entendre qu'un récital d'Oum Kalsoum. Même s'il est sensible à la beauté de la voix, la monotonie du rythme, la répétition incessante du thème pendant de longues minutes finissent par lasser. Et pourtant… cette femme exceptionnelle exerça une véritable fascination sur des foules en délire. Un délire en comparaison duquel celui que les Beatles ou Elvis Presley suscitèrent fait figure de « pâle enthousiasme ».

Nous ne connaissons pas avec précision sa date de naissance. Dans ces villages boueux du Delta, les déclarations sont faites selon le *mazag* du père. Son « bon plaisir ». D'ailleurs, il est bien connu que cette terre, plusieurs fois millénaire, n'entretient pas avec le temps les mêmes rapports que le reste de la planète. Cinq mille ans et un jour. Quelle différence ?

Nous savons néanmoins qu'Oum Kalsoum serait née vers l'an 1318 de l'Hégire, 1900 de l'ère chrétienne, dans un hameau du Delta, là où le Nil se jette dans la mer, à Tamay el-Zahayra, dans le gouvernorat de Dakahlia.

Tamay el-Zahayra est un village comme tant d'autres où des enfants, toujours surnuméraires, courent dans la poussière et jouent avec les étoiles. Sa mère, Fatima, née Maligui a déjà enfanté un garçon, Khaled, et une fille, Saïda. Le père, Ibrahim, un homme pieux s'il en est, consacre le plus clair de son temps à la mosquée dont il a la charge et, afin d'arrondir des fins de mois qui n'en finissent pas, interprète des chants folkloriques à vocation religieuse lors de mariages ou lors de *mawalid*[1]. Son cachet est alors de… 25 piastres. Une misère. Plus tard, sa fille en percevra un million de fois plus.

Thuma (diminutif de *Koulthoum*) se distingue très vite de son frère et de sa sœur après que son père l'eut initiée à l'art de psalmodier le « zikr[2] », et les versets du livre sacré. La voix est déjà claire, limpide. Une voix de velours. Mais que faire de ce talent dans un pays comme l'Égypte où chanteuses et danseuses sont considérées comme des dames de petite vertu ? Des « artistes », avec tout ce que ce mot contient de péjoratif.

Bientôt, il est l'heure pour Thuma de prendre place sur les bancs de l'école coranique de Tamay el-Zahayra. Ce n'est pas tout d'être douée de qualités vocales, estime sa mère. Savoir lire, écrire, voilà l'essentiel. Le père, lui, est indifférent. Il appartient à cette génération d'hommes pour qui les enfants se doivent avant tout d'être un support pour leurs parents ; soit en travaillant dans les champs, soit en aidant au ménage. La vie est dure dans cette Égypte misérable. Et trois bouches à nourrir, c'est beaucoup.

---

1. Fêtes pour commémorer la naissance d'une femme ou d'un homme pieux.
2. Communément appelés *hadaratoul djouma* (*hadara*), ces versets doivent être récités le vendredi entre la prière du *asr* (du soir) et du crépuscule (*maghrib*).

Oum Kalsoum est ravie de quitter la petite maison de briques pour découvrir un autre monde mais, pour des raisons inexpliquées, l'instituteur, le cheikh Abdel Aziz, un imam grognon, prend en grippe la fillette. Serait-ce parce qu'il la considère comme une pauvre *fellaha*, une paysanne ? Pourtant la sœur d'Oum Kalsoum en est une aussi, et elle ne subit pas de brimades. Non. Il doit s'agir sans doute de ces étrangetés qui font que l'on n'aime ou pas un être, sans véritable motif. Très vite, l'imam va mener la vie dure à l'enfant, lui imposant toutes sortes de vexations, n'hésitant pas à l'expédier chez son épouse afin qu'elle aide celle-ci à trier le blé, ou la seconde dans les tâches ménagères. Oum Kalsoum est déconcertée, bouleversée. Ce n'est pas ce qu'elle espérait de l'école. De plus, elle a du mal à déchiffrer les lettres. Ses yeux sont affectés par l'une des maladies qui, après la bilharziose, est la plus répandue en Égypte : la conjonctivite égyptienne ou trachome. Malgré ce handicap, la fillette va tenir bon, résister aux humiliations, en priant tous les soirs qu'Allah la délivre de son tortionnaire.

Allah est bon et miséricordieux. Il ignore parfois les souffrances des grandes personnes, mais pas la peine des enfants.

Un matin, Oum Kalsoum vient d'avoir sept ans, la nouvelle court dans Tamay el-Zahayra : le cheikh Abdel Aziz est mort brusquement dans son sommeil. Thuma manque de pousser un cri de joie. Elle est libérée ! Elle ne connaîtra plus cette nausée qui lui remontait aux lèvres tous les jours sur le chemin de l'école. Et comme un bonheur ne survient jamais seul, on lui annonce qu'un oncle a réussi à l'inscrire dans une autre école, bien mieux considérée, à El-Sinbillawayn, un village proche de Mansourah.

Nous sommes aux alentours de 1914.

L'Égypte vit sous la botte anglaise depuis trente-deux ans. Les hauts-commissaires de Sa Majesté se suivent, font et défont les princes au gré des intérêts de la Couronne britannique. D'ailleurs, ils viennent tout juste de « limoger » le khédive Abbas II, critiqué pour son manque de « coopération », et l'ont remplacé par son oncle, Hussein Kamel, dont on pense qu'il se montrera plus docile. Dans la foulée, ils lui ont accordé le titre pompeux de sultan. Un sultan marionnette, dépourvu de pouvoir.

Bien loin des tourments de l'occupation, Oum Kalsoum se laisse vivre dans la douceur lumineuse des champs de blé et de coton. Ce fameux coton égyptien à longue fibre, dont la renommée a dépassé les frontières.

Elle fredonne. C'est chez elle une seconde nature. Le ton s'est encore affermi, il a pris une ampleur empreinte de sensualité. Un matin, son père, l'imam, la surprend en train de psalmodier des versets du Coran. Il est saisi par cette voix qui semble venir du Paradis. Alors, il n'hésite plus. Il propose à l'adolescente de se joindre à la petite troupe qu'il a formée et dans laquelle d'ailleurs chante Khaled, le frère de Thuma. Oum Kalsoum a un mouvement de recul : se produire sur scène ? Devant un public ?

Quelques jours plus tard, à l'occasion de l'anniversaire de sa voisine, Aïcha, elle se retrouve devant son premier auditoire : une quinzaine de personnes. Des amis, des villageois. Intimidée, elle cherche un soutien. Elle le voit dans le regard ému de sa mère. La fillette prend son souffle, entrouvre les lèvres et – d'abord d'une voix incertaine, puis, de plus en plus assurée – elle chante le « zikr ». L'assistance est médusée. À peine s'est-elle tue qu'un tonnerre d'applaudissements envahit la maisonnée. On la congratule, on la prend dans les bras, on la couvre de louanges.

Dès ce jour, la réputation de cette voix d'or va se répandre à travers le Delta. La troupe d'Ibrahim el-Beltagui est sollicitée de toutes parts. Les demandes affluent, l'argent aussi. C'est une sorte de triomphe régional et, pour la petite Oum Kalsoum, un apprentissage précoce de la scène. Toutefois, Ibrahim est avant tout un homme religieux, et pour lui, il est hors de question que sa fille se présente vêtue d'une robe « à l'occidentale », à l'image de ces « artistes » aux mœurs douteuses qui sévissent dans la capitale. Oum Kalsoum s'habillera donc en homme. A-t-elle protesté ? A-t-elle mal vécu cette offense à la coquetterie féminine la plus élémentaire ? Il est probable que non. Nous sommes en Égypte, un pays de tradition séculaire, et il est impensable qu'une femme, qui plus est une enfant, s'élève contre l'autorité du père.

Devenue adolescente, la fillette ne manque pas une occasion de se rendre chez sa voisine. Ce n'est pas tant la grande affection qu'elle lui porte qui lui inspire ses visites que la présence chez elle d'un objet très particulier : une boîte carrée, surmontée d'un pavillon argenté semblable à une grande oreille. Un gramophone ; sans doute le seul de toute la région. Subjuguée, Oum Kalsoum va passer des heures à écouter les vedettes de l'époque : Abdel Hay Helmi, Zaki Mourad, Saleh Abdel Hay, Abdelatif el-Banna, et bien entendu le cheikh Sayyed Darwîsh, l'homme qui bouleversa l'univers musical égyptien et à qui l'on doit, entre autres compositions, *Biladi*, « Mon pays », devenu l'hymne national égyptien. Elle est surtout fascinée par la star incontestée de ces années : le cheikh Aboul 'Ela que l'on surnomme le « Chantre des voies du ciel ». Elle ne sait pas encore que cet homme jouera un rôle déterminant dans sa carrière.

Elle va avoir seize ans, lorsqu'un soir elle est conviée pour la fête du Eïd el-Fitr, qui marque la fin du Ramadan, chez un riche commerçant d'El-Sinbillawayn. Toutes les personnalités de la ville sont réunies. Parmi elles, on aperçoit deux hommes : Zakaria Ahmed, le plus fabuleux joueur d'*oud* de tout l'Orient et… le cheikh Aboul 'Ela en personne ! L'adolescente est dévorée par le trac. Comment pourrait-elle oser chanter devant ces deux géants ? Son père et son frère l'adjurent de ne pas faillir. Ils l'encouragent. Sans doute lui soufflent-ils aussi qu'elle tient peut-être là la chance de sa vie. Ils n'ont pas tort. Lorsque Oum Kalsoum achève son tour de chant, c'est le triomphe. Aboul 'Ela a les larmes aux yeux, comme toute l'assistance d'ailleurs. Il se précipite vers Ibrahim et lui propose de prendre la jeune fille sous sa protection, lui donner des cours, l'aider à se hisser vers les sommets. Oui. Mais pour cela, il faudra se rendre dans la capitale. Oum Kalsoum est à la fois heureuse et apeurée. *Le Caire ? El Qahira,* la « Victorieuse » ? Quitter les siens. Partir loin de son village natal et de sa chère Aïcha ? Zakaria Ahmed, le joueur d'*oud*, appuie la démarche de son collègue : « Ce serait un crime de ne pas donner sa chance à une chanteuse aussi douée. »

Thuma reste silencieuse, mais son père voit bien dans ses yeux la fièvre qui la brûle. L'adolescente est déjà en route. Un an se passera avant que son rêve ne se concrétise. Un an durant lequel Zakaria Ahmed ne cessera de lui écrire et de lui promettre qu'il la fera venir, demain, un jour, pour animer une « grande soirée ». En attendant, il la couvre de lettres en vers, lui faisant découvrir un univers qu'elle connaissait si peu, ou si mal : la poésie.

1921.

Les Anglais occupent toujours l'Égypte et pour cause, n'est-ce pas en Égypte que se trouve le canal de Suez ? cette saignée dans le désert qui réduit de deux tiers le trajet entre l'Europe et l'Asie. Or, qui contrôle Suez contrôle aussi la route des Indes. Les Indes, pièce maîtresse de l'Empire colonial de Sa Majesté George V. Hier les Perses, les Grecs, les Romains, les Mamelouks, les Turcs, les Français ont occupé l'Égypte et battu en retraite, et le peuple égyptien est toujours là. Aujourd'hui, ce sont les Anglais. *Maalesh*, ce n'est pas grave. Un jour viendra où ces *gentlemen* plieront bagage comme leurs prédécesseurs. Patience. Le peuple égyptien n'est fait que de patience.

Le sultan Fouad Ier vient de s'asseoir sur le trône. Il n'aura droit au titre de roi que lorsque la Sublime Porte – anciennement maîtresse du pays – daignera le lui accorder. Il règne et, bien évidemment, ne gouverne pas.

Un homme politique s'est élevé au-dessus de la foule. Il s'appelle Saad Zaghloul. Le nom de ce fils de *fellah* est aussi célèbre que celui du sultan, surtout dans les milieux populaires et la petite bourgeoisie. Plus haut dans l'échelle sociale, ce leader nationaliste passait volontiers pour un trublion. N'avait-il pas, dans sa jeunesse, à vingt-deux ans, en 1882, participé à la révolte d'Orabi Pacha contre les Anglais ? Par la suite, il était devenu ministre de l'Éducation et ensuite de la Justice. Mais, se déclarant écœuré, il avait démissionné et était entré en résistance. Lorsque Oum Kalsoum arrive au Caire, le nom de ce patriote est sur toutes les lèvres.

À la sortie de Bab el-Hadid, la gare centrale du Caire, Thuma, entourée de la petite troupe, a du mal à croire ce qu'elle voit autour d'elle. Cette foule, dense, animée. Ces calèches, et ces voitures à moteur ! Ces maisons si hautes ! Ces avenues ! Et ce tramway qui se faufile tel un serpent à travers la ville. Et puis… ces lumières. Des milliers de lumières ! Elle qui, jusqu'à ce jour, n'avait connu à Tamay el-Zahayra que les lampes à pétrole ou les bougies, voilà qu'elle découvre l'électricité. L'émotion est immense.

Mais la jeune fille n'est pas au bout de ses surprises. Lorsque, le soir, elle pénètre dans la demeure du commerçant où la troupe a été invitée à se produire, elle reste bouche bée. Il existait donc des maisons aussi riches ?

Hélas, à ces premiers instants d'émerveillement vont succéder ceux de l'amertume, voire de l'humiliation. En découvrant la silhouette de Thuma drapée dans une *gallabeya*, leur hôte fait la grimace : ces gens ne sont pas dignes de sa demeure et encore moins des invités qu'il a conviés. Il donne aussitôt des ordres pour que l'on aille chercher un chanteur plus « présentable ». Les membres de la petite troupe sont catastrophés. Thuma a les larmes aux yeux. Ibrahim vacille. Ce n'est pas possible ! Ils auraient fait tout ce déplacement pour rien ? Et qui leur remboursera les billets de train ? Une fortune !

C'est alors que, sans doute prise de compassion, l'épouse du commerçant invite Oum Kalsoum à chanter. La jeune fille s'avance lentement au milieu du salon. Son regard se lève à peine sur cet auditoire vêtu à l'européenne, l'allure sévère. Elle tente de maîtriser le tremblement de ses petites mains maculées de poussière et entonne la Fatiha. La première sourate du Coran. Et le charme joue. La voix frappe au cœur. La raideur se transforme en émotion. On échange des regards étonnés. Un ange chante.

Au terme de la soirée, à leur immense soulagement, le commerçant accepte de payer les membres de la troupe et c'est le cœur plus léger qu'ils repartent vers la modeste pension de famille où ils passeront leur première nuit. Demain, le rêve s'achèvera. Demain, Thuma retrouvera Tamay el-Zahayra, le regard rassurant de Fatima, sa maman, et les lampes à huile, et le murmure de la campagne.

Au cours des mois qui suivent, l'adolescente va continuer de parcourir le Delta. Tantah, Mansourah et les autres villes, allant de mariage en mariage, de *mouled* en *mouled,* gagnant en assurance et se forgeant la voix. Au Caire, on s'était gaussé de son allure de paysanne, ici, elle est aimée pour ce qu'elle est.

Ses « protecteurs » ne cessent de lui écrire, et entretiennent l'espoir. Les lettres disent toutes la même chose : un jour, ils la feront revenir au Caire. Qu'elle n'en doute pas. Elle pourra se produire dans un vrai théâtre. Ils travailleront ensemble. Elle, Zakaria Ahmed, le virtuose de l'*oud* et… le cheikh Aboul 'Ela.

Thuma vit avec ce rêve ancré dans le cœur.

La promesse de ses amis se concrétisera en septembre 1923. Elle repart avec son père pour Le Caire. Le cheikh Zakaria les attend à la gare. Il leur présente un personnage pour le moins pittoresque, replet et obèse. Il s'appelle Sadik. On leur explique qu'il s'agit d'un ancien boucher qui s'est métamorphosé en impresario et on leur assure qu'il est tout à fait capable de trouver des contrats pour la chanteuse prodige.

Oum Kalsoum et son père acceptent et vont s'installer chez des parents d'Ibrahim, dans le quartier d'Abdine, en plein centre du Caire. La maison est située non loin du palais où sommeille toujours le sultan Fouad Ier devenu roi, un an plus tôt, par la grâce d'Istanbul. L'appartement, lui, n'a rien de royal.

Dès ce jour, s'ouvre une intense période d'apprentissage pour la jeune femme de vingt-trois ans. Avec patience et talent, le maître, Aboul 'Ela, va lui enseigner l'art du *dawr*, le chant profane. La voix de l'élève s'épanouit de jour en jour et gagne un peu plus en nuances. Est-elle contralto, mezzo-soprano ? Rappelle-t-elle Piaf ou la Callas ou la Tebaldi ? En vérité, elle est difficile à classer. L'École polytechnique du Caire s'est livrée à des études scientifiques de sa voix et a constaté que celle-ci émettait près de 14 000 vibrations à la seconde, alors qu'une voix normale n'en produit que… 4 000 ! Aussi, lors de ses récitals, qui duraient entre quatre et cinq heures, des microphones spéciaux étaient installés pour capter le plus fidèlement possible les harmonies de sa voix. Un véritable phénomène donc.

Ibrahim, le père, décidément intraitable, continue de lui imposer des tenues masculines. Ces chanteuses de cabaret, au décolleté provocateur, et qui montrent leurs chevilles sont une offense à Allah. Il exige aussi que l'on appelle sa fille « Madame Oum Kalsoum ». Ainsi, elle se démarquera de toutes ces coquettes qui se font appeler « Mademoiselle ». Aboul 'Ela voit bien toutes les réticences de cet imam de campagne, et il a la sagesse de ne pas s'y opposer ; le pourrait-il d'ailleurs ? Néanmoins, insensiblement, il entraîne sa protégée vers des chansons d'amour, de celles qui transcendent le public. Il sait que, devant cette évolution, Ibrahim ne pourra rien.

Jour après jour, le vieux maître inculque à la paysanne du Delta le sens des mots qui exaltent l'âme et le cœur. La gloire divine qu'elle chantait jusque-là se métamorphose progressivement en amour humain.

Bientôt, Sadik Ahmed, l'impresario-boucher, lui décroche un contrat dans un célèbre théâtre du Caire. Ce sera son véritable baptême du feu. Elle appréhende tant ce public que ses jambes se dérobent, et qu'elle demande de chanter assise.

La voix s'élève. Déjà elle adopte cette technique qui fera sa notoriété à travers le monde et qui consiste à tenir une note de façon prolongée, à répéter inlassablement un vers, une phrase musicale en modifiant, avec une incroyable originalité, la tonalité de certains mots.

Il y a aussi cet inimitable raclement de la gorge, cette contraction des cordes vocales au niveau de la glotte, en arabe la « baha », qui fait courir un frisson dans la salle. Sa diction parfaite, que l'entraînement à psalmodier les versets coraniques lui avait conférée, ajoute au charme envoûtant de sa voix. Pour les Arabes, qui ont le sentiment de ne jamais maîtriser leur langue, une telle prouesse ne peut laisser insensible. Les critiques sont médusés. On ne l'a pas interrompue ainsi qu'elle avait pu le craindre, sinon par des exclamations admiratives, des « Allah » chaleureux et des soupirs langoureux. La gloire lui tend les bras.

Mais pour le cheikh Aboul 'Ela, rien n'est acquis. Il poursuit son enseignement avec encore plus de fougue et d'autant plus d'empressement qu'il a conscience de n'être plus très jeune. Tous les matins, il fait travailler la jeune femme tout en instillant en elle la richesse des poètes arabes : Hafiz, Abou Nawas, El-Mutanabbi et les autres. Tandis que, dans le même temps, Zakaria Ahmed, le virtuose de l'*oud*, lui compose des *taktoukas*, une forme de musique populaire traditionnelle.

Un matin, c'est le scandale. Ibrahim déboule dans la pièce où sa fille travaille en brandissant un journal : on y voit une photo d'Oum Kalsoum sur scène. Hérésie ! *Haram !* Péché ! « C'est un affront ! Ma fille ne peut être exposée ainsi ! » Pourtant, la photo n'a rien d'impudique : Thuma est toujours vêtue en homme et son attitude est plus que respectable.

Sadik Ahmed tente de l'apaiser. Il explique que l'époque a changé, que la publicité est devenue incontournable si l'on veut faire connaître un artiste. Que c'est grâce à ce support que le nom d'Oum Kalsoum se répandra à travers l'Égypte et — pourquoi pas ? — tout le Moyen-Orient.

Décidément, se dit l'imam, ce monde moderne n'est pas fait pour lui.

Février 1925.

Ce soir-là, Oum Kalsoum s'apprête à entrer sur scène. La salle est comble. Parmi les spectateurs se trouve un personnage d'une trentaine d'années. Il s'appelle Ahmed Rami. C'est un homme de grande culture. Il a appris le français à Paris, parle le persan, ce qui lui a permis de traduire en arabe les fameux *Robayat*, les quatrains d'Omar Khayyâm… et il a du génie.

Oum Kalsoum commence par psalmodier la Fatiha et ensuite, au vif étonnement de Rami, elle entame son tour de chant par un poème dont l'auteur n'est autre que… lui. Le poète est stupéfait. Jamais il n'eût imaginé que les mots qu'il avait écrits dans la solitude de sa chambre résonneraient avec tant de beauté. C'est le coup de foudre, tant amoureux qu'artistique. Sitôt le tour de chant terminé, il se présente à la chanteuse et lui exprime toute son admiration. « J'aimerais que tu écrives pour moi », lui déclare-t-elle. Et comme il reste muet, abasourdi, elle lui propose de venir la voir pour lui montrer ses textes. Rami croit vivre un rêve.

Dès le lendemain, il se rend au domicile de la chanteuse. Plus ému que jamais, non. Foudroyé par l'amour. Pourtant, cette femme n'a rien d'une beauté. Forte stature ; attaches épaisses, presque masculines. Son cou est puissant et ses traits dépourvus de grâce ; un physique ingrat que même les somptueuses parures qu'elle portera sur scène ne parviendront pas à faire oublier. Au-delà de l'apparence, il y a une incroyable personnalité qui ne peut que subjuguer ceux qui l'approchent. À ce moment, Rami, qui jusque-là avait tant écrit sur l'amour, est persuadé l'avoir enfin trouvé. Année après année, il noircira des pages entières à la gloire de sa déesse, tout en l'initiant à la littérature française qu'il a étudiée à la Sorbonne.

Plus d'une centaine de chansons naîtront sous sa plume et, bien que conscient que ses sentiments ne seront jamais partagés, il continuera d'écrire le déchirement d'aimer. Lorsqu'en 1935 il décidera d'épouser Attia Khattab, il ne cachera rien à son épouse de cette passion qui l'aura dévoré pendant près de quinze ans. Attia déclarera plus tard : « On m'avait prévenue qu'il aimait la diva et que je ne pouvais épouser un homme qui entretenait une telle relation avec un monument semblable. En fait, l'amour était né au fil de leur fréquentation, parce qu'il allait très souvent la voir. Chaque lundi, pour un bref moment. Parfois, il prenait le déjeuner avec elle. Cela ne pouvait nullement me gêner. »

Quant au cheikh Zakaria Ahmed, toujours présent, il n'aura de cesse de répéter : « Depuis que je la connais, je suis sourd, je n'entends que sa voix. Je suis muet, je ne parle que d'elle. »

En réalité, Oum Kalsoum n'a jamais éprouvé d'attirance envers la gent masculine. D'aucuns affirment même que c'est vers les femmes qu'allait sa préférence et tout particulièrement vers sa plus tendre amie : Fatima Abdel Razek. On dit aussi que, si elle décida de convoler un jour, ce fut beaucoup plus par esprit pratique, que par amour pour l'élu, et surtout parce que, dans la tradition, toute bonne musulmane se doit au mariage : « Quiconque se marie s'est déjà prouvé à moitié la solidité de sa foi », dit le proverbe.

Le père de la chanteuse, lui, refuse toujours de « jouer le jeu », de céder aux nécessités de la publicité, et s'obstine à lui faire porter ces affreux vêtements masculins.

Sadik Ahmed, l'impresario, espère tout de même que cela va changer ; il en est même convaincu. Les tout premiers tourne-disques n'ont-ils pas commencé à se répandre à travers la population ? Il faudra bien qu'un jour la diva se décide à enregistrer. Il sera alors hors de question d'illustrer la pochette par une photo de paysanne déguisée en homme.

Mais dans ce ciel d'azur où se dessine un avenir radieux pour Thuma, un nuage est apparu. La conjonctivite qu'elle a contractée lorsqu'elle était enfant a laissé des séquelles. La jeune femme supporte de moins en moins la lumière. Bientôt, elle est contrainte de protéger ses yeux devenus trop fragiles par d'horribles lunettes noires.

Dans les premiers jours de 1925, Oum Kalsoum enregistre son premier disque. Ce sera *L'amoureux est trahi par ses yeux.* Paroles de Rami sur une musique d'Aboul 'Ela, sous le label Gramophone. Plus de quinze mille exemplaires vendus ! Ce qui est exceptionnel. C'est alors que la patience de Sadik Ahmed finit par payer. Un soir, la chanteuse franchit le pas et, faisant fi des réticences de son père, elle apparaît sur scène vêtue d'une splendide robe de soie verte. Le vert, couleur sacrée du Prophète.

Avant d'entrer, son cœur bat la chamade. Que va penser son public ? Ne va-t-on pas la trouver indécente ? Tous ces gens qui ne l'ont connue qu'en « homme » ne vont-ils pas être choqués ? Elle se sent mal à l'aise dans cette nouvelle tenue qui bouleverse ses habitudes et surtout les convictions de son père.

Heureusement, à ses côtés, il y a cette amie qui est si chère à son cœur : Fatima Abdel Razek. Elle lui lance en riant : « Hoda Shaarawi a ôté le voile ! Tu peux en faire autant ! » En effet, deux ans auparavant, la féministe égyptienne, revenant d'un congrès mondial qui s'était tenu en Italie, avait retiré son voile en descendant du train, et le peuple l'avait acclamée. Oui. Mais ce soir, il y a aussi le trac. Il est si oppressant qu'Oum Kalsoum saisit son mouchoir pour pouvoir se donner une contenance. Ce mouchoir deviendra son symbole. Il prendra la forme d'un foulard, mais elle ne s'en séparera plus jamais.

Une fois de plus, la soirée est couronnée par un tonnerre d'applaudissements. Non seulement ses admirateurs n'ont pas été choqués par l'« émancipation » de leur idole, mais ils ont adoré.

Désormais, on la réclame partout. Syrie, Liban, Libye, les pays du Golfe. Adulée par les humbles et par les têtes couronnées. En quelques années, la paysanne de Tamay el-Zahayra est devenue une icône.

Le premier congrès de musique arabe est attendu comme l'événement de l'année 1932. Après bien des remises en question de sa politique, après la modification de la constitution de 1923 et la nomination d'un Premier ministre très autoritaire, Ismaël Sidki, le roi Fouad espère bien profiter des retombées de cette grande manifestation artistique.

Les musicologues de tous les pays seront là. Le monde écoutera l'esprit et la voix du Caire. Le talent de Chawqi, le « prince des poètes », se révélera à tous avec sa pièce sur les Mamelouks, *Ali Bey le Grand*, et Oum Kalsoum sera la reine du spectacle. C'est elle l'incarnation du renouveau de la musique arabe, de la vraie chanson égyptienne. Déjà, on abandonne la chanson turque et l'on chante les *taktoukas* dans la langue du peuple. On a même créé un piano aux sonorités orientales. Parmi les 375 chansons présentées, la presse attend surtout celle de « Madame ».

Ses cheveux sont ramassés en chignon. Elle est très peu maquillée ; simplement du rouge sur les lèvres. Au premier rang, le roi Fouad en personne.

La voix d'or jaillit. Elle inaugure une nouvelle chanson dont le texte est pour le moins ambigu puisqu'elle y évoque un « roi de cœur auquel elle restera fidèle et qu'elle sauvera ». Un roi apostrophé comme un banal amoureux ? On guette une réaction. Finalement, Sa Majesté sourit et applaudit chaleureusement. Elle a gagné. Une fois de plus.

Cependant, Oum Kalsoum est persuadée qu'il faut innover. Elle a foi en son époque et devine que les nouvelles techniques, cinématographe et T.S.F. (qui n'est pas encore installée en Égypte), la feront progresser en même temps qu'elles feront avancer l'art.

La station de radio *Masr* doit commencer à émettre dans quelques mois. Oum Kalsoum pressent que le petit peuple, qui n'a pas grande distraction faute de moyens, va adorer cette boîte qui chante et parle.

Le directeur de la station lui suggère de lancer une formule de concert en direct depuis les studios. Oum Kalsoum accepte, à condition qu'on annonce par avance son récital et qu'on le diffuse à la meilleure heure d'écoute. Après réflexion, elle opte pour le premier jeudi de chaque mois. La date n'est pas choisie au hasard. La plupart des fonctionnaires égyptiens sont payés à la semaine, très précisément… le jeudi soir pour profiter du vendredi, jour saint dans l'islam. « Le public est comme un amoureux, explique Oum Kalsoum, il faut lui proposer des rencontres à jours fixes. » Dès lors, ces rencontres amoureuses se dérouleront selon un rituel immuable, jusqu'à sa mort.

Rami, l'amoureux transi, a fini par se résigner et vogue vers le mariage.

Khaled, le frère dévoué, et quelque peu frustré de vivre dans l'ombre de l'Astre, s'occupe de la comptabilité.

Ibrahim, le père, est fatigué. Il passe de plus en plus de temps à Tamayet. Il est dépassé par cette gloire qu'il n'imaginait pas, par l'importance de ces sommes d'argent qui s'accumulent. Précautionneux, il conseille à sa fille d'acquérir quelques feddans de terre. « La terre est la seule chose qui demeure quand tout le reste s'est usé ou envolé. Une terre à Tamayet te rattacherait pour toujours à tes origines. »

Oum Kalsoum est d'accord. Mais elle veut aussi acheter SA maison. Et elle l'exige dans le quartier chic du Caire. Dans ce coin où vivent les nantis, les bourgeois, ceux-là même qui, une dizaine d'années auparavant, l'avaient méprisée, estimant qu'elle n'était pas digne de leur demeure ni des invités qu'ils avaient conviés.

Après quelques semaines de recherches, Khaled trouve un terrain, rue Aboul Feda, à Zamālek. La chanteuse y fait construire une grande villa à deux étages, avec de vastes pièces de réception ouvrant sur un jardin, huit chambres pour pouvoir loger tous les siens.

Les siens ? Qui donc ? Sa mère refuse obstinément de vivre dans la capitale. Selon elle, la ville n'est pas faite pour une villageoise. Son père tient le même discours. Seule la suivra une parente, Sayyeda. Elle la suivra, comme ombre, à la fois femme de ménage, gouvernante, et surtout confidente.

« Tu es à nous, tu es à nous… Tu es la fiancée de ma vie ! » clament des voix dans la nuit.

Tous les peuples arabes ont maintenant son nom sur les lèvres et la réclament. Elle voudrait répondre à toutes les demandes, mais la radio et le cinéma la sollicitent également. Elle tourne une dizaine de films, parmi lesquels *Weddad*, « Le chant de l'espoir », *Dananir, Aïda, Sallama*, et *Fatma*. Mais assez vite, elle délaisse le septième art, le face-à-face émotif avec le public lui manquant cruellement. Elle devient royale, elle devient prêtresse. Elle arbore à ses concerts l' « Étoile du Nil » que vint de lui décerner le roi Farouk qui a succédé à son père. C'est la première fois dans l'histoire d'Égypte qu'une femme reçoit une aussi haute distinction.

Un matin de 1937, alors qu'elle pénètre dans la cuisine, elle aperçoit la fidèle Sayyeda assise, anéantie. Khaled est à ses côtés. Silencieux. Le regard humide. Il fixe sa sœur d'un air désespéré.

« Que se passe-t-il ? » s'écrie Oum Kalsoum.

Pas de réponse.

Elle insiste.

« Alors ? Qu'est-il arrivé ?

— Maman, balbutie Khaled. Maman… »

Il ne finit pas sa phrase.

Elle a compris. Elle manque de s'écrouler. On la soutient. On la porte vers un divan. Elle éclate en sanglots. Elle n'est plus rien. Sa mère est morte.

Le 14 mai 1948, Ben Gourion proclame la naissance d'Israël. La Palestine n'est plus. Pour les Arabes, cette déclaration est une hérésie. Ils s'organisent, ils rassemblent une armée et attaquent le jeune État. C'est le début d'un conflit qui perdurera jusqu'à nos jours.

Oum Kalsoum étouffe. C'est sa maladie des yeux, ou bien l'air du Caire qui l'oppresse. Elle se tient le menton, palpe la peau de son cou devenue moins ferme. On dirait qu'il a grossi. « Oui, il est enflé, dit-elle à Sayyeda. Il faut que j'aille voir un médecin. »

L'Astre de l'Orient souffre d'un goitre évolutif, mal très répandu en Égypte. Dès l'annonce de sa maladie, l'ambassadeur des États-Unis propose à la Dame de se faire opérer à Washington. Elle hésite. Puis, cédant à la pression de son entourage et des médecins égyptiens, elle se fait une raison. D'ailleurs, une chanteuse atteinte par ce mal n'a pas le choix.

Au sortir de l'intervention, elle écoute à peine les détails techniques. Puis la question fuse : « Ma voix ? Est-ce que je pourrai encore chanter ? » Le médecin américain la rassure : « Oui. Les cordes vocales ne sont pas touchées. »

23 juillet 1952.

« L'Égypte vient de traverser la période la plus sombre de son histoire, avilie par la corruption, désagrégée par l'instabilité. Ces facteurs ont affecté l'armée elle-même, et constitué l'une des causes de notre défaite en Palestine. Commandée par des ignorants, des incapables et des traîtres, l'armée n'était plus en mesure de défendre l'Égypte. C'est pourquoi nous nous sommes épurés : l'armée est désormais entre les mains d'hommes intègres et patriotes en qui vous pouvez avoir toute confiance. Puisse Dieu tout-puissant nous venir en aide ! »

La voix résonne dans tous les postes de radio d'Égypte. C'est celle d'un militaire. Il s'appelle Anouar el-Sadate. Il appartient au mouvement des officiers libres, un groupe de jeunes nationalistes à la tête duquel on trouve un certain Gamal Abdel Nasser. Ils ont renversé le roi Farouk. La monarchie a été balayée.

Comme la plupart des Égyptiens, Oum Kalsoum apprend la nouvelle par la radio. Sans doute à ce moment éprouve-t-elle une légère appréhension. Après tout, n'a-t-elle pas chanté tour à tour pour Fouad Ier et pour son fils ? Ces révolutionnaires ne vont-ils pas la « punir » ?

Très vite, elle est rassurée. Dans les jours qui suivent le coup d'État, le téléphone sonne.

« Madame, ici le colonel Abdel Nasser. Je souhaite que vous poursuiviez votre carrière parce que vous êtes le lien qui nous unit et qui ne doit pas être rompu. Nous sommes des millions à avoir besoin de vous. »

La Dame respire. À l'instar des pyramides, elle est inamovible.

Chaque jour, désormais, elle doit se rendre chez le professeur Hafnaoui. L'homme est charmant, cultivé, beau parleur, mais elle déteste ces rendez-vous où elle est obligée – elle, si pudique – de dévoiler son corps, et à un homme de surcroît ! Pourtant, étrangement, elle se sent à l'aise avec lui. « Quand on a dévoilé son corps à son médecin, dit-elle, on s'est aussi mis à nu devant l'homme. » Entre ces deux êtres, des liens complices se nouent au fil des visites, une amitié amoureuse ; des liens qui, s'ils n'ont rien en commun avec la passion ou même l'amour, suffiront à faire naître chez Oum Kalsoum la perspective, jusque-là impensable, du mariage…

Yom assal, yom bassal (un jour de miel, un jour d'oignons), disent les Égyptiens.

Un matin, Sayyeda déboule dans la chambre de sa maîtresse et lui annonce : c'est Khaled… Il s'est éteint brutalement, en plein travail.

Ce frère dévoué est mort sans éclat, comme il a vécu.

La tristesse née de cette perte est tout de même adoucie par la bonne nouvelle que lui transmet le professeur Hafnaoui : le verdict de ses collègues américains est formel, son goitre est définitivement guéri.

Est-ce le soulagement, la sensation qu'Allah lui accorde une seconde vie qui pousse la chanteuse à prendre une décision que nul n'aurait crue possible ? Elle décide de se marier avec son cher professeur Hafnaoui. Ce sera une cérémonie sans fastes, ni invités. Discrète. À l'image sans doute des sentiments qu'elle éprouve.

1960.

C'est la fête de la Science et Nasser s'apprête à récompenser les personnalités qui ont excellé, tant dans le domaine de la science, que dans celui de l'art et de la littérature.

Oum Kalsoum est évidemment présente, vêtue d'un tailleur sombre. Son regard est voilé par ses lunettes noires, ornées de brillants. À ses côtés, Mohammad

Abdel Wahhâb. Chanteur, compositeur, luthiste, lui aussi est une « star ». Il a connu son premier triomphe vers 1934 dans une comédie musicale, *La Rose blanche*. Depuis, il a défini les règles de la chanson moderne arabe : structurée en quatre couplets avec des thèmes musicaux différents et un refrain, le tout durant moins de dix minutes. Ce sont deux géants qui sont face à face ce soir-là. Deux personnages flamboyants que sépare néanmoins une rivalité larvée : celle qui oppose deux astres aux prises avec le firmament.

Après l'hymne national qu'Oum Kalsoum reprend en sourdine, au milieu des hauts responsables du pays, Nasser l'invite à monter sur scène et la décore de la médaille du Mérite. Puis, il appelle Abdel Wahhâb, le décore à son tour et déclare avec un sourire : « Je célèbre votre art, mais je ne vous pardonne pas de ne vous être jamais associés. »

Abdel Wahhâb s'incline devant le *raïs* et déclare :

« Je vous remercie sincèrement pour ce très grand honneur. Je ne m'exprime pas en tant que nouveau décoré, mais comme un homme qui vient célébrer avec vous le génie inspiré d'Oum Kalsoum. Pour moi, compositeur, mon plus grand souhait serait d'être chanté par elle. »

Il saisit les mains de la Dame et les embrasse devant une foule en délire.

Oum Kalsoum répond : « Et mon plus grand honneur serait de chanter Abdel Wahhâb. » Les applaudissements redoublent. Le public exulte.

Oum Kalsoum chantant Abdel Wahhâb, quel émoi !

Dans les jours qui suivent, la presse fait la une de ce projet. Les lettres affluent rue Aboul Feda.

Un matin, Sayyeda l'appelle :

« Thuma, c'est Abdel Wahhâb au téléphone. »

Après les salutations d'usage, le chanteur déclare :

« Notre collaboration n'ajoutera rien à ton art ni au mien, mais cette initiative est une bonne chose. Ahmed Chafik Kamel, dont tu connais l'immense talent, m'a écrit une chanson : *Enta Omri* (*Tu es ma vie*). Je pense qu'elle te conviendrait parfaitement.

— Eh bien, fais-la-moi entendre tout de suite ! »

Abdel Wahhâb rit de son impatience.

« Prenons rendez-vous, suggère-t-il.

— Non, insiste Oum Kalsoum, chante-la-moi au téléphone. »

Abdel Wahhâb s'incline :

« Tes yeux m'ont rappelé un temps obscur. Et m'ont fait regretter le passé et ses blessures. Combien j'ai souffert avant de te trouver. Une vie perdue, comment osent-ils la faire-valoir ? Tu es ma vie…

— C'est bien ! C'est bien ! s'exclame la Dame. Tu as raison ! *Tu es ma vie* pourrait très bien me convenir. Ce n'est pas une chanson de "danseuse".

— Rassure-toi ! Loin de moi l'idée de te transformer en "danseuse". J'ai trop de respect pour toi et pour la beauté de ta voix. La semaine prochaine, je viendrai avec l'auteur. »

De rendez-vous en rendez-vous, et après plusieurs modifications importantes, la « Cantatrice du peuple » se déclare satisfaite. D'autant plus satisfaite que Nasser l'a dispensée, ainsi qu'Abdel Wahhâb, de payer des impôts.

Tu es ma vie, connaîtra un succès foudroyant et restera comme l'une des chansons les plus marquantes du répertoire d'Oum Kalsoum. Par la suite, Abdel Wahhâb lui écrira huit titres, considérés aujourd'hui comme des œuvres majeures de la musique arabe contemporaine.

Juin 1967.

La guerre, encore une, éclate entre l'Égypte et Israël. Une guerre éclair. Six jours. Quand elle s'achève, l'État hébreu occupe le Sinaï, le Golan, la Cisjordanie, Gaza et Jérusalem-Est. La défaite de l'Égypte est totale. Le 9 juin, dans une allocution télévisée, Nasser propose sa démission. Mais une foule immense se rassemble sous ses fenêtres et le supplie de continuer d'être le *raïs*, leur chef. Il accepte. Mais c'est désormais un spectre qui règne sur le pays.

Cinq mois plus tard, en novembre 1967, surmontant la peine qui la ronge depuis cette guerre perdue, l'Astre de l'Orient débarque à la conquête de Paris. Deux concerts à l'Olympia avaient été prévus de longue date, et il n'était pas question de les annuler. Le cachet qu'elle a demandé est alors le plus élevé de toute l'histoire du music-hall : 100 000 francs par soirée. La presque totalité sera consacrée à soutenir l'Égypte en plein naufrage.

Elle sait par le directeur du théâtre, Bruno Coquatrix avec qui elle est en contact depuis quelques semaines, que la France l'attend avec impatience, et que les radios se sont mises à ses rythmes. Un véritable pont aérien s'est établi entre l'Orient et Paris. Des avions ont été affrétés – particulièrement en provenance des pays du Golfe – pour assister à l'événement.

En se rendant à l'hôtel George V, près des Champs-Élysées, elle est heureuse comme une enfant d'apercevoir les affiches de son concert dans cette capitale étrangère.

« Va me chercher du papier, Sayyeda, je dois présenter mes respects au *raïs* français. »

Sayyeda roule des yeux ronds pour en savoir plus.

« Oui, précise la chanteuse, ici aussi, c'est un militaire qui gouverne le pays. Le général de Gaulle. Il fut un grand résistant. Je le respecte et je l'admire. Il a rendu son honneur à la France. »

Oum Kalsoum se cale dans son lit et écrit en français sans rature : « Je salue en vous votre action en faveur de la justice et de la paix. Mme Oum Kalsoum. »

Voilà bientôt une heure qu'elle est assise parmi ses dix-huit musiciens en smoking, silencieux. Son photographe lui apporte les dernières nouvelles de la salle. On annonce un nombre impressionnant d'ambassadeurs et de personnalités dont le roi Hussein de Jordanie, qui serait là incognito. Le peintre français Carzou, de son vrai nom Garnik Zouloumian, né en Syrie ; une chanteuse née au Maroc, Marie Laforêt, et tout ce que Paris compte de journalistes.

La longue introduction de *L'Amour de la Nation* déclenche une tempête d'applaudissements. Oum Kalsoum remercie le public enthousiaste avec de petits hochements de tête tout en restant figée sur sa chaise. Ensuite, elle se lève lentement et marche vers le micro. Elle s'est parée d'une longue djellaba verte brodée d'or, son mouchoir est du même vert. Le tour de chant se poursuit. Elle entonne : *Rends-moi ma liberté, dénoue mes mains*. Quand l'ovation retombe, elle reprend *Les Ruines*, sa plus fameuse chanson du moment, cette complainte amoureuse qui peut tout aussi bien être entendue aujourd'hui comme un chant patriotique.

On jette des gerbes de fleurs à ses pieds. Un admirateur éperdu se rue sur la scène et baise le bas de sa robe. La prêtresse est déséquilibrée. Elle trébuche. La salle gronde. Ses musiciens la relèvent et deux personnes du service d'ordre ramènent l'idolâtre à sa place. La foule rugit d'extase, le moindre des gestes d'Oum Kalsoum est ressenti dans la salle. Elle psalmodie encore et encore.

Le lendemain, dans les journaux parisiens, on parle d'un public de « fanatiques, envoûtés », « le visage comme torturé par une intense douleur intérieure ». On évoque une « foule comme éventrée » par les mélodies de la cantatrice déifiée. Trois chansons en six heures : l'Égyptienne est au summum de son art et maîtrise le *tarab* à la perfection, au gré des envies du public, au rythme des « Allah » et des « Ya salam ». Expressions d'approbation soupirées par l'audience. Il n'existe pas d'équivalent en français du terme *tarab*, car ce concept exprime surtout les émotions que l'artiste provoque chez le spectateur. C'est un état spirituel, un état d'extase et d'émotion qui ébranle l'âme de celui qui écoute.

« Il n'y a qu'une chose que je n'ai pas saisie en France, dira-t-elle plus tard. Je n'ai pas compris ce mouvement de jeunes qui se font appeler "hippies". Pourquoi se vêtent-ils de peaux de chèvres, se dessinent-ils des fleurs sur le front et fument-ils des grosses cigarettes ? Avant mon départ de Paris, il faudra que je questionne un Français… »

Septembre 1970, Badgastein.

Voilà trois semaines qu'Oum Kalsoum se repose dans la station thermale autrichienne à quelques kilomètres de Salzbourg, là où rois et reines se côtoyèrent un temps, à l'instar de l'impératrice Élisabeth de Wittelsbach et de l'empereur Guillaume Ier.

Ses joues ont rosi. L'air campagnard et les soins répétés lui ont apporté un grand bien-être, mais elle s'ennuie. Elle s'ennuie et elle souffre. Il ne se passe pas un jour sans qu'elle soit prise d'effroyables douleurs néphrétiques. Si au moins la nourriture qu'on lui servait était acceptable ! Où sont les fèves, la *kebbé*, la *molokhiya*, tous ces plats orientaux qu'elle chérit ? Vivement le soleil d'Égypte et sa lumière !

Nous sommes le 29 septembre. Elle ignore encore le drame qui s'est noué la veille, au Caire. Alors qu'elle s'apprête à quitter sa chambre pour aller dîner, un facteur frappe à sa porte et lui tend un télégramme. Elle le décachette… elle a du mal à croire ce qu'elle lit : « Nasser est mort. »

Elle reprend le premier avion et va s'enfermer dans sa villa de Zamālek. Elle est terrassée.

Mais le Nil coule toujours, rappelant que la vie doit continuer.

Elle repart bientôt à travers l'Orient pour une tournée baptisée *Maghoud el-Harbi*, le « devoir militaire », dont la majorité des revenus iront à la reconstruction de l'armée égyptienne. Abu Dhabi, Dubaï, Djedda, le Maghreb. En Libye, elle triomphe en inaugurant un théâtre spécialement construit à son intention mais, pour la première fois de sa carrière, elle se voit forcée de raccourcir son tour de chant, ses jambes menaçant de se dérober sous elle.

De retour chez elle, rue Aboul Feda, elle s'écroule. Les douleurs néphrétiques sont de plus en plus intolérables. Dès qu'un léger mieux se fait sentir, elle réclame son courrier, ses poèmes, elle écoute la radio, ou bien appelle son vieux complice Ahmed Rami qui la distrait en évoquant les *Ayyam zamane,* les « jours anciens ». Au printemps 1972, elle semble renaître.

Dans la journée du 6 octobre 1973, alors que le mois de Ramadan impose au monde musulman une vie au ralenti, des cris de joie montent de la capitale, jusqu'aux fenêtres de l'Astre de l'Orient. Oum Kalsoum s'étonne de cette liesse. Nasser serait-il revenu d'entre les morts ? Non, bien entendu. Il s'agit de bien autre chose.

Quelques heures plus tôt, les armées égyptiennes et syriennes s'étaient élancées. La date n'avait pas été déterminée au hasard. C'était le dixième jour du mois de Tishri dans le calendrier hébraïque, jour de Yom Kippour. Un moment si hautement solennel qu'en Israël il est même respecté par une majorité de laïcs. L'instant idéal pour déclencher les hostilités.

En moins d'une demi-heure, plus de deux cents raids aériens avaient déversé plus de 10 000 obus sur la ligne de défense israélienne dite ligne « Bar-Lev » le long du canal de Suez. Simultanément, les premières équipes antichars avaient entrepris la traversée du canal, suivies par des vagues de canots pneumatiques transportant des milliers de soldats. Une heure et quart après le début de l'offensive, la ligne Bar-Lev était pulvérisée.

Oum Kalsoum a les larmes aux yeux. Même si la victoire n'est pas totale, même si trois jours plus tard l'armée israélienne lancera des contre-offensives qui lui permettront de pénétrer profondément en Syrie et de traverser le canal de Suez pour progresser au sud et à l'ouest en Égypte, la terrible humiliation infligée lors de la guerre des Six-Jours a été vengée.

Le soir du 21 janvier 1975, Oum Kalsoum est victime d'une crise rénale encore plus violente que les précédentes. On l'hospitalise de toute urgence. Des amis l'entourent. Des souhaits de rétablissement affluent du monde entier. Des corbeilles de fleurs inondent sa chambre. Politiciens, gens du peuple. L'Orient retient son souffle.

Des voitures officielles défilent. Abdel Wahhâb fait partie des très rares intimes qui sont autorisés à voir la malade.

Bientôt, les visites seront interdites.

Le 3 février 1975 le Premier ministre annonce, des sanglots dans la voix : « Désormais, nos jours seront plus sombres. Madame Oum Kalsoum est morte cette nuit, à deux heures du matin. »

Le 5 février 1975 ses obsèques donnent lieu à des scènes de transe dans les rues du Caire : en enterrant la cantatrice sacrée, l'Égypte fait aussi ses adieux au symbole de toute une époque. Redoutant les réactions émotionnelles d'un peuple bien connu pour ses débordements en pareille circonstance, les pouvoirs publics ont placé un imposant dispositif policier et militaire sur le parcours emprunté par le cortège où l'on reconnaît le Premier ministre et les membres de son cabinet, les députés de l'Assemblée du peuple et de nombreuses délégations de pays arabes. Malgré toutes ces précautions, une foule évaluée à plus de 500 000 personnes envahit dès les premières heures de la matinée la place du Midan el-Tahrir, dans le centre-ville, rompt les barrages, s'empare du cercueil qu'elle porte à bout de bras sur une mer humaine, proclamant vers le ciel : « Allah Akbar ! » « Dieu est Grand. » La foule gagne les mosquées Charkass puis El-Hussein où des prières sont psalmodiées. Les autorités réussissent finalement à placer la dépouille dans une ambulance qui rejoint le cimetière d'El-Bassatine, où un mausolée a été érigé pour recevoir le corps de l'idole.

Aujourd'hui encore, près d'un million de disques d'Oum Kalsoum se vendent chaque année, prouvant ainsi que, telles les pyramides, l'Astre de l'Orient survit aux années, immortel.

Hatshepsout.
(obélisque de Karnak)

La femme-pharaon

Hatshepsout est certainement l'un des personnages les plus fascinants de la XVIIIe dynastie. Grâce à son intelligence et son courage, cette femme au destin singulier va parvenir à accéder pleinement au pouvoir suprême, traditionnellement réservé aux hommes. Profitant de la minorité de son neveu, elle devint la première femme-pharaon et occupera le trône d'Égypte pendant près de vingt-deux ans.

Certes, il y eut Néfertiti et Cléopâtre. Mais, de toutes les figures féminines au pouvoir dans l'Égypte antique, Hatshepsout fut sans doute la plus brillante. La « première des premières » ne se cantonna pas à son rôle de Grande Épouse royale, comme Néfertiti, mais exerça *réellement* le pouvoir, alors que la civilisation égyptienne se trouvait au faîte de sa grandeur.

Elle naît à Ouaset, Thèbes, *La Ville*, sur les bords du Nil, aux alentours de 1495 avant notre ère, en l'an XII d'Aménophis Ier. C'est un bébé qui mesure une coudée, environ 0,52 cm. En la contemplant, Ahmès, sa mère, s'écrie : « Hat-chepsout ! » qui signifie : « Elle est à la tête des Nobles Dames ! »

Son père, Thoutmosis Ier, qui n'a pas encore accédé au trône, acquiesce. Et Sat-Rê, la nourrice que l'on a déjà choisie, confirme. Nous sommes à l'aube de la XVIIIe dynastie. L'Égypte nouvellement réunifiée ne s'est pas totalement remise de la profonde humiliation du règne des Hyksos qui avait duré près d'un siècle.

Un an après la naissance d'Hatshepsout, un second enfant vient au monde. C'est un garçon. On le nomme Thoutmosis II. Il n'est pas d'Ahmès, mais d'une épouse secondaire appelée Moutnéferêt.

Comme il se doit, Hatshepsout et son demi-frère vont passer les premières années de leur vie dans la ville sacrée, sur la rive droite, entre le sanctuaire d'Amon, et son « Harem du Sud », dans une imposante bâtisse de terre crue, blanchie à la chaux, assez semblable à celle qu'occupent leurs parents. La demeure possède deux étages dominant un rez-de-chaussée que masque un grand mur d'enceinte, « ondulé comme la première vague d'où naquit le monde ».

Thoutmosis Ier prend pour habitude d'emmener régulièrement sa fille aînée chez leur voisin, dont la maison jouxte le palais royal. L'homme s'appelle Inéni. C'est à la fois un architecte et un savant-botaniste. Il a servi pendant soixante ans sous les ordres de plusieurs pharaons, cumulant les plus hautes charges. Ces visites ne sont pas anodines ; Thoutmosis a très vite perçu que sa fille était vive, curieuse de tout, assoiffée de connaissance. Dès le premier jour, il a bien vu la ferveur avec laquelle elle a examiné les magnifiques dessins dont Inéni est l'auteur, dont certains représentent les portes forgées en bronze, incrustées d'or fin, destinées au temple d'Amon.

De retour chez elle, des rêves habitent l'adolescente où elle se voit propriétaire d'un immense jardin, planté d'arbres rapportés de mystérieuses contrées. Parallèlement à ces visites, après les leçons qui lui sont dispensées, elle se rend aussi, accompagnée de Sat-Rê, sa nourrice, dans le temple de Karnak où plusieurs chapelles délabrées, faute de soin pendant l'occupation hyksos sont en voie de restauration.

Entre sa huitième et sa neuvième année, une funeste nouvelle éclate : après vingt ans et sept mois de règne, le vingtième jour du mois de Péret[1], on apprend que le roi Aménophis a été « enlevé au ciel, réuni au globe solaire et absorbé par le corps du dieu qui l'avait créé ».

Le pharaon étant mort sans héritier direct, on désigne Thoutmosis Ier, le père d'Hatshepsout. Était-il apparenté à la famille royale ? Aucun document à notre disposition à ce jour ne permet de l'affirmer. Cependant, des éléments laissent supposer qu'ils auraient pu, lui et son épouse Ahmès, appartenir à une branche latérale de la lignée des « princes libérateurs ». On sait aussi que

1. Les mois étaient regroupés en trois saisons : Akhet (la crue), à peu près de mi-juillet à mi-novembre ; Péret (le reflux, ou l'hiver), à peu près de mi-novembre à mi-mars ; et Chemou (la moisson ou peut-être, littéralement, les basses eaux), à peu près de mi-mars à mi-juillet, moment où l'on moissonnait les blés.

Thoutmosis avait participé aux expéditions militaires entreprises par Aménophis Ier aux côtés des fidèles de la Couronne et était, de toute façon, considéré, tant par ses contemporains que par les générations suivantes, comme un souverain absolument légitime.

Dès lors, Hatshepsout, devenue princesse royale, fut confiée, ainsi que l'exigeait la coutume, à un tuteur, un « père nourricier » : Pen-Nekhbet. L'homme avait été longtemps le courageux compagnon d'Aménophis Ier et le fidèle conseiller du défunt roi. La princesse allait ainsi continuer de combler son insatiable soif de savoir en écoutant les leçons d'histoire, prodiguées par ce maître.

Les mois passèrent, et le temps arriva pour Hatshepsout de regagner le palais et de retrouver sa mère et sa famille. Son séjour « éducatif » était terminé, et il lui fallait maintenant résider dans la capitale, d'autant que son père s'apprêtait à lancer une expédition punitive au pays de Koush[1] alors en pleine insurrection.

Quatre mois après son départ, un événement pour le moins étrange survint. C'est Hatshepsout elle-même qui le décrira, bien des années plus tard :

« L'an II, le 2e mois de Péret, le 29e jour fut celui de proclamer miennes les Deux Terres dans la cour large du "Harem du Sud". Voici que Sa Majesté rendit un oracle en présence de ce dieu parfait. Et mon père apparut dans sa belle fête " Amon chef des dieux". Il entraîna

1. Le royaume de Koush est l'appellation que les Égyptiens donnèrent au royaume situé au sud de leur pays, qui se composait de la Nubie et de la partie nord de l'actuel Soudan.

Ma Majesté dans la suite du roi bienfaisant, et il multiplia les oracles me concernant à la face de la terre entière. »

Il faut savoir que, chez les Égyptiens de ce temps, l'oracle était un passage obligé, la réponse « officielle » des dieux aux interrogations des hommes. Par ce biais, ceux-ci répondaient aux questions les plus diverses, qu'elles fussent liées au passé, au présent ou à l'avenir : « Comment guérir ? Faut-il partir en voyage ? Est-il opportun de se marier ? Où pourrais-je trouver tel objet ? » Les rois, les prêtres et le peuple ne pouvaient que se montrer attentifs à ces dieux qui s'adressaient à eux comme un père parle à ses fils.

Néanmoins, cet oracle rapporté par la future reine pose un problème. Hatshepsout mentionne l'an II, le 2ᵉ mois de Péret. Or, nous savons que le roi n'est pas revenu en Égypte avant le 22ᵉ jour du 1ᵉʳ mois de la saison Shémou. C'est-à-dire sept mois après son départ de Thèbes. En dépit de cette incohérence, la princesse continuera d'affirmer qu'elle fut bien désignée à cette époque par l'oracle du dieu Amon pour gouverner les Deux Rives. Elle fera même graver cette assertion sur une paroi de la barque divine à Karnak.

Alors, pourquoi ?

Soit elle préparait déjà le terrain pour son futur avènement, soit on peut imaginer qu'avant son départ, Thoutmosis Iᵉʳ ait décidé de mettre en place cette mise en scène destinée à soutenir l'ascension de sa fille aînée, née de la Grande Épouse royale, Ahmès, alors que ses trois fils (Thoutmosis II, Amenmès et Ouadjmès) étaient tous les rejetons de sa reine secondaire Moutnéferêt. Ahmès ne déclarait-elle pas, dans les inscriptions de Deir el-Bahari qui la concernait, être la « souveraine de toutes les autres épouses » ?

Là-bas, au pays de Koush, le pharaon avait réduit à néant l'insurrection. Le chef rebelle avait été tué par la flèche même du roi, les adversaires de l'Égypte massacrés. Thoutmosis revint à Karnak sur le vaisseau amiral *Faucon*, au mât duquel on pouvait apercevoir suspendu le cadavre du chef vaincu. Quelques semaines plus tard, le pharaon guerrier se rendit dans le Delta, accompagné, détail majeur, par sa fille. De toute évidence, celle-ci retenait toute l'attention de son père et recevait désormais de lui l'éducation d'une héritière au trône. Il la présentait comme telle, semble-t-il, aux hauts fonctionnaires.

Vers l'an VII du roi, alors qu'Hatshepsout venait de célébrer sa dix-huitième année, on lui annonça qu'il était devenu essentiel qu'elle se marie. Son époux avait été choisi. Ce serait son demi-frère, alors âgé de dix-sept ans, Thoutmosis II, fils de Moutnéferêt. Quelle fut la réaction d'Hatshepsout ? D'abord, sans doute, un mélange de frustration, voire d'incompréhension face à ce choix imposé. Puis, dans un deuxième temps, peut-être, la perception d'une stratégie tout en finesse élaborée par son père. Déterminé à la préparer au trône d'Horus, il aurait mesuré toutes les difficultés, lourdes de conséquences, si elle venait à lui succéder. Hatshepsout pourrait-elle demeurer « stable » sur le trône d'Horus, alors que le dernier des enfants mâles de Thoutmosis était toujours vivant[1] ? Mieux valait une corégence avec un époux qu'elle dominerait assurément, pour lequel apparemment elle n'éprouvait qu'un sentiment de pitié.

Quoi qu'il en soit, ce mariage faisait d'Hatshepsout une Grande Épouse royale, étape vers la royauté absolue.

À l'image de tout ce qui touche à l'histoire de la famille d'Hatshepsout, la personnalité de Thoutmosis II demeure aujourd'hui encore sujette à de nombreuses interrogations. Pour calculer son âge, la durée précise de son règne, les documents présentent des éléments contradictoires. Il semble en tout cas que le personnage était frêle, doué d'une santé précaire qui limita ses activités et abrégea ses jours. Cette fragilité ne l'empêcha pas toutefois de faire un enfant – Thoutmosis III – à sa concubine Iset. Et une fille – la princesse Néférourê – à Hatshepsout.

Entre-temps était apparu un personnage majeur dans l'existence de la Grande Épouse royale. Il s'appelle Senmout. Jeune militaire, il avait accompagné Thoutmosis Ier dans ses expéditions au pays de Koush et fut choisi par le roi, après la naissance de Néférourê, pour remplacer Pen-Nekhbet en tant que « père nourricier » et tuteur. Dès cet instant, et pour de longues années, Senmout sera le serviteur le plus fervent de la

1. Ses deux autres demi-frères, Amenmès et Ouadjmès, étaient morts quelques années auparavant.

reine. Avant même la fin du règne de Thoutmosis II, on voit clairement l'éminente place occupée par cet homme auprès du couple royal puisqu'il eut l'honneur de faire graver un texte sur une statue (conservée à Berlin) où il ne ménage pas sa modestie :

Je suis un noble, aimé de son seigneur, qui entrait dans les merveilleux projets de la Maîtresse des Deux Pays. Le roi me fit Grand en présence des Deux Pays. Il me fit devenir Grand administrateur de sa maison et Juge du pays tout entier... Je fus au-dessus des plus grands, Directeur des directeurs des travaux. J'ai agi dans ce pays sous ses ordres, jusqu'au moment où la mort arriva devant lui. Maintenant, je suis vivant sous la puissance de la Maîtresse des Deux Pays, roi de Haute et Basse-Égypte Maâtkarê, qu'elle vive, éternellement.

À mesure qu'il suivit Hatshepsout dans sa montée au pouvoir, Senmout abandonna un certain nombre de titres moins importants, y compris celui de précepteur de Néférourê, au profit d'une quantité d'autres distinctions plus prestigieuses, comme Directeur des Greniers d'Amon et Directeur de tous les travaux du roi à Karnak, et il se mit à exercer sa fonction principale de Grand Intendant d'Amon. Sa fortune personnelle s'est accrue rapidement à cette période. Non seulement, il fut assez riche pour enterrer sa mère en grande pompe, mais il put commencer la magnifique construction de sa propre tombe, commander un sarcophage en quartzite, et construire sa chapelle au Gebel Silsileh.

Quant à ses relations personnelles avec la reine, elles font toujours l'objet de conjectures. L'hypothèse qu'Hatshepsout et Senmout ne furent pas seulement « bons amis » mérite en tout cas d'être prise en considération. Une relation intime pourrait d'ailleurs expliquer la soudaine ascension sociale de Senmout, mais aussi pourquoi il décida de défier la coutume et de rester célibataire. On serait certes tenté de voir dans les privilèges sans précédent de Senmout, notamment le creusement de sa tombe sur l'aire du *Djeser Djeserou* et l'association de son nom avec celui de la reine dans la tombe, une reconnaissance tacite de la part d'Hatshepsout du rôle de Senmout en tant que partenaire ou même époux morganatique.

Les reines, même les plus grandes, ne sont pas dépourvues de sentiments humains, et Hatshepsout devait parfois souffrir de la terrible solitude imposée par sa charge. Un compagnon, en qui elle avait toute confiance, a pu l'aider à supporter le fardeau du pouvoir.

Comme l'écrit l'un des plus éminents égyptologues, Alan Gardiner : « Il est inimaginable qu'une femme, même avec un tempérament particulièrement viril, ait pu atteindre le faîte du pouvoir sans le soutien d'un homme. »

Sur la mort de Senmout, les sources historiques sont désespérément silencieuses. Nous savons seulement qu'il s'est retiré brusquement des affaires publiques, à un moment situé entre l'an XVI et l'an XX du règne d'Hatshepsout, et qu'il n'a jamais été enterré dans la tombe qu'il avait soigneusement préparée. Qu'a-t-il pu lui arriver ? L'énigme de sa soudaine disparition a tracassé les égyptologues pendant des décennies. L'absence de sources archéologiques et de témoignages solides a fait s'enflammer l'imagination débordante des spécialistes de Senmout qui ont défendu avec passion une quantité de thèses dont certaines seraient dignes de servir d'intrigues à des romans policiers.

La troisième année de son règne venait de s'écouler lorsque Thoutmosis II mourut soudainement. Il devait avoir entre vingt-cinq et trente ans. Son successeur fut aussitôt désigné en la personne de Thoutmosis III, le fils naturel qu'il avait eu avec sa concubine Iset.

On ne trouve aucune mention précise de l'âge de ce dernier au moment de son accession au trône, mais du fait qu'il régna pendant plus de cinquante ans, on peut en déduire qu'à la mort de son père il n'était encore qu'un enfant. Hatshepsout fut donc appelée à devenir régente au nom de son neveu et beau-fils. La situation n'avait rien d'inhabituelle en soi, et il était admis en Égypte qu'une reine veuve régnât au nom de son fils mineur. D'autre part, étant la fille, la sœur et l'épouse d'un roi, aucun autre membre de la famille royale ne pouvait être mieux qualifié qu'elle. Un point, cependant, était assez singulier : Hatshepsout devenait régente aux côtés d'un garçon *qui n'était pas son fils*.

Quels qu'aient pu être ses sentiments personnels, elle accepta son nouveau rôle, et durant les deux premières années du règne de son beau-fils, elle se comporta comme une régente exemplaire, ne se prévalant que des titres auxquels elle avait droit en tant que fille et veuve de roi, figurant selon les conventions artistiques, toujours debout derrière l'enfant-roi.

Les inscriptions du temple de Semneh en Nubie, datées de l'an II de Thoutmosis III, confirment d'ailleurs sa position subordonnée. Thoutmosis III l'unique, *roi de Haute et Basse-Égypte et le Seigneur du Double Pays,* est représenté recevant la couronne blanche du pharaon des mains du dieu nubien Dedoun.

Régente, mais également mère exemplaire. Tandis que le jeune Thoutmosis reçoit auprès des clercs du temple un enseignement intensif comprenant aussi – et ce détail a son importance – une initiation aux armes, Hatshepsout veille à l'éducation de sa seconde fille, Néférourê, se plaisant à lui rendre régulièrement visite au *Kep* du palais, où fils de chefs étrangers et princes royaux apprenaient à se connaître en partageant des études et des jeux communs.

C'est aux environs de la sixième année de cette régence que la situation évoluera. Il semble alors qu'à cette époque, l'enfant-roi, âgé de dix ans, ait accompagné les officiers de la régente dans une expédition militaire, au-delà de la frontière orientale, au pays de Réténou[1]. Il en revint à la veille de l'an VII, le 16e jour du 1er mois d'Akhet, peu de jours avant que, comme chaque année, toute la terre d'Égypte soit en fête.

1. Région englobant la Syrie et la Palestine.

Au lendemain de son arrivée, on fit célébrer à l'Amon de Karnak une action de grâces qui consistait en 1 000 pains, 10 gâteaux, 3 mesures de vin, 30 mesures de bière et… des légumes. Cette date était très proche du jour rituel reconnu jadis et désigné par Thoutmosis Ier lui-même pour célébrer un couronnement. Elle était présentée comme étant « *de bon augure pour le commencement d'années de paix et l'écoulement de myriades d'années de très nombreux jubilés* ».

C'est en tout cas le jour qu'Hatshepsout choisit pour transformer officiellement son état de Grande Épouse royale, Épouse du dieu, en celui de souveraine. Il ne faudrait pas y voir un coup d'État aussi soudain qu'inattendu. Ce fut, au contraire, une manœuvre politique parfaitement contrôlée, si insidieuse qu'elle a pu passer inaperçue, sauf aux yeux de ses contemporains les plus proches.

Pour accéder au trône, la reine s'appuie sur le fameux oracle de son père survenu en l'an II du règne de celui-ci. Celui-là même dont elle avait fait mention quelques années auparavant. Et comme pour le confirmer, elle donna le signal pour qu'une série d'oracles similaires se répandissent au cours des processions dans le domaine d'Amon, à Karnak.

On fit sortir la barque sacrée et l'on rendit un nouvel oracle à la porte du palais ; puis un second, devant la double porte occidentale, sur le bord du fleuve. Ce fut le moment crucial où – brillante manipulatrice – Hatshepsout se prosterna en disant : « Mon maître, que désires-tu voir se réaliser ? J'agirai conformément à ce que tu auras ordonné ! »

Après les purifications pour son entrée dans le temple, l'action allait se poursuivre dans le sanctuaire :

« Alors, la Majesté de ce dieu fit de grands oracles et plaça la reine devant lui, dans le Grand Château de Maât[1]. Elle mit alors les insignes de sa fonction et revêtit sa parure de Grande Épouse royale qu'elle détenait jusqu'à présent. »

Un retour au palais permit à la reine de prendre place dans le « Grand Siège, l'Escalier du dieu unique ». Et le geste d'allaitement d'Hatshepsout par sa mère, la divine Hathor, fut simulé. Amon, assis sur son trône, allait ensuite poser successivement sur la perruque ronde de la reine les neuf couronnes. Et après ces impositions, Hatshepsout quitta les parures d'Épouse divine et arbora les ornements de Rê… La couronne du Sud et la couronne du Nord étant mêlées sur sa tête.

Lorsque la cérémonie s'acheva, elle prit soin de rappeler, une fois encore, que son propre père, en l'an II de son règne, l'avait déjà désignée comme son héritière : « À la face de la terre entière, il m'avait mise en avant plus que celui qui est dans le palais[2]. »

1. Maât est, dans la mythologie égyptienne, la déesse de l'ordre, de l'équilibre du monde, de l'équité, de la paix, de la vérité et de la justice.

2. Toutes les descriptions du couronnement sont visibles sur les murs de Karnak, VIIIe pylône, sur ceux du temple de Deir el-Bahari et de la Chapelle rouge.

À peine couronnée, elle prend immédiatement une série de décisions qui laisseront de son passage une empreinte indélébile. Elle commence par mener à bien un projet ébauché par son père : ériger une paire d'obélisques à la gloire d'Amon. C'est Senmout qu'elle charge de l'opération. Elle fait bâtir un pylône à Karnak, et une chapelle-reposoir pour la barque d'Amon. Elle restaure les monuments des anciens pharaons et construit de nouveaux temples à la gloire des dieux.

Toute la vallée du Nil bénéficiera de cette politique, mais ce sont surtout les constructions monumentales de la région de Thèbes qui immortaliseront son règne. Elle décide aussi de regrouper autour de sa future demeure royale d'éternité les tombes de ceux qui lui succéderaient sur le trône d'Égypte, mettant fin à l'habitude prise jusque-là de disperser les sépultures royales dans l'espoir – vain – qu'elles échappent aux pilleurs. Ce que veut Hatshepsout, c'est créer une grande nécropole gardée par des fortins. Reste à déterminer le lieu. Ce sera celui de la « Sainte Cime », le point culminant du massif montagneux situé sur la rive gauche du Nil, face à Thèbes. Hatshepsout y fera aménager son caveau royal. L'endroit est connu de nos jours sous le nom de… Vallée des Rois.

Se conformant à la récente tradition de la XVIIIe dynastie, la tombe fut composée de deux éléments distincts : la chambre funéraire cachée dans la Vallée (la tombe KV20) [1] et un temple funéraire,

1. Abréviation pour *King Valley*.

parfaitement visible, appelé le *Djeser Djeserou* ou le « Sacré des Sacrés », plus connu sous le nom de Deir el-Bahari.

On désigna deux architectes pour superviser les deux projets de construction : Hapouséneb fut responsable de la tombe KV20, tandis que Senmout fut chargé des travaux du *Djeser Djeserou*, ce « temple de millions d'années ».

C'est un lieu magique où les collines de la chaîne libyque se présentent sous leur aspect le plus spectaculaire. Cette falaise de calcaire blanc, que le temps et le soleil ont coloré en jaune rosé, forme une barrière verticale. Les colonnades du temple s'élèvent terrasse après terrasse jusqu'à atteindre le rocher aux reflets d'or. Les murs des cours, des salles latérales et des colonnades ont la blancheur de l'ivoire, leur surface est polie au point de ressembler à de l'albâtre. Deir el-Bahari demeure sans nul doute, aujourd'hui encore, l'un des plus beaux monuments du monde.

De nombreuses sources établissent que la politique étrangère d'Hatshepsout, au sens large, se caractérisa par des relations commerciales et des explorations audacieuses. Sa fameuse expédition au pays de Pount[1] demeure à l'évidence l'un des points forts de son règne.

Cette expédition, qui s'est déroulée aux alentours de l'an VIII/IX du règne, fut une véritable odyssée. Quel spectacle que cette incroyable flottille composée de cinq

1. La plupart des égyptologues s'accordent pour le localiser le long des côtes érythréennes et somaliennes.

navires qui s'ébranlent devant le temple de Karnak, ces voiles (auxquelles des proportions démesurées avaient été données) gonflées par le vent du nord, le tout couronné par l'éclat des trompettes qui résonnent dans le ciel bleu métal. On imagine l'admiration, l'étonnement mêlé de respect lorsque la superbe armada vint à voguer dans des régions seulement visitées jadis par les rois-guerriers. La traversée des cinq cataractes avec tous les périls que ce passage implique. L'arrivée au pays de Pount. Ces étranges maisons sur pilotis auxquelles on accède par des échelles. Les scènes de Deir el-Bahari nous montrent une table sur laquelle les Égyptiens ont posé des produits qu'ils ont rapportés des Deux Terres afin de les échanger contre des produits locaux. À droite de la table, Néhesy, le chef de l'expédition, se tient à l'aide d'une canne, encadré par huit soldats armés de lances et de haches.

De l'autre côté, le roi de Pount, nommé Parehou, est accompagné de sa femme Ity anormalement obèse, de ses deux fils, de sa fille et… d'un âne.

Un des moments les plus importants pour Néhesy sera celui qui consistera à faire déraciner des arbres à encens et à les transporter sur les bateaux avec leur motte. Pendant plusieurs semaines, les soldats et hommes d'équipage chargeront les bateaux d'oliban, de bois d'ébène, d'électrum (alliage naturel d'or et d'argent appelé aussi or vert), d'animaux sauvages (des singes, une panthère vivante, des bœufs).

Mais il n'y eut pas que le voyage de Pount qui marqua le règne de la femme-pharaon. Elle organisa aussi des expéditions en Phénicie, pour importer du bois dont l'Égypte avait grand besoin pour la construction des bateaux et l'exploitation des mines de cuivre et de turquoise au Sinaï.

Hatshepsout vivait à une époque où les glaces n'existaient pas. Elle se regardait dans un petit miroir en métal poli qui se portait en bandoulière dans un sac spécial et qui était l'accessoire par excellence des femmes de la haute société ; mais, pour une appréciation de la beauté de son corps, elle devait s'en remettre aux autres. Il ne faut pas s'étonner si ses courtisans fidèles et prudents vantaient consciencieusement leur « nouveau roi » en le présentant comme « la femme la plus séduisante de toute l'Égypte ».

La découverte fortuite de ses objets personnels, comme un vase à khôl d'albâtre, accompagné d'un applicateur en bronze gravé avec le titre de « Divine Épouse » qu'elle avait porté plus tôt, et une paire de bracelets en or gravés au nom d'Hatshepsout, mais retrouvés dans la tombe d'une concubine de Thoutmosis III, nous rappellent que le roi d'Égypte quasiment divin était aussi une femme en chair et en os.

Bien que très idéalisées, les statues d'Hatshepsout conservées nous fournissent une série d'indices sur son véritable aspect physique. Manifestement, le nouveau roi avait une silhouette élancée, un beau visage ovale, le front haut, des yeux en amande, un menton légèrement pointu, presque fuyant, et un nez proéminent qui ajoute du caractère à une expression qui, sans cela, aurait été un peu fade. Au début de son règne, ses traits sont marqués par une douceur toute féminine qui est probablement le signe de sa jeunesse, alors que, sur les statues plus tardives, elle apparaît sérieuse, presque dure, plus conforme à l'incarnation du pharaon traditionnel.

Il se peut aussi qu'elle ait préféré être complètement chauve. Les hommes et les femmes de la haute société sous le Nouvel Empire se rasaient souvent les cheveux ; c'était une solution pratique avec la chaleur et la poussière du climat égyptien.

En tout cas, à partir de son couronnement, Hatshepsout ne tient plus à être reconnue comme une « belle femme », ni même conventionnellement comme une femme. Au contraire, elle abandonne la robe-fourreau et la couronne des reines et se fait représenter avec les attributs royaux traditionnels : le pagne court, une couronne royale, un large collier et une fausse barbe.

Il faut avoir en mémoire que les Égyptiens étaient opposés à l'idée d'avoir une femme sur le trône. Et c'est parce que ce sentiment était si fort que les statues ne la représentent jamais comme telle. Pourtant, Hatshepsout, qui avait d'abord été Épouse royale, était connue de tous comme étant une femme. Il n'y a pas la moindre preuve permettant d'insinuer qu'elle ait pu soudain se travestir. Et le fait qu'elle ait conservé son nom de femme et continué à utiliser des désinences féminines sur de nombreuses inscriptions prouve qu'elle ne se considérait pas, ne serait-ce que partiellement, comme un homme. Cela étant… l'interrogation qui mériterait une réponse un jour est celle-ci : comment Hatshepsout s'habillait-elle dans le privé ?

En ce pays béni où l'architecture constitue le langage le plus efficace pour établir le contact avec le surnaturel, Hatshepsout, investie du pouvoir de faire bâtir pour le dieu Amon, s'efforça d'allier la force à la grâce et s'est employée avec bonheur à tempérer le colossal par la mesure et la sobriété. Ces monuments, dont elle veut gratifier son pays pour la gloire de son dieu, ne doivent plus être éloignés des humains. Elle veut aussi, en quelque sorte, communiquer par ce moyen avec son peuple, établir un trait d'union.

Pour autant que nous puissions en juger quelque trois mille cinq cents ans plus tard, son règne ne fut pas celui d'une excentrique, mais reflète plutôt une période de manœuvres politiques savamment calculées qui permirent à un pharaon hors du commun de se faire accepter sur le trône et d'apporter la paix et la prospérité à son peuple.

L'attitude d'Hatshepsout envers le jeune Thoutmosis III démontre en tout cas que l'existence de cet « héritier » ne représenta jamais pour elle un réel problème, encore que, en femme avisée, elle devait se rendre compte que chaque année qui passait renforçait la capacité de son neveu à revendiquer le trône pour lui tout seul. Pourtant, elle n'essaya jamais de l'écarter du pouvoir. Au lieu de cacher l'enfant-roi ou de le faire assassiner, elle lui accorda le respect dû à un monarque. Elle l'encouragea même à passer une partie de sa jeunesse à se forger des capacités au sein de l'armée, ce qui aurait pu nuire à la situation de plus en plus vulnérable d'Hatshepsout, car, sous le Nouvel Empire, le soutien de ceux qui contrôlaient l'armée était indispensable à la survie du pharaon.

Toute analyse des actions d'Hatshepsout doit prendre en considération le caractère et le comportement de Thoutmosis III. Or, si nous nous en tenons aux faits, nous savons que Thoutmosis III accepta publiquement sa tante corégente, quels qu'aient pu être ses sentiments à son égard. Il est vrai qu'il n'a pas dû avoir le choix, car sa mère n'appartenait pas strictement à la sphère politique, et n'était soutenue par aucun homme influent. Mais, lorsqu'il fut en âge de défier Hatshepsout, il aurait pu tenter un coup d'État. Ses liens avec l'armée et son expérience militaire auraient pu l'y pousser. Il ne l'a pas fait. Lorsqu'il régna seul, Thoutmosis III se révéla être le plus habile des rois-guerriers que l'Égypte ait connus. Il apparaît donc difficile, voire impossible, d'assimiler l'homme qui ne mena pas moins de dix-sept campagnes en Asie à un pleutre qui, pendant vingt ans, en aurait voulu à la régente sans être capable de faire valoir son droit au trône. De plus, on ne peut concevoir que les deux personnages soient restés enfermés dans une haine mortelle réciproque pendant presque un quart de siècle… L'un ou l'autre aurait fini par prendre des mesures pour supprimer son rival.

Vers le 10e jour du 6e mois de l'an XXII (début février 1482 av. J.-C.), Hatshepsout est prête à mourir. Elle doit avoir entre quarante et cinquante ans. Ses préparatifs funéraires sont bien avancés, son temple déjà construit, et elle a toute latitude pour mettre de l'ordre dans ses affaires d'ici-bas.

Thoutmosis III, son futur successeur, pleinement mature, a émergé de sa relative obscurité et a commencé à assumer un rôle de premier plan dans les affaires de l'État. Nous le voyons désormais représenté debout, à côté de sa belle-mère, plutôt qu'en retrait.

En l'absence de preuves, nous devons supposer qu'Hatshepsout est morte de mort naturelle et fut convenablement momifiée et enterrée avec dignité aux côtés de son père dans la tombe KV20. L'idée, autrefois répandue, que Thoutmosis, après plus de vingt ans d'un règne partagé, était à bout et aurait tué ou évincé, d'une façon ou d'une autre, sa corégente devenue âgée, ne semble pas plausible. Le futur souverain avait dû se rendre compte qu'il lui suffisait de laisser faire le temps.

Après sa mort, on a essayé de nier son existence en effaçant sa trace des témoignages historiques. Des équipes d'ouvriers furent envoyées sur les sites de divers monuments pour faire disparaître son nom et ses représentations. À Karnak, on cacha ses obélisques derrière un mur, tandis que les statues et les sphinx du *Djeser Djeserou* furent démolis. Ce n'était pas simplement un geste symbolique exprimant la haine à son égard : si on effaçait toute trace de la femme-pharaon, on pouvait alors réécrire l'histoire de l'Égypte, en omettant Hatshepsout ; c'était comme si elle n'avait jamais existé, et la succession pouvait alors passer de Thoutmosis II à Thoutmosis III, sans l'ingérence d'une femme.

La destruction du nom et de l'image d'un mort, appelée quelquefois *damnatio memoriae,* permettait également d'attaquer directement l'esprit du défunt. Si toute mémoire du mort était perdue, alors l'esprit aussi périssait, et le défunt mourait de la « Seconde Mort » si redoutée : destruction totale et sans retour.

Pendant longtemps, l'auteur de cette proscription ainsi que ses mobiles parurent évidents. Thoutmosis III aurait été en proie pendant plus de vingt ans à la haine et au ressentiment à l'égard de sa corégente : quoi de plus naturel que de laisser enfin libre cours à la vengeance contre Hatshepsout et tous ceux qui l'avaient soutenue pendant son règne ?

Mais si plausible qu'elle paraisse, la théorie d'un Thoutmosis III vindicatif ne s'accorde pas vraiment avec l'image du noble instruit, historien et guerrier, révélée par les monuments du roi.

Alors, si la haine n'était pas la motivation principale derrière les dégradations des monuments d'Hatshepsout, qu'était-ce ? Qu'avait donc fait Hatshepsout pour mériter une si violente persécution ?

À en croire la thèse de Joyce Tyldesley, docteur en archéologie, et professeur d'égyptologie, Thoutmosis III n'était pas homme à agir sans réfléchir. Il lui semble donc logique de supposer que, durant toute sa vie, il était plutôt motivé par un opportunisme politique bien calculé. Il est bien possible qu'il ait jugé que le règne d'Hatshepsout pouvait être interprété par les générations futures comme une grave offense envers Maât, et que la corégence peu orthodoxe pouvait semer le doute sur sa propre légitimité. Sa blessure d'amour-propre, en tant qu'homme, a pu aussi jouer un rôle dans la décision du personnage : le puissant roi-guerrier a pu craindre d'être considéré par la postérité comme l'homme qui avait régné pendant vingt ans sous la domination d'une femme.

De plus, Thoutmosis III pouvait redouter la possibilité que la première femme-pharaon dont le règne était une réussite ne constitue un dangereux précédent.

En instaurant au cœur d'une florissante dynastie la prospérité, Hatshepsout a démontré qu'une femme était parfaitement capable d'être un excellent roi ; elle représentait désormais une menace pour la tradition établie et pour l'interprétation conservatrice du concept de Maât.

En conclusion, le seul crime d'Hatshepsout fut peut-être d'être une femme…

Le mystère qui a toujours entouré la disparition de la femme-pharaon commence dès l'an XX où, pour la dernière fois, il en est fait mention. Aucun texte retrouvé, en effet, ne signale son décès. Ce fait est d'autant plus étrange lorsque l'on songe à l'œuvre extraordinaire et si vaste réalisée dans tous les domaines par cette femme digne des grandes dames du début de la dynastie. Devant ce silence, on pouvait seulement croire que la reine s'était discrètement retirée du pouvoir. Pourquoi alors les listes royales des souverains ne mentionnent pas son temps de règne ou sa présence sur le trône des maîtres de l'Égypte ?

Le problème porte donc sur le point précis de savoir si la reine mourut, ou disparut, au début de l'an XXII du règne de son neveu, et dans ce cas, pourquoi n'a-t-on encore jamais pu retrouver une trace, fût-elle infime, de ses obsèques royales ? A-t-elle été affectée par l'épuisement, par la maladie, victime d'un accident, objet d'un crime ?

La fameuse tombe KV20 dans laquelle Hatshepsout devait initialement reposer fut identifiée lors de l'expédition française en Égypte, puis par Giovanni Belzoni et James Burton en 1828. Elle avait connu le sort des autres sépultures de la Vallée, c'est-à-dire qu'elle avait été complètement pillée.

En 1903, dans la Vallée des Rois, Howard Carter s'introduisait dans une tombe répertoriée sous le numéro KV60. Il y découvre deux momies féminines. L'une est identifiée comme étant celle de Sat-Rê, la nourrice d'Hatshepsout ; l'autre est inconnue. En 1906, la momie de la nourrice fut transportée au musée du Caire et l'autre resta sur place.

En juin 2006, Zahi Hawass rouvrit la tombe KV60 pour examiner la momie non identifiée et conclut que le corps était trop gras, avec une poitrine trop volumineuse pour être celle de la momie de la reine Hatshepsout. Cependant, plusieurs égyptologues avaient remarqué le bras gauche replié sur la poitrine, les ongles peints en rouge et bordés de noir, autant de signes d'appartenance à la famille royale. C'est un morceau de molaire retrouvée dans un vase canope (portant le nom d'Hatshepsout et contenant sa rate) découvert dans la tombe royale de Deir el-Bahari qui, finalement, permit d'identifier la momie de la grande reine. En effet, l'examen de la momie qualifiée d'« obèse » mit en évidence la présence d'une molaire endommagée. Un scanner 3D montra que le morceau de dent du vase canope s'emboîtait parfaitement dans la dent cassée de la momie obèse.

Les tests effectués sur cette dépouille de la tombe KV60 révèlent qu'Hatshepsout serait morte à l'âge de cinquante ans d'un cancer des os, qu'elle aurait été diabétique et obèse.

Néanmoins, nombre d'archéologues demeurent sceptiques.

La Kahina

VIIe siècle de notre ère.

L'Empire byzantin vacille depuis un certain temps déjà. Fortement affaibli par les coups portés par les conquérants arabes. Il a dû abandonner la quasi-totalité de ses possessions en Afrique du Nord et, en l'espace de douze ans, entre 633 et 645, les armées musulmanes ont dévoré la Mésopotamie, la Palestine, la Syrie et l'Égypte. En 634, le calife Omar ibn el-Khattab, devenu le deuxième successeur du Prophète, refuse d'annexer l'Ifriqiya (qui correspond à l'est de la Tunisie et au nord-est de l'Algérie) et s'oppose à toute expédition. Il meurt en 644, et Osman qui lui succède autorise les premiers raids.

En 647, le gouverneur d'Égypte, Abdallah ibn Saad, commandant une armée musulmane composée de vingt mille hommes, s'approcha de Sbeïtla[1]. Le chef

1. Ville située dans le centre-ouest de la Tunisie, à environ 260 km de Carthage.

des Byzantins, le patrice[1] Grégoire, qui tient la ville, marche aussitôt à leur rencontre à la tête de cent vingt mille Byzantins. La chronique rapporte que, la veille de la bataille, Grégoire fait annoncer « qu'il donnerait sa fille en mariage, plus la moitié de ses trésors à celui qui lui apporterait la tête du général arabe ». En entendant cela, ibn el-Zubair, le lieutenant de l'émir, suggère à celui-ci de proclamer à son tour le même appel chez les combattants musulmans. D'après certains historiens arabes, il aurait au contraire proposé la paix aux Byzantins, qui l'auraient refusée. Il exige alors d'eux de payer la *Djizia*, « impôt de capitation ». Nouveau refus. Alors, au bout de treize jours de tractations, Abdallah ibn Saad décide d'engager le combat. La bataille est acharnée et les pertes terribles dans les deux camps. Finalement, le patrice Grégoire est atteint mortellement. Sa fille tente de venir à son secours, elle est maîtrisée par ibn el-Zubair qui en fait sa captive.

Dès cet instant, voyant leur roi abattu, les soldats byzantins prennent la fuite, les uns vers Sbeïtla, les autres dans la campagne environnante. La progression des musulmans se serait poursuivie plus avant jusqu'aux Aurès, s'ils n'avaient décidé de s'arrêter sur les vestiges de leur victoire puis, privés des moyens nécessaires pour assiéger les villes du nord de l'Ifriqiya, de se retirer en 648.

1. Haute dignité en usage dans l'Empire romain à partir de Constantin.

Par la suite, les troubles qui suivent l'assassinat du calife Osman et l'élection controversée d'Ali, gendre et cousin du Prophète (656-661), détournent les convoitises arabes à l'égard de cette région. Hélas, au lieu de profiter de cette période de répit pour se renforcer, les Byzantins, au contraire, se mettent à dos de nombreux chrétiens d'Afrique en promulguant une série de mesures fiscales incroyablement maladroites.

En 661, un nouvel homme accède au califat. Il se nomme Mu'âwiyya ibn Abi Sufyan. À l'opposé de son prédécesseur, il décide de faire de l'Ifriqiya une terre entièrement omeyyade.

Une expédition a lieu en 665, mais sans résultat notoire. Cinq ans plus tard, en 670, le calife nomme un autre général : Oqba ibn Nāfi' el-Fihri. C'est une figure connue des musulmans. Il est non seulement le lieutenant de Mu'âwiyya, mais membre de la tribu des Qoraïch et neveu du célèbre général Amr ibn el-Ass, le conquérant de l'Égypte, le fondateur d'El-Fostat[1]. Mu'âwiyya lui donne pour mission de propager l'islam et d'étendre au plus loin ses territoires. Oqba s'exécute.

Il entre en Tunisie à la tête d'une armée de dix mille cavaliers, dresse son campement à Byzacène[2], et jette les fondations d'une ville. Ce sera la future Kairouan. L'emplacement qu'il a choisi n'est pas fortuit. Il est suffisamment éloigné de la côte pour éviter les assauts de la flotte byzantine, toujours maîtresse de la Méditerranée, et

1. La première capitale de l'Égypte.
2. Région qui correspond à l'actuelle Tunisie.

assez proche des montagnes de l'Aurès, ultime bastion des résistants berbères. Cette résistance est personnifiée par un chrétien, le seigneur Koceïla[1], chef de la puissante tribu des Awraba, maîtres d'une grande partie des Aurès. Koceïla s'avance à la rencontre du conquérant arabe. Le choc a lieu près de Tlemcen. On se bat avec une extraordinaire violence et, malgré toute l'audace dont le chef berbère fait preuve, il est battu, fait prisonnier et emmené à Kairouan.

Le général arabe reprend sa chevauchée victorieuse jusqu'au rivage de l'Atlantique où, faute de nouveau territoire à conquérir, il lance son cheval dans les flots jusqu'au poitrail et termine son expédition en prononçant ces fameuses paroles : « Dieu de Mohammad, si je n'étais arrêté par les flots de cette mer, j'irais jusque dans les contrées les plus lointaines porter la gloire de ton nom, combattre pour ta religion, et anéantir ceux qui ne croient pas en toi ! »

En 675, Oqba est rappelé en Égypte et remplacé par un autre chef musulman : l'émir Abou el-Muhadjîr Dinâr. Ce dernier, apparemment plus fin diplomate que son prédécesseur, décide de mettre un terme au choc frontal qui oppose Berbères et Arabes, libère Koceïla et tisse avec lui des relations de confiance. Sans doute estime-t-il possible de conquérir l'Afrique du Nord en

1. Son nom est orthographié de différentes façons par les auteurs musulmans : Qosayla, Kusila. On l'a rapproché du nom latin Caecilianus, Cécilien, prononcé « Kekilianus » et entendu par les Arabes « Kacilia ».

utilisant l'arme du prosélytisme plutôt que l'épée. Insensiblement, il parvient à s'attacher certaines tribus berbères, et Koceïla lui-même opte pour l'islam. S'agit-il d'une conversion sincère ou feinte ? Ceux qui connaissent bien le chef berbère ne sont pas dupes. Par cette ruse, Koceïla endort l'ennemi arabe et l'abuse, appliquant ainsi un vieux proverbe berbère : « Qui ne peut briser, compose, qui ne peut mordre, sourit. »

Mais au bout de sept ans, en 681, Abou el-Muhadjîr Dinâr, considéré sans doute comme trop laxiste, est remplacé par son prédécesseur, le général Oqba. À peine arrivé, ce dernier fait arrêter Koceïla et le traîne, enchaîné à travers les rues de Kairouan. Mais voilà que, miraculeusement, dans des circonstances inconnues, le Berbère réussit à s'enfuir et à rejoindre ses hommes. Il abjure aussitôt l'islam, revient au christianisme et, après s'être allié aux Byzantins, repart en guerre contre Oqba.

En 683, il affronte l'armée musulmane près de Biskra. Elle est vaincue, Oqba est tué[1] et les Berbères entrent dans Kairouan. Koceïla se fait alors couronner roi et, dans un geste magnanime, accorde grâce et protection à tous les musulmans qui, n'ayant pas eu le moyen d'emmener leurs enfants et leurs effets, sont toujours dans la ville.

Mais pour les Arabes, il n'est pas question d'en rester là. Trois ans plus tard, en 686, sous le califat d'Abd

1. Il fut sanctifié, et son tombeau est l'un des premiers monuments musulmans au Maghreb.

el-Malek ibn Marwan, le général Zoheïr ibn Kaïs est envoyé en Ifriqiya pour venger la mort d'Oqba.

Koceïla rassemble aussitôt ses Berbères. Les deux armées se rencontrent à Mems, dans la province de Kairouan. On s'affronte avec un acharnement extrême mais, devant un ennemi en surnombre, les Berbères sont obligés de battre en retraite, tandis que Koceïla lui-même trouve la mort. Emportés par le souffle de la victoire, les Arabes continuent de harceler l'ennemi et le chassent jusqu'aux rives de la Moulouya[1]. Cédant à la terreur que les envahisseurs leur inspirent, les populations berbères vaincues se réfugient dans l'arrière-pays. Quelque temps plus tard, c'est au tour d'un nouveau général de mettre pied sur la terre du Maghreb : Hassan ibn Nouaman. Il entre à Kairouan en 688. De là, il fond sur Carthage, et chasse les derniers Byzantins qui s'y trouvent.

Tout semble consommé. Non.

Là-bas, à Thumar, la capitale de l'Aurès, perchée en haut d'un roc dit « rocher des Aigles », une femme d'environ trente ans est entrée en rébellion. Elle est le dernier obstacle qui se dresse encore devant l'avance des Arabes vers l'ouest.

S'appelait-elle Dihyā, Dahyā ou Damiya ?

L'Histoire n'a retenu que son surnom : El-Kahina, la Kahina, ce qui signifie en berbère la « Prophétesse ». Surnom ironique que ses ennemis lui ont

1. Fleuve qui dessert une partie du Maroc oriental et se jette dans la Méditerranée.

attribué, parce que d'aucuns lui prêtent le pouvoir de lire l'avenir.

Elle est née vers 651, au cœur de l'antique royaume de Numidie, le pays des nomades. Terre de ténacité, de courage où, depuis la préhistoire, dominent les tribus berbères. Les cieux y sont de saphir, les sables brûlants et les ruisseaux glacés. Les lauriers-roses jaillissent de la pierraille, et les palmeraies et les oliveraies dispensent avec entêtement les bienfaits de leur ombre et de leurs fruits.

La Kahina est la fille unique de Tabat ibn Tifan, seigneur de la tribu des Jarawa, une tribu dont Ibn Khaldoun[1] assure qu'elle a fourni des rois et des chefs à tous les Berbères des Aurès. Sont-ils des adeptes de la religion d'Abraham ? C'est plus que probable. Les révoltes juives des Ier et IIe siècles en Palestine et en Cyrénaïque ont entraîné une forte immigration en provenance de ces contrées, et la présence d'établissements juifs en Afrique du Nord est attestée dès le IIIe siècle avant l'ère commune.

Selon certains historiens, toutefois, les Jarawa ne sont pas des juifs, mais des chrétiens. Des témoins les auraient vu porter, lors des batailles, des icônes figurant la Vierge Marie ou des visages de saints. À vrai dire peu importe que la « Prophétesse » soit juive ou chrétienne ; l'essentiel réside dans son courage qui, aux dires de tous, était grand. Elle maîtrise parfaitement l'art de la guerre.

1. Historien, philosophe, diplomate et homme politique. Né le 27 mai 1332 à Tunis et mort le 17 mars 1406 au Caire.

Très jeune, elle a appris à monter l'un de ces petits chevaux barbes dont les Arabes jalousent l'endurance et la vélocité, à tirer à l'arc, à manier la lance. Elle a réuni autour d'elle des unités composées uniquement de femmes ; des amazones, dont on dit qu'elles sont aussi braves que belles. « Notre sexe est synonyme de fragilité corporelle et morale, leur répète-t-elle. Telle est du moins l'opinion la plus courante. C'est une fausse idée qu'il convient de détruire. Nous devons donc surpasser les hommes en vigueur et intrépidité ! »

À l'heure du crépuscule, on peut alors l'imaginer se laissant aller à contempler les pentes semées d'herbages et de bocages, le mont Chélia, le point culminant, les forêts de Belezma et le désert qui s'étend jaune comme le pelage des lions. Mais cet état contemplatif est éphémère. Perpétuellement menacé, le peuple berbère doit demeurer en mouvement. Alors on repart planter les tentes ailleurs. Aux yeux de ses errants, l'Arabie c'est l'Hydre de Lerne dont les têtes multiples repoussent à mesure qu'on les coupe. Pour preuve, en 693, Hassan ibn Nouaman, un général, encore un, est envoyé au Maghreb. Il a pour mission de mettre fin à la résistance de la rebelle. Les deux armées s'affrontent non loin de la rivière Miskiyâna dans le Constantinois. À la nuit tombée, la « reine des Aurès » peut crier victoire. Elle a mis en déroute les troupes arabes, les a repoussées en Tripolitaine, et ses amazones ont fait une prise de choix : Khaled ibn Yazid, le neveu de Hassan ibn Nouaman. Magnanime, ou plutôt émue par la beauté et la jeunesse du prisonnier, la Kahina décide non seulement de lui laisser la vie sauve mais, suivant une vieille coutume berbère, elle l'adopte alors qu'elle a déjà deux fils : Ifran et Yezdigan.

Toujours en 693, Hassan ibn Nouaman, fort des nouvelles troupes que le calife lui a expédiées, repart en campagne contre la Kahina. À son approche, celle-ci, qui se trouve alors à Thysdrus[1], n'hésite pas à pratiquer la politique de la terre brûlée, ne laissant debout ni arbres ni murailles. C'est ainsi que ces vastes régions qui, de Tripoli jusqu'à Tanger, offraient l'aspect d'un immense bocage, à l'ombre duquel s'élevait une foule de villages, ne sont plus que des ruines.

Alors qu'elle bat en retraite vers Tabarka[2], sentant sa fin proche et voulant sauvegarder sa progéniture, elle recommande à ses deux jeunes fils, Ifran et Yezdigan, de rejoindre, avant la bataille, le camp de l'armée musulmane et de se convertir à l'islam.

Comme il faut s'y attendre, les Berbères sont horrifiés devant ces terres défigurées, calcinées sur ordre de leur chef. Ils entrent en rébellion contre la Kahina et font leur soumission à Hassan. Le général saisit l'occasion de lancer un nouvel assaut contre les derniers fidèles qui obéissent encore à la Prophétesse.

1. Aujourd'hui El-Djem, ville tunisienne située aux portes du Sahel.

2. Ville côtière située à quelques kilomètres de la frontière algéro-tunisienne. Son nom est étymologiquement d'origine berbère et signifierait « pays des bruyères ».

L'armée musulmane traverse un pays de désolation. Il ne subsiste plus, des belles forêts, que quelques troncs calcinés et des branches qui crépitent. La plupart des gourbis ne sont plus que cendres. Les parcs à moutons, principale richesse du royaume, forment des entassements de chairs grillées. On bute à chaque pas sur un cadavre noirci d'homme ou d'animal. Les survivants sont comme frappés de démence. Le vent s'est levé, amalgamant fumée, sable, cendre, et prêtant au paysage un aspect fuligineux. Les êtres estompés ressemblent à des fantômes. Plusieurs Berbères rescapés se sont offerts pour conduire le général musulman jusqu'au réduit de la Kahina. L'un d'entre eux n'est autre que Khaled ibn Yazid, le fils adoptif de la Kahina. Depuis quelque temps déjà, il fournit secrètement des informations stratégiques à son oncle. La « reine des Aurès » s'est repliée sur la ville de Thysdrus.

Sable et cendre sont retombés, dégageant le paysage. Dans l'atmosphère éclaircie, flottent des odeurs de bois, de laine et de chair brûlés.

Hassan ibn Nouaman s'impatiente sur sa selle incrustée de nacre et d'ivoire. Il s'enfièvre à l'idée d'affronter la Kahina. Atteindra-t-on bientôt Thysdrus ?

Enfin la ville apparaît, éclairée par la lueur des étoiles. Le général fait arrêter la colonne et recommande à son état-major :

« Le moment est venu d'adresser des sommations aux assiégés. La Kahina ne doit plus avoir à ses ordres qu'une garnison infime. Nos sommations la réduiront certainement encore. Peut-être même ne trouverons-nous en face de nous que cette maudite sorcière. Mais attention ! Elle est reconnaissable à son turban et à sa tunique rouge. Épargnez-la ! J'entends me la réserver. »

Il caresse de la paume la poignée de son alfange.

Les hérauts arabes chargés de clamer les sommations se sont assemblés avec leurs porte-voix de bronze. Leurs voix métalliques ébranlent les murs de Thysdrus et le courage chancelant des assiégés.

« Rendez-vous ! Toute l'Afrique nous appartient ! Il ne vous sera fait aucun mal ! Nous n'en voulons qu'à la Kahina, cause de tous vos malheurs ! »

Point de réponse…

Alors Hassan lance l'attaque, mais à l'instant d'affronter son ennemie, il sent naître une appréhension mystérieuse. Et si cette femme était invincible ? Si véritablement elle était douée de pouvoirs mystérieux ? Brusquement, la Prophétesse a surgi le cimeterre au poing. Fatigues, privations ont diminué la Kahina, mais elle détient un avantage sur l'adversaire : son regard. Des yeux si terrifiants que Hassan n'ose les fixer. Le combat se prolonge. La nuit retient son souffle. Soudain, la « reine des Aurès » vacille. Épuisée, elle se laisse alors tomber à terre. Elle est à la merci de son adversaire. Le général pointe sa lame sur la poitrine de la femme. Il hésite, guère longtemps. D'un geste sec, il plante son cimeterre dans le cœur de la Kahina et s'écrie :

« À cette reine exécrable, il faut une sépulture immonde. »

Et il suggère la fosse à ordures.

L'un de ses lieutenants, à moins que ce soit son neveu, Khaled, proteste :

« La Kahina nous haïssait. Pourtant, on ne saurait lui dénier une certaine grandeur. Elle fut, malgré tout, une haute figure. »

Le général garde le silence. Puis, lentement, passe derrière le cadavre, l'agrippe par sa chevelure, et d'un coup furieux lui tranche le cou.

La tête fut envoyée, selon certains, comme trophée de guerre au calife Abd el-Malek, jetée dans un puits selon d'autres, au lieu-dit *Bir el-Kahina* (le puits de la Kahina[1]).

La voie vers l'Atlantique est ouverte aux Arabes.

Dans les jours qui suivent, suite à cette victoire, le vainqueur réclama aux Berbères 12 000 cavaliers, dont il confia le commandement aux deux fils de la guerrière, auxquels il attribua aussi le gouvernement du mont Aurès.

Dans son ouvrage[2] *La Kahina*, Gisèle Halimi écrit à propos de la « reine des Aurès » : « "Mon grand-père paternel me racontait souvent, par bribes, l'épopée de la Kahina. Cette femme qui chevauchait à la tête de ses armées, les cheveux couleur de miel lui coulant jusqu'aux reins. Vêtue d'une tunique rouge – enfant, je l'imaginais ainsi – d'une grande beauté, disent les historiens. [...] Devineresse, cette pasionaria berbère tint en

1. Selon d'autres sources, ce puits serait *Bir el-Ater*, au sud de Tebessa.

2. Éditions Plon, 2006.

échec, pendant cinq années, les troupes de l'Arabe Hassan." Ces quelques lignes sont extraites du *Lait de l'oranger* écrit en 1988, et qui continue mon récit autobiographique initié avec *La Cause des femmes*. J'ai voulu clore ce cycle par la Kahina. Dans son contexte historique, je l'ai fait vivre, aimer, guerroyer, mourir. Comme mon père Édouard-le-magnifique, l'aurait peut-être imaginée. La Kahina était-elle son ancêtre ? Peut-être. L'ai-je aimée en la faisant revivre ? Oui. Passionnément. »

Bridgeman Giraudon

Zénobie.
(monnaie)

La reine de Palmyre

« À l'orient de la haute Syrie, s'étend vers l'Euphrate une contrée vaste et aride, connue anciennement sous le nom de Désert. Le roi Salomon y fit bâtir une ville, appelée (dans le texte hébreu) Tadmor. Le terrain qui l'environne est sablonneux et ingrat ; mais le génie de ses habitants en vint heureusement à bout. »

Cette description, qui ouvre l'ouvrage d'un lointain historien du XVIIe siècle, est liée au site mythique de Palmyre. Palmyre la grande, Palmyre porteuse de tous les imaginaires, et surnommée ainsi en raison des nombreux palmiers qui l'entourent.

Dans son *Histoire naturelle*, Pline l'Ancien l'évoque pareillement : « Palmyre est une ville remarquable par la richesse de son sol et l'agrément des eaux. De tous côtés, les sables enserrent l'oasis, et la nature l'a soustraite au reste du monde. Elle jouit d'un sort privilégié entre les deux grands Empires ; celui des Romains et celui des Parthes, et tous deux la sollicitent dès que renaissent leurs conflits. »

Situé à environ deux cents kilomètres à l'est de Damas, c'est un gigantesque décor d'architecture, un des plus beaux qu'on puisse imaginer, dressé dans une immensité immobile. Pénétrant dans la cité, on est enveloppé de majesté : colonnades, édifices grandioses, et le grand temple consacré aux dieux palmyréniens : Baalshamin, Bêl, Aglibôl, Malakbêl. Aujourd'hui, les vestiges perdurent en dépit des assauts des vents et du soleil.

Une source jaillit au sud de l'ensemble monumental qui fait vivre des oliviers, des arbres fruitiers et quelques cultures de céréales. Mais à elle seule, cette eau n'eût pas suffi à conférer à ce lieu son éclat et sa puissance. À l'instar de tant d'autres oasis, elle se serait assoupie dans la chaleur et la lumière. C'est sa position stratégique qui lui a offert un atout considérable.

Devenue colonie romaine, la ville était la halte incontournable des caravaniers qui y prenaient le temps de puiser de l'ombre, des dattes et de l'eau avant de poursuivre leur voyage. Les nomades aussi prirent l'habitude de se retrouver là et d'y troquer leur bétail (laines, peaux) contre des armes, des tissus, des épices. Plus tard, ils y entreposèrent leurs denrées, et ce havre jeté au milieu des sables ne tarda pas à attirer toute une population d'artisans et de boutiquiers.

L'archéologie a permis de reconstituer les fastes de ce temps béni où le commerce faisait la fortune des gens de Palmyre. Les trouvailles faites au cours des fouilles nous édifient sur ces échanges d'aromates provenant du Cachemire, d'autres de l'Himalaya, des tissus de l'Inde, du Turkestan et de la Chine, des perles du golfe Persique. La ruine de Pétra, en Jordanie (occupée par Rome en 106), et la fermeture de la route terrestre de la soie (en 127) ont dû certainement favoriser le fabuleux essor de la « Cité des Palmiers ».

C'est ici qu'aux alentours de 240 de notre ère est née une femme qui a laissé une empreinte éternelle sur les dunes de l'Histoire. Pour les Arabes, elle est El-Zabba' ou Zeïnab, fille d'Amr ibn el-Zarib, chef caravanier de la tribu des Amlaqi, l'une des quatre tribus les plus importantes de la région. En Occident, elle apparaît sous le nom de « Zénobie ». On ne connaît de son visage que celui qui est gravé sur des monnaies ; mais il s'agit d'une représentation sans doute imprécise. On y voit une femme mi-grecque, mi-arabe, et on peut donc imaginer qu'elle disait vrai lorsqu'elle affirmait descendre des anciens rois macédoniens qui régnèrent en Égypte.

Dans l'*Histoire Auguste*[1], on lit : « On vit une étrangère du nom de Zénobie qui se vantait d'être de la race de Cléopâtre et des Ptolémées, revêtir après la mort de son époux Odenath le manteau impérial, se parer de

1. L'ouvrage se présente comme une série de biographies d'empereurs romains, qui commence avec Hadrien, donc en 117 après J.-C., et se poursuit jusqu'au temps de Numérien et de ses fils, soit en 284. Chaque biographie est signée : six auteurs se partagent la totalité de l'œuvre. Mais il est fort probable que l'auteur ne soit en réalité qu'un seul et même personnage, un instituteur anonyme natif de Carthage qui se serait mis au service d'un noble romain.

tous les signes du pouvoir, ceindre son front du diadème et régner. Cette femme audacieuse occupa le trône pendant que Gallien vivait encore, et que Claude faisait la guerre aux Goths. Zénobie avait le teint brunâtre, les yeux noirs d'un éclat merveilleux, une âme forte, une grâce incomparable, les dents d'une telle blancheur qu'on les eût prises pour des perles, la voix sonore et mâle… Elle haranguait la foule à la manière des empereurs, casque en tête et revêtue de pourpre. »

Tous les témoignages de l'époque confirment en tout cas qu'il s'agissait d'une femme cultivée qui maîtrisait le palmyrénien, le grec, l'égyptien et le latin. Elle aurait même rédigé un traité sur l'Histoire de l'Orient et de l'Égypte. Rien de très étonnant, lorsque l'on sait que nombre de langues s'entremêlaient en ce carrefour d'Orient où les familles de notables – auxquelles appartenait Zénobie – se faisaient un point d'honneur de connaître le latin et le grec. Il existait aussi plusieurs écoles à Palmyre, fondées par des grammairiens venus de Syrie et d'Asie Mineure. Elles étaient fréquentées tant par des garçons que par des filles, car il était nécessaire de savoir lire, écrire et compter dans une cité qui devait son opulence aux échanges commerciaux. Toutefois, en raison du rang occupé par son père, il est probable que Zénobie eut le privilège d'avoir un précepteur attitré.

Une dizaine d'années avant sa naissance, les Perses étaient parvenus à refouler les Parthes vers le nord. Débarrassés de leurs ennemis héréditaires, les Romains n'y avaient rien gagné. Les systèmes de fortifications romaines d'Asie avaient été traversés, la Mésopotamie envahie. Allumé en Orient, le feu de la rébellion s'était propagé à d'autres provinces de l'Empire au point de compromettre la fameuse *pax romana* dont chacun se faisait gloire à Palmyre et tirait profit. Si les chefs militaires romains parvenaient à rétablir ici et là leurs positions entamées, il leur fallait sans cesse colmater les brèches qui s'ouvraient tantôt sur le Danube ou sur le Rhin, tantôt sur l'Euphrate et sur l'Oronte. La situation se détériora au point que les Romains se virent obliger de négocier avec le roi perse Sapor Ier l'autorisation de poursuivre le commerce caravanier qui faisait la fortune de Palmyre.

Nous savons peu de chose de l'enfance de celle qui deviendra la « perle du désert », sinon que sa mère – sans doute d'origine égyptienne – est morte à sa naissance et que son père, Amr, chef caravanier, qui avait été promu par les Romains « sénateur de Palmyre », fut tué lors d'un combat contre une tribu rivale.

Elle a environ dix-huit ans lorsqu'elle épouse – contre son gré – un personnage qui en a quarante de plus : Septimius Odenath. Il est veuf et père de deux enfants : Herodes et Hairan. D'origine nabatéenne, il avait acquis la citoyenneté romaine sous Septime Sévère, et selon les textes, il passait pour un chef invincible et protégé. « Dès sa jeunesse, en effet, Odenath prodigua sa sueur en occupations viriles, capturant lions, léopards, ours et autres animaux des forêts ; il aimait vivre dans les bois et les montagnes, et supportait la chaleur, la pluie et tous les désagréments inhérents aux plaisirs de la chasse. Endurci par ces pratiques, il put, pendant les guerres contre les Perses, subir le soleil et la poussière. Son épouse les tolérait tout aussi bien et passait même, dans l'esprit de beaucoup, pour être encore plus intrépide que son mari ; c'était la plus noble de toutes les femmes d'Orient et la plus belle. »

De l'union entre Zénobie et Odenath naîtra un garçon : Vaballath, nom sans doute d'origine arabe, qui voudrait dire « Accordé par Allaht » ; Allaht étant la plus vieille déesse palmyrénienne, l'équivalent pour les Grecs d'Athénée, de même que le dieu Bêl est leur Zeus.

Après avoir oscillé entre Perses et Romains, entre fidélité au roi Sapor et à l'empereur Gallien, Odenath finira par opter pour Rome. Ce choix, au demeurant astucieux, lui permit d'acquérir un pouvoir quasi absolu sur les provinces d'Orient et d'être nommé *Dux Romanorum* (commandeur des Romains). Plus tard, après avoir vaincu Macrien, l'un des *trente usurpateurs* qui s'étaient soulevés contre Gallien[1], il obtint le commandement de ce qui restait des onze légions romaines de cette partie de l'Empire et eut droit de regard sur l'administration civile et fiscale de toute l'Asie Mineure, la Syrie, la Mésopotamie et l'Arabie Pétrée.

1. Pendant la longue série de guerres civiles qui occupent le paysage de l'histoire romaine entre la mort d'Alexandre Sévère et l'avènement de Dioclétien, une trentaine de généraux, soldats, gouverneurs et rois étrangers se sont autoproclamés empereurs. Cette période est appelée la période des « Trente usurpateurs ou tyrans » (même si la plupart d'entre eux ont été inventés par l'auteur anonyme de l'*Histoire Auguste*).

En 266, mandaté par ces « associés » romains, il lança deux grandes campagnes militaires contre les Perses, les brisa et les poursuivit jusqu'à Ctésiphon[1].

Et puis, soudain, en 267, lui et Herodes, son fils aîné, meurent assassinés. Par qui ? En quel lieu ? Les avis divergent. Pour certains historiens, Odenath serait mort à Émèse (aujourd'hui Homs, en Syrie) ; pour d'autres, il serait tombé en Cappadoce[2]. Dans les deux cas, la même question se pose : qui a voulu sa mort et celle d'Herodes ? Est-ce possible que ce fut Zénobie, empressée de faire main basse sur le trône de Palmyre ? Ou l'empereur Gallien qui aurait voulu se débarrasser d'un vassal devenu trop puissant ? Après tout, l'ascension d'Odenath et ses prétentions ont pu paraître dangereuses à l'empereur malgré les services rendus par le prince de Palmyre.

Seule certitude : à la mort d'Odenath, c'est Vaballath, le fils qu'il a eu avec Zénobie, qui hérite ses titres. Mais, comme il est encore très jeune, deux ans à peine, c'est Zénobie qui prend en réalité le pouvoir, et l'armée la reconnaît tout naturellement. Sitôt à la tête du royaume, elle revendique la double titulature de son défunt mari, mais le sénat romain répugne à la lui accorder en raison de la rumeur qui, précisément, l'accuse d'être le commanditaire du meurtre d'Odenath. Qu'importe. Elle serre le poing. Elle sait que son heure viendra.

---

1. Située sur la rive gauche du Tigre, à 30 km au sud-est de la ville actuelle de Bagdad.
2. Ancienne région d'Asie Mineure située dans l'actuelle Turquie.

Indifférente au courroux de Rome, elle rompt avec l'attitude de son ancien époux et commence immédiatement à faire battre monnaie à son effigie et à celle de son fils. Un acte, précisons-le, qui relevait du domaine exclusif de l'empereur. Rome gronde. Elle n'en a cure.

Ne possède-t-elle pas une ténacité à toute épreuve ? Ceux qui l'ont connue sont unanimes : la reine ne redoutait rien. Elle avait toujours fait preuve de la même témérité que son époux, douée d'une extraordinaire résistance physique, capable de franchir des dizaines de lieues à pied aux côtés de ses troupes, tout en ne craignant pas de boire « comme un homme », avec ses généraux.

On a pu dire qu'elle était en vérité plutôt Minerve que Vénus. L'un des « historiens » de l'*Histoire Auguste*, Trébellius Pollion, précise : « Elle était généreuse, mais sans profusion, et ménagère de ses trésors, plus qu'on ne l'attendrait d'une femme. Ses mœurs étaient sévères. Telle était la chasteté de cette femme, qu'elle n'admettait auprès d'elle son mari que pour propager sa famille, et chaque fois qu'elle l'avait reçu dans sa couche, elle attendait l'époque régulière où elle pouvait juger si elle avait conçu. Une fois enceinte, elle tenait son mari éloigné d'elle : dans le cas contraire, elle se livrait de nouveau à ses embrassements. Elle vivait avec un faste royal, se faisait adorer à la manière des rois de Perse, qu'elle imitait aussi dans ses repas. Elle haranguait les troupes comme les empereurs romains, le casque en tête, revêtue d'un manteau bordé de pourpre, dont le bas était enrichi de pierreries, et dont les deux côtés étaient réunis sur la poitrine par une pierre précieuse qui servait d'agrafe. On trouvait en elle, suivant l'occasion, la sévérité des tyrans ou la clémence des bons princes. Libérale avec prudence, elle savait ménager ses trésors au-delà de ce qu'on peut attendre d'une femme. Elle allait en voiture, rarement en litière, plus souvent à cheval. On dit qu'il lui arriva fréquemment de faire à pied trois ou quatre milles avec les troupes.

Elle n'était point sans connaître le latin ; mais une sorte de timidité l'empêchait de le parler : elle s'exprimait en égyptien d'une manière parfaite, et elle savait parfaitement l'histoire d'Alexandrie et de l'Orient, et s'entourait d'hommes éclairés, particulièrement le philosophe Longinus, son maître en philosophie, qui avait enseigné à Athènes. »

Caius Cassius Longinus a certainement joué un rôle majeur aux côtés de Zénobie. On le surnommait alors la « Bibliothèque vivante ». On ne sait ni en quelle ville ni en quelle année cet homme (qui avait été l'un des précepteurs de l'empereur Marc-Aurèle) a vu le jour. Les uns supposent qu'il était Syrien ; les autres, qu'il était né à Athènes, parce que son oncle y enseignait la rhétorique et la grammaire. La première hypothèse semble la plus plausible. Quant à l'époque à laquelle il a vécu, les circonstances de sa vie la déterminent clairement, et l'on peut, sans craindre de se tromper, placer sa naissance au début du IIIe siècle.

Zénobie, curieuse de culture grecque et de syncrétisme religieux, désireuse aussi de reconstituer une Asie indépendante de Rome, ne pouvait que rechercher des personnalités comme celles de Longinus. Lorsque, après la mort d'Odenath, elle l'invite à Palmyre, il répond favorablement. Ce qui laisse entrevoir qu'il partageait avec la reine les mêmes conceptions politiques et la même vision du destin de la région. Devenu son conseiller, son confident le plus proche, il n'est pas impossible que ce fût lui qui poussa Zénobie à prendre le titre de reine d'Orient et à exercer son autorité sur toute l'Asie impériale.

C'est que l'Empire est confronté aux pires difficultés.

Ses chefs ont du mal à contenir la pression des Barbares aux frontières et doivent lutter contre les troubles internes. On a l'impression que c'en est fini de la grandeur de Rome. Que la chute est proche. C'est le moment que choisit Zénobie pour commettre une erreur de jugement qui lui sera fatale. Profitant de l'anarchie qui règne, elle rompt ses attaches avec l'Empire et s'octroie dans la foulée le titre de *Septimia Zenobia Augusta*. Elle pousse ses troupes en Anatolie jusqu'au Bosphore, impose la puissance de Palmyre sur quelques ports méditerranéens et, comble de l'ignominie, s'allie aux Perses.

Prodigieuse ascension ! Mais aussi folle audace d'avoir misé sur l'écroulement d'un Empire. Audace d'autant plus folle que, dans son ivresse des sommets, Zénobie a franchi une étape supplémentaire : elle envahit l'Égypte et fait décapiter le préfet Tenagino Probus qui a tenté de lui résister. N'a-t-elle pas conscience qu'en capturant l'Égypte, elle prend en otage le grenier à blé de l'Empire ? Maintenant qu'elle contrôle la principale source d'approvisionnement de Rome, elle croit pouvoir passer à l'étape supérieure : monnaies et actes officiels placent désormais le nouvel empereur légitime, Aurélien, et Vaballath, le fils de Zénobie, sur un pied d'égalité, tous deux étant appelés Auguste.

La tension est à son paroxysme. Les conséquences de ce que l'on pourrait qualifier de « poussée indépendantiste » sont immenses. Peu importe ! Rome est à genoux et Zénobie, elle, est au faîte de sa gloire.

Mais l'Histoire parfois peut être plus vengeresse que les hommes.

Voilà que cet Empire, que l'on croyait fini, montre des signes de redressement. Mieux encore, grâce à des hommes originaires des provinces danubiennes, il va connaître un renouveau. Parmi ces soldats anonymes sortis du rang a surgi un personnage hors du commun : Lucius Domitius Aurelianus, dit Aurélien. Il va lutter farouchement pour rétablir l'unité, repousser les Barbares qui ravageaient l'Italie du Nord et réintégrer dans l'Empire les régions qui avaient fait sécession. Ensuite, il se lance dans la campagne d'Orient. Sa proie : la reine de Palmyre. Il a décidé de lui faire payer le prix de sa traîtrise.

À la tête des légions, il arrive à Antioche où Zénobie et son armée se sont portés à sa rencontre. C'est le choc de l'Orient et de l'Occident. Aurélien triomphe. La reine est forcée de fuir avec les débris de ses troupes. À Émèse d'abord, puis à Palmyre où son ennemi la rejoint. Une fois sous les murs de la cité, il envoie un message à Zénobie, lui offrant la vie sauve. La réponse ne tarde pas. Elle est signée de la reine, mais dictée par Longinus :

« Personne jusqu'ici n'a fait une demande pareille à la tienne. C'est la vertu, Aurélien, qui doit tout faire dans la guerre. Tu me commandes de me remettre entre tes mains, comme si tu ne savais pas que Cléopâtre aimât mieux mourir avec le titre de reine que de vivre dans toute autre dignité. Nous attendons le secours des Perses ; les Sarrasins arment pour nous ; les Arméniens se sont déclarés en notre faveur. Une troupe de voleurs dans la Syrie a défait ton armée : juge ce que tu dois attendre quand toutes ces forces seront jointes. Tu rabattras de cet orgueil avec lequel, comme maître absolu de toutes choses, tu m'ordonnes de me rendre. »

Profitant de la nuit, elle réussit à s'enfuir sur un chameau et tente de rejoindre Ctésiphon pour réclamer l'aide des Perses. Trop tard. Elle et son fils Vaballath sont capturés sur les rives de l'Euphrate. Palmyre est mise à sac, la reine est emmenée prisonnière à Rome, Longinus est exécuté. Ceci se passa en 272.

Le règne de Zénobie n'aura duré que cinq ans. Il n'en restera rien. Elle entre dans Rome, à pied, entravée de chaînes, sous les cris de « Zénobie, la putain ». Les femmes lui crachent au visage, des enfants lui jettent des pierres.

Une fois encore, l'*Histoire Auguste* nous offre quelques détails de cette journée :

« Le triomphe d'Aurélien fut magnifique. On y vit trois chars royaux. L'un était celui d'Odenath, couvert d'argent, d'or et de pierreries ; le second, d'un travail semblable, avait été donné par le roi de Perse à Aurélien ; le troisième avait été fait pour Zénobie qui espérait y entrer à Rome. Son espérance ne fut pas déçue ; c'est bien avec ce char qu'elle entra dans la ville, mais en vaincue. Il y en avait un quatrième, attelé de quatre cerfs qui avaient appartenu, dit-on, au roi des Goths. Aurélien y monta jusqu'au Capitole, pour immoler les cerfs à Jupiter Capitolin. Devant l'empereur, marchaient vingt éléphants, des bêtes fauves de Libye qu'on avait apprivoisées, deux cents animaux de toutes sortes, amenés de Palestine. Venaient ensuite, conduits séparément, quatre tigres, des girafes, des élans et autres animaux de ce genre. Parmi eux se trouvaient les chefs palmyréniens qui avaient survécu et les Égyptiens saisis comme rebelles. Parmi les prisonniers marchait Tetricus avec sa chlamyde écarlate, sa tunique verdâtre et ses braies gauloises, et Zénobie, parée de pierreries et chargées de chaînes d'or, que l'on soutenait autour d'elle. »

Magnifique spectacle, mais triste vision que celle de cette reine qui, pendant de longues heures, fut contrainte de s'offrir aux regards d'une population vociférante.

Sur ce qu'il advint de la reine exilée, deux versions s'opposent. Selon l'une d'entre elles, l'empereur magnanime lui aurait fait don d'une demeure située aux environs de Rome, sur la colline de Tibur. Elle y aurait vécu dans le luxe, serait devenue un « philosophe éminent » et aurait fini par épouser un gouverneur romain ou un sénateur.

Selon une autre version, elle aurait été décapitée aux abords de Palmyre.

Il semble néanmoins que la première hypothèse soit la bonne car on peut lire encore dans l'*Histoire Auguste* ce passage :

« Voyant que l'on trouvait à redire de ce qu'un homme aussi vaillant qu'Aurélien avait mené en triomphe une femme, comme si c'eût été quelque grand général vaincu, l'empereur se justifia dans une lettre adressée au sénat et au peuple qui est en fait un hymne à la gloire de sa prisonnière : “J'apprends, pères conscrits, que l'on me reproche, comme une action indigne d'un homme, d'avoir triomphé de Zénobie. Certes, ceux qui me blâment ne manqueraient pas de me louer, s'ils savaient quelle femme est Zénobie ; quelle est sa prudence dans le conseil, sa constance dans l'exécution, sa fermeté envers ses soldats, sa libéralité dans l'occasion, sa sévérité lorsqu'elle est nécessaire. Je ne crains pas de dire que c'est à elle qu'Odenath a dû de vaincre les Perses, de mettre Sapor en fuite et d'arriver jusqu'à Ctésiphon. Je puis assurer que, si les Arabes, les Sarrasins, les Arméniens n'ont pas remué, c'est grâce à la crainte qu'elle inspirait aux peuples de l'Orient et de l'Égypte.

“Je ne lui aurais point laissé la vie, si je ne savais qu'elle a rendu un grand service à la république romaine, lorsque, soit pour elle, soit pour ses enfants, elle a conservé intact l'Empire de l'Orient. Qu'ils gardent donc pour eux le venin de leurs censures, ceux qui se plaisent à tout dénigrer ; car s'il n'est pas beau de vaincre une femme et de triompher d'elle, que diront-ils donc de Gallien, à la honte duquel cette femme a si bien gouverné l'Empire ? Que diront-ils du divin Claude, ce prince vertueux et vénérable, qui, occupé de la guerre des Goths, ferma, dit-on, volontairement les yeux sur son usurpation, suivant en cela une politique sage et prudente ? En effet, tandis qu'elle conserverait en Orient les frontières de l'Empire, il pouvait lui-même, avec plus de sécurité, conduire à fin son entreprise." »

Par conséquent, on imagine mal qu'un empereur capable d'autant de respect et d'admiration à l'égard de son illustre prisonnière l'eût assassinée.

En conclusion, si nous devions donner la parole à la reine, peut-être nous dirait-elle : « Moi, Zénobie, reine de Palmyre, j'ai conquis et perdu un Empire qui s'étendait du Nil à l'Euphrate. Les hommes seront tentés d'accorder peu de foi à mon aventure, tant elle fut rapide ; les historiens la minimiseront parce qu'elle fut conduite par une femme qui fit trembler des empereurs et des généraux romains habitués à se mirer dans leurs cuirasses. Les uns maudiront la mémoire d'une princesse avide et ambitieuse ; les autres conserveront peut-être la légende d'une reine vertueuse. Ceux-ci et ceux-là se tromperont. »

Makéda, reine de Saba

Tout ceci s'est peut-être déroulé vers l'an 950 avant J.-C.

Tout ceci n'a peut-être jamais eu lieu.

Une reine de Saba a-t-elle jamais existé ? Un royaume ?

Une certitude… de ce récit, authentique ou légendaire, sont issus les *falashas*, ou *Beta Israël*, les Juifs éthiopiens.

Le nom du personnage est cité à plusieurs reprises dans le 1er livre des Rois 10,10-13 et le 2e livre des Chroniques 9,1-12. Le Nouveau Testament quant à lui fait référence à la reine de Saba que le Christ dénomme la « reine du Midi », dans l'Évangile de Matthieu 12,42 et dans l'Évangile de Luc 2,31. « La reine du Midi se lèvera, au jour du jugement, avec cette génération et la condamnera parce qu'elle vint des extrémités de la terre pour entendre la sagesse de Salomon. » Différents prénoms lui sont attribués selon les sources. Ainsi, les traditions éthiopiennes l'appellent Makéda, celles du Yémen Balqama, et celles de l'islam Balkis ou Bilqis.

La tradition veut que cette reine fût la première femme sur le trône d'un royaume nommé Sheba (ou Saba). Une hypothèse (la plus courante) nous dit qu'il s'agissait de l'Éthiopie. Une autre théorie désigne l'Arabie du Sud, le Yémen dont Marib était la capitale[1].

Dès le IIIe millénaire avant J.-C., il semble que Saba contrôlait l'activité commerciale de l'Arabie jusqu'à l'Éthiopie et la Somalie, et les Sabéens auraient été des fournisseurs d'encens, d'épices, d'or et de pierres précieuses. La mystérieuse Makéda pouvait donc représenter aux yeux du roi Salomon une rivale commerciale. Lui, régnant sur le nord de l'Arabie et contrôlant le débouché de l'exportation de l'encens ; elle, contrôlant la totalité des pistes caravanières. Une union politique ne pouvait que s'imposer à tous deux.

Comment et en quelle occasion les deux monarques se sont-ils rencontrés ? La visite de la reine de Saba à Jérusalem, brièvement racontée dans le livre des Rois, a donné naissance à de nombreuses légendes. Mais c'est

1. C'est sur ce même lieu que, le 2 juillet 2007, un bus conduit par un kamikaze se jeta contre un convoi de touristes faisant 9 morts (7 Espagnols et 2 Yéménites). Attentat revendiqué par El-Qaïda.

sans doute celle qui est rapportée dans le récit du *Kebra Nagast*, « La Gloire des Rois d'Éthiopie » – rédigé au XIVe siècle par un moine orthodoxe éthiopien –, qui nous livre la description la plus complète[1].

Vers l'an 1 000 avant J.-C., le chef des commerçants de la reine de Saba, un certain Tamrin, aurait répondu à une invitation du roi Salomon.

En effet, le roi avait entendu parler avec éloge de cet Éthiopien, et l'avait sollicité car il voulait obtenir de lui de « l'or rouge, pareil à celui des Arabes, du bois noir imputrescible et du saphir ». Précisons que c'était l'époque où Salomon avait décidé de construire le célèbre Temple.

La vente ayant été conclue, Tamrin resta auprès de Salomon pendant quelque temps, et eut tout loisir d'admirer la science du monarque, l'amour qu'il manifestait pour les siens, la manière douce et humble qu'il avait de commander, et son sens de la justice. Le jour vint pourtant où l'Éthiopien dut retourner dans son pays. Il se présenta devant Salomon pour prendre congé et lui dit : « Salut à Votre Grandeur. Donnez-moi congé pour que je retourne chez ma Maîtresse, dans ma patrie. Je suis resté ici très longtemps à contempler votre gloire, votre sagesse. Et, certes, j'aurais préféré demeurer auprès de vous comme un de vos serviteurs ! Car ils sont heureux ceux qui entendent vos paroles, ceux qui obéissent

1. Traduit du guèze par Samuel Mahler ; le guèze étant une langue parlée en Éthiopie jusqu'au XIVe siècle. Éditions de la Boutique des artistes, 2007.

à vos commandements. Hélas ! je ne puis rester à cause de la confiance de ma Maîtresse, la reine Makéda, et aussi parce que je dois lui remettre les biens que j'ai sur moi, car je suis son serviteur[1]. »

Salomon acquiesça, et confia à Tamrin des présents pour sa maîtresse. Une fois de retour, le commerçant conta à la reine tout ce qu'il avait vu et entendu au royaume de Judée, à Jérusalem, et ne tarit pas d'éloges sur la grandeur et l'immense sagesse du roi. Évidemment, tous ces récits éveillèrent la curiosité de Makéda et elle n'eut dès lors qu'un seul désir : se rendre à Jérusalem. Mais, avant, il lui fallait organiser sa Maison. Elle donna des ordres et des conseils à ses serviteurs et à ses servantes. Elle prépara tout ce qui était indispensable pour le voyage, de somptueux cadeaux pour Salomon, et se mit en route.

Lorsqu'elle arriva à Jérusalem, elle fut accueillie avec tous les honneurs dus à son rang. Le roi lui offrit un palais près du sien. Matin et soir il lui envoyait pas moins de « quinze mesures de farine de froment, du beurre, des condiments de cuisine, et cinq cent cinquante pains avec du miel, comme des gâteaux, et cinq vaches, et cinquante taureaux, et cinquante moutons, sans compter les gazelles, les antilopes, les poules, vingt-cinq mesures de miel et d'huile, soixante jarres de vin, et trente de vin fin. Il lui faisait servir aussi des plats que l'on avait préparés pour lui seul. Et, chaque jour, il

1. Cette citation et toutes celles qui suivent sont tirées du *Kebra Nagast*.

habillait quinze personnes de sa suite avec des vêtements qui éblouissaient les yeux ».

Au fil des semaines, il tomba éperdument amoureux d'elle, tandis qu'elle se disait en pensant à lui : « Est-ce une vision ou une créature vivante ? »

« Mon Seigneur, lui dit-elle un jour, j'aurais désiré être dans votre palais la plus petite de vos servantes, afin d'y laver vos pieds, d'entendre votre parole et de vous obéir. Combien je suis heureuse quand vous m'interrogez, quand vous me répondez ! Mon cœur en est ému de plaisir, mes os en sont polis, mon âme en est rassasiée, mes lèvres fleurissent, mes pieds ne risquent plus de buter. Je le vois maintenant : votre intelligence est sans mesure et il ne manque rien à l'excellence de votre cœur. Je contemple la lumière dans les ténèbres, le grenadier dans les jardins, la perle dans la mer, l'étoile du matin au milieu des constellations, le rayon de lune à l'aurore. C'est pourquoi je glorifie celui qui m'a amenée jusqu'ici, celui qui a permis que Votre Majesté me fût révélée, celui qui m'a fait marcher devant votre maison et entendre votre voix. »

Le roi Salomon répondit : « La Sagesse et l'intelligence émanent de vous. La Science dont vous me parlez je la tiens de Dieu à qui je l'ai demandée. Quant à vous, sans connaître le Dieu d'Israël, vous avez laissé la sagesse émaner de votre propre cœur pour me voir, moi l'humble serviteur de mon Dieu et gardien de la tente que je privilégie et que je sers. Vous le voyez, je dresse ici la Tente de son Arche d'Alliance. Je me tiens debout devant elle. Je ne suis pas le maître ; je n'existe pas par moi-même mais par sa volonté. J'étais poussière, il a formé mon corps et il m'a créé pareil à sa propre figure. »

Ayant entendu ces paroles la reine Makéda dit à Salomon :

« Combien votre parole me donne de joie, comme votre bouche me verse la rosée ! Apprenez-moi qui je dois adorer. Quant à nous, nous adorons le Soleil, comme nous l'ont enseigné nos pères, car nous croyons que le Soleil est le roi de tous les Dieux. Nous adorons le Soleil, car c'est lui qui fait mûrir nos aliments, qui éclaircit les ténèbres et chasse la peur. Seulement nous avons entendu conter que, vous, les Israélites, vous adorez un autre Dieu que nous ne connaissons pas. On nous a affirmé qu'il a fait descendre pour vous son Arche d'Alliance du Ciel, qu'il vous a remis les Tables de sa Loi par les mains de Moïse, son Prophète. Même on nous a dit que ce Dieu descend chez vous en personne, et que, de sa bouche, il vous parle, il vous enseigne sa volonté, son commandement. »

Salomon confirma.

« En vérité, il faut adorer le Dieu qui a fait le Ciel et la Terre, la mer, le Soleil, la Lune, les étoiles, les planètes, les éclairs, le tonnerre, les pierres, les arbres, les animaux, les hommes, les bons comme les méchants. C'est lui seul que nous prions, car il a créé l'Univers. »

La reine dit : « Maintenant je ne peux plus adorer le Soleil, mais je veux adorer le Créateur du Soleil, le Dieu d'Israël. Que son Arche d'Alliance soit une patronne aimée de moi, de mes descendants, de tous ceux qui s'inclinent sous mon sceptre. Ainsi je trouverai grâce devant vous et devant le Dieu d'Israël qui m'a créée. C'est lui qui m'a rendue à vous, c'est lui qui m'a fait entendre votre voix et voir votre visage ! »

Après que la reine Makéda fut restée six mois à Jérusalem, elle voulut repartir pour son pays et envoya un messager en informer Salomon. Alors il pensa : « Cette femme pleine de beauté est venue vers moi de l'extrémité de la terre. Qui sait, si ce n'est pas la volonté de Dieu que j'aie un fruit en elle ? »

Il envoya donc cette réponse à la reine :

« Puisque vous avez tant fait que de venir jusqu'ici, partirez-vous sans voir la gloire de mon Royaume, l'administration de mon État, sans admirer comment mes soldats manœuvrent, comment j'honore les dignitaires de mon Royaume ? Je les traite comme des saints dans le Paradis ! En toutes ces choses vous trouverez beaucoup de science. Je vous prie donc de venir assister à ces spectacles. Vous resterez derrière moi, cachée par un rideau. Je vous ferai voir ce qu'ici je vous annonce. Vous connaîtrez tous les usages de mon Royaume et cette science qui vous a plu habitera en vous jusqu'à votre dernier jour. »

Makéda n'hésita pas un instant.

« Ce que vous désirez maintenant n'est que pour augmenter mon savoir et mon honneur. Je viendrai donc comme vous le désirez. »

Satisfait, le roi Salomon fit habiller tous ses dignitaires magnifiquement. Il doubla la table, mais il fit servir à Makéda un repas poivré à excès afin de lui donner soif. Une fois la soirée achevée, le roi entra chez la reine, et, l'ayant trouvée seule, lui dit : « Reposez-vous ici jusqu'à demain, par amour pour moi. »

Elle répondit :

« Jurez-moi, par votre Dieu, par le Dieu d'Israël, que vous n'userez pas de votre force contre moi. Si, en quoi que ce soit, je transgresse la Loi de mon Pays, je descendrai dans la peine, la maladie et la tristesse… »

Salomon répondit :

« Je jure que ma force n'entreprendra rien contre votre honneur. Mais maintenant vous allez jurer vous-même que vous ne toucherez à quoi que ce soit dans ce palais. »

La reine rit et dit :

« Intelligent comme vous êtes, pourquoi tenez-vous le langage d'un ignorant ? Ai-je pillé ou dérobé dans le Palais du roi, sans que le roi me donne ? Pensez-vous vraiment, mon Seigneur et roi, que j'aie été attirée chez vous par l'amour de vos trésors ? Grâce à Dieu mon Royaume est assez riche pour me donner tout ce qu'il me faut ! C'est votre sagesse que je suis venue chercher. »

Il dit : « Puisque vous avez voulu que je jure, il convient que, vous-même, vous juriez. Il faut qu'un serment réponde à un serment pour qu'il n'y ait pas de dupe. »

Elle répondit : « Jurez donc que vous ne prendrez pas mon honneur par la violence et moi je promettrai de bon cœur de ne toucher à rien de ce qui vous appartient. »

Avant de la quitter, il convoqua un serviteur et lui donna ordre de déposer près du lit de la reine une cruche d'eau fraîche, et il se retira dans ses appartements, où il feignit de dormir.

La reine, elle, fut incapable de trouver le sommeil tant elle était tourmentée par la soif, et tout naturellement son regard se posa sur la cruche que le serviteur avait placée dans un coin de la chambre. Ne pouvant plus résister, elle descendit de son lit, marcha sans bruit vers la cruche, mais au moment où elle la portait à ses lèvres, le roi, qui n'attendait que cet instant, la saisit par le bras : « N'aviez-vous pas promis que vous ne toucheriez à rien dans mon Palais ? »

Elle répondit : « J'ai péché contre moi-même ! Mais vous, vous serez fidèle à votre serment… Et vous permettrez que je boive. »

Il demanda : « M'affranchissez-vous de la parole que j'ai donnée ? »

Elle dit : « Soyez-en délié, mais que je boive… »

On imagine aisément la suite…

Le lendemain, Makéda dit au roi Salomon : « Renvoyez-moi dans mon pays. »

Alors, il entra dans son palais, ouvrit son Trésor, couvrit la reine de présents, et avant qu'elle ne prenne la route, sortit une bague de son doigt, la lui donna en déclarant :

« Prends cet anneau et garde-le comme le signe de mon amour. Si jamais un fruit germe de toi, cette bague lui servira de reconnaissance. Envoie-le-moi si c'est un fils. Que Dieu soit avec toi. Bon voyage. »

Neuf mois et cinq jours après qu'elle eut quitté Jérusalem, elle mit au monde un fils. Elle l'appela ibn el-Hakim ou Baïna Lehkem, ce qui signifie le « fils du sage ». Quand il eut douze ans, il demanda à sa mère : « Majesté, dites-moi qui est mon père ? »

Elle sentit la peur monter en elle, car elle craignait qu'il lui demandât de partir : « Pourquoi m'interroges-tu sur ton père ? Ne cherche pas. » Il revint à la charge et finalement elle lui confia la vérité, tout en précisant : « Le pays est loin… La route est mauvaise… Ce n'est pas une terre désirable. »

Lorsqu'il eut atteint sa vingt-deuxième année, il dit à la reine : « Je pars pour voir le visage de mon père. Je reviendrai par la grâce de Dieu, le Dieu d'Israël. »

Alors la reine appela Tamrin, le chef de ses commerçants, et elle ordonna : « Tu le conduiras chez le roi Salomon et tu le ramèneras ici en paix, si c'est la volonté de Dieu. »

Elle recommanda aussi qu'on fasse sacrer son fils roi à Jérusalem : « Désormais, ce sera un mâle qui montera sur le trône d'Éthiopie, ce ne sera plus jamais une fille. Il faut graver cet engagement dans le *Livre des Prophètes* qui est en airain. Il faut le garder dans la Maison de Dieu que vous avez bâtie pour sa gloire et pour la prophétie des derniers jours. Gravez également sur l'airain que les Éthiopiens n'adorent plus ni le Soleil ni les vanités du Ciel. »

Ensuite, elle prit son fils à part et lui confia l'anneau que le roi Salomon lui avait donné, autrefois, pour qu'un jour il servît de signe de reconnaissance et que, dans le même temps, il scellât l'union que le roi avait eue avec elle.

Après plusieurs jours de marche, Baïna Lehkem arriva à la province de Gaza, que Salomon avait donnée à la reine de Saba, lors de sa visite. Il y fut accueilli en triomphe. En le voyant, tant sa ressemblance avec Salomon était grande, les habitants de ce pays crurent qu'ils avaient le roi en personne devant eux. Ceux qui le croisaient disaient : « Voici Salomon ! » Ceux qui arrivaient de Judée répondaient : « Salomon ? Nous l'avons laissé à Jérusalem ! Maintenant qu'il a achevé la Maison de Dieu, il est en train de construire son palais. »

Mais la foule continuait de dire que celui-ci était Salomon, fils de David. De sorte que parmi les habitants du pays, il se produisit des troubles, des disputes et des batailles.

Pour en finir, on choisit des cavaliers armés. On leur donna pour mission de pousser jusqu'à Jérusalem et de vérifier si Salomon était dans la ville.

Une fois qu'ils s'en furent assurés, ils se prosternèrent devant lui en lui expliquant :

« Ce sont les notables de la province de Gaza qui nous ont envoyés devant Votre Majesté. En effet, la province est troublée car il est arrivé chez nous un commerçant qui ressemble à Votre Majesté dans ses formes et dans sa prestance, en tout, ni plus ni moins. Il a votre beauté, votre visage, votre taille, votre allure. Ses yeux brillent comme ceux d'un homme qui a bu du vin. Ses cuisses sont merveilleusement musclées. L'attache de son cou rappelle David votre père. »

Le roi demanda : « Où veut-il aller ? » On lui répondit : « Nous ne l'avons pas interrogé, car nous n'avons pas osé. Aussi bien, est-il majestueux comme vous. Quant aux siens, quand nous leur avons demandé d'où il venait, où il allait, ils ont répondu : "Il vient du pays de l'Inde et de l'Éthiopie. Il va en Judée, chez le roi Salomon." »

Quand le roi eut entendu ces paroles, son cœur fut troublé car, dans toute sa vie, il n'avait eu qu'un tout petit enfant, âgé de sept ans, et nommé Roboam.

Alors, il ordonna que l'on fasse venir le jeune homme auprès de lui.

Cela fut fait.

Lorsqu'il l'aperçut, il se leva, dégrafa son manteau, le serra dans ses bras, le pressa sur sa poitrine et lui dit : « Voilà mon père David, comme il était au temps de sa jeunesse ! Il ressuscite d'entre les morts et il me revient ! »

À ce moment, Tamrin, qui accompagnait Baïna Lehkem, se souvint des recommandations de la reine et déclara à Salomon : « Sa Majesté vous conjure de ne pas retenir son fils chez vous, mais de le renvoyer, en paix, sans maladie et sans fatigue, avec l'amour et avec le salut, afin que son cœur soit dans l'allégresse du plaisir en le retrouvant. »

Le roi répondit :

« Quelle puissance la femme a-t-elle sur les enfants, hors la maladie et le soin de les élever ? La fille est pour sa mère, mais le fils est pour son père, et Dieu a maudit Ève disant : "Enfante dans la douleur et dans la tristesse du cœur, puis, après que tu auras enfanté, tu retourneras au pouvoir de ton mari." Celui-ci est mon fils propre ! Je ne le rendrai pas à la reine, mais je le sacrerai roi, au-dessus d'Israël, car il est le sceptre que m'a donné Dieu. »

Et il ajouta à l'adresse de son fils : « Il te vaut mieux demeurer dans ce pays où est bâtie la Maison de Dieu, où se trouvent les Tables de la Loi. Car Dieu habite parmi nous. »

Son fils lui rétorqua : « Si je suis venu ici, c'est pour voir votre visage, entendre votre sagesse, m'incliner devant votre puissance, me prosterner devant vous. Et, après cela, mon désir est que vous me renvoyiez vers ma mère, dans ma patrie ; car personne ne hait l'endroit où il est né, et tout le monde aime à entendre le langage de son pays. Pour la Maison de Dieu que vous avez bâtie, je puis en élever une à sa ressemblance. J'offrirai l'holocauste et j'adorerai là où je serai. Donne-moi la frange de la couverture de Sion, l'Arche d'Alliance, laisse-moi me prosterner devant elle avec ma mère et avec tous ceux de notre royaume qui sont soumis. Car, Madame ma mère, la reine, a déjà exterminé tous ceux qui adorent les idoles, et ceux qui adorent les pierres et les arbres. Elle a fait comme vous aviez dit et nous adorons le vrai Dieu. »

Et il ajouta : « Il n'est pas convenable que je demeure ici, mais bien que je retourne chez ma mère. Ne me tentez donc pas, car vous avez un fils qu'il vous faut préférer à moi. Il se nomme Roboam et, lui, il est né, selon la Loi, de votre femme légitime. Pour ma mère, elle n'était pas votre femme légitime selon la Loi. »

Le roi prit la parole et dit : « Que veux-tu dire ? Moi non plus je ne suis pas selon la Loi le fils de mon père David ! Mon père a pris ma mère, qui était la femme d'un autre. Il a fait tuer son mari à la guerre, et moi il m'a engendré d'elle. Dieu a pardonné, car il est miséricordieux. »

Baïna Lehkem insista : « Maître ! Il n'est pas bon pour moi de quitter le pays de ma mère, car ma mère m'a fait jurer le serment que je ne resterai pas mais que je revienne rapidement chez elle et que je n'épouse pas de femme d'ici. L'Arche du Dieu d'Israël me bénira là où je serai et ta prière me suivra là où j'irai. Laisse-moi aller chez ma mère en bonne condition. »

Alors le roi Salomon retourna dans sa maison et réunit ses notables, ses serviteurs, les grands du palais royal et leur dit : « Je ne peux pas faire dire oui à cet enfant ! Maintenant écoutez ce que je vais vous dire : faisons-le donc roi sur le pays d'Éthiopie avec vos enfants qui sont assis à ma droite et à ma gauche. Ici nous serons trois rois : Roboam régnera ici sur Israël car ainsi est la prophétie de David mon père et la génération de Salomon sera de trois chefs de royaume sur terre. Nous leur enverrons des prêtres et nous leur ferons des lois ; qu'ils adorent et servent le Dieu d'Israël dans le principal royaume ! Que Dieu soit loué par la famille du peuple d'Israël, qu'il soit honoré sur toute la terre ! Que les autres peuples qui adorent des idoles regardent vers nous, qu'ils nous craignent et qu'ils nous laissent régner et ils loueront Dieu et le craindront. Maintenant, permettez que nous le fassions roi et que nous l'envoyions avec les enfants qui ont une place parmi vous et des rangs selon votre rang et votre place ici. Qu'il soit ainsi pour vos enfants là-bas, qu'ils observent la loi du royaume. Préparons-les selon notre loi, dictons-leur la loi et les commandements et envoyons-les pour qu'ils règnent là-bas. »

Les prêtres, les honorables et les conseillers répondirent au roi : « Tu enverras ton aîné et nous enverrons nos enfants que nous désignerons selon ta volonté. Qui transgressera l'ordre de Dieu et du roi ? Ils sont tes serviteurs, pour toi et ta descendance comme tu l'as dit. Même si tu voulais les donner pour qu'ils soient serviteurs avec leurs filles, parmi nous, personne ne transgressera ton commandement ni celui de Dieu. »

Alors ils se préparèrent pour agir selon la loi et ils envoyèrent leurs aînés dans le pays d'Éthiopie afin qu'ils y règnent et qu'ils y restent eux et leur descendance de génération en génération.

Ensuite, ils préparèrent du parfum d'onction pour la royauté et firent résonner le son des trompes et des cloches, des instruments, des cordes et des percussions entraînant au pays par des cris de joie. On introduisit Baïna Lehkem dans le Saint des Saints. On le fit tenir debout entre les cornes du Tabernacle. La royauté lui fut donnée par la bouche de Sadoq le Grand Prêtre, et par la bouche de Joas, Chef de la Force du roi Salomon. Sadoq l'oignit d'huile sainte et du parfum de la royauté. On lui donna le nom de David et il le reçut selon la Loi du Trône.

Son père le bénit et dit : « La bénédiction du Ciel et de la Terre soit sur toi. » Tous les gens d'Israël répondirent : « Amen ! »

Alors le roi Salomon s'adressa au Grand Prêtre Sadoq, et il lui commanda : « Dis-lui et enseigne-lui la justice ainsi que la Loi de Dieu, pour qu'il la garde bien, là-bas. »

Et Sadoq, le Grand Prêtre, prit la parole en ces termes :

« Écoute ce que je te dis : si tu exécutes la Loi de Dieu, tu seras béni. Si tu ne marches pas selon la Loi de Dieu, tu seras maudit. Tu seras moins que les païens qui t'entourent ; tu seras la proie de la peur, de la tristesse et de la maladie ; tu n'auras ni santé ni courage ; tout sera maudit de ce qui t'appartient ; les tiens, les fruits de ton rein, ton pays, la moisson de ta terre, tes troupeaux, tes animaux. Dieu t'enverra la famine et la peste ; il mettra sa main de colère sur tout ce qui t'appartient, jusqu'à ce que tu sois perdu, jusqu'à ce que le ciel soit, sur ta tête, une plaque de bronze, et la terre, sous tes pieds, une plaque de fer. Ta pluie sera changée en brouillard et en poussière. »

À présent le moment était venu de préparer le départ. C'était une occasion de joie pour les officiers du roi d'Éthiopie, de tristesse pour les officiers du roi d'Israël.

Les jeunes gens qui avaient été désignés pour partir avec Baïna Lehkem se rassemblèrent. Ils pleurèrent avec leurs pères, leurs mères, leurs parents, avec les commerçants et les habitants de leur pays. Les pères maudissaient en secret le roi Salomon ; parce qu'il avait pris ces enfants contre leur volonté. Et c'était avec contrainte qu'ils avaient répondu en présence du roi : « Vous faites bien. Votre Sagesse est supérieure. Elle étend en Éthiopie la royauté d'Israël. Vous voulez que l'Univers entier adore le Dieu d'Israël, et vous poursuivez la suppression des idoles dans l'éternité. »

Or, quand les premiers-nés de tous les Grands d'Israël eurent l'ordre de partir avec le fils du roi, ils tinrent conseil entre eux et dirent :

« Que va-t-il advenir de nous ? Nous quittons notre patrie où nous sommes nés, nos parents, nos compatriotes. »

Un dénommé Azaryas déclara alors : « Il nous faut emporter avec nous l'Arche d'Alliance. Je vous dirai comment nous allons l'enlever et vous suivrez mon conseil. Si Dieu le veut, nous réussirons à l'emporter avec nous. Si l'on nous rattrape on nous tuera, mais nous ne nous attristerons pas, car, alors, ce sera pour Sion, pour notre patronne, que nous mourrons. »

Tous se levèrent. Ils baisèrent la tête d'Azaryas, son front, ses yeux et ils lui dirent : « Tout ce que tu nous ordonneras, nous le ferons, pour l'amour de Sion, notre patronne. Nous sommes prêts à vivre et à mourir avec toi. S'il faut mourir, peu nous importe ! S'il faut vivre, c'est que la volonté de Dieu aura été faite. »

Zacharie, fils de Joas, prit la parole et dit :

« Je ne peux me tenir de joie à cause des paroles que je viens d'entendre. Certes tu dis la vérité quand tu affirmes que tu peux enlever Sion, et jamais le mensonge n'a souillé ta bouche. Tu vas et tu viens librement dans la Maison de Dieu, à la place de ton père. Chaque jour les clefs du Tabernacle sont entre tes mains. Avant qu'on te les reprenne, entreprends ce que nous avons à exécuter ! Tu connais, toi, les armoires secrètes que Salomon a fait construire. Tu sais le lieu où les prêtres ne pénètrent pas, excepté ton père, lui seul : le Saint des Saints où chaque année le Grand Prêtre se présente afin de racheter, par un sacrifice, ses fautes et celles de son peuple. Pense. Choisis. Ne t'endors pas ! Décide par quels moyens nous allons enlever Sion et l'emmener avec nous, puisqu'on nous a consacrés à elle. Quelle joie pour nous ! Quelle tristesse pour nos parents ! »

Azaryas leur dit :

« Faites ce que je vous demande. Donnez-moi chacun dix derhem. Je les porterai au charpentier du Temple afin que, tout de suite, il me taille deux planchettes très fines. Il faut qu'elles aient, en longueur et en largeur, les proportions de notre patronne. Je lui indiquerai exactement les mesures. Je lui dirai : "Fais-moi un pupitre, car nous partons sur la mer, et si le boutre va au naufrage je me servirai de ces planchettes pour me sauver des vagues." Mais, lorsque je posséderai ces bois, je les joindrai ensemble, je les mettrai au lieu et place des Tables de la Loi sous les ornements sacrés, et pour Sion, je l'enlèverai, je creuserai le sol, je l'enterrerai jusqu'au jour de notre départ, je ne dirai rien de ce que j'aurai fait à notre Seigneur le roi David tant que nous ne serons pas loin d'ici. »

Chacun des jeunes gens donna dix derhem avec plaisir ; ainsi furent recueillis cent quarante derhem, et Azaryas les porta au charpentier. Immédiatement cet homme tailla les planchettes qu'on lui demandait dans du bon bois qu'il emprunta à la réserve du Temple. Azaryas était satisfait du travail. À la nuit tombée, lui et trois de ses compagnons partirent pour la Maison de Dieu. Ils trouvèrent toutes les portes jusqu'à celles du lieu où se situait l'Arche d'Alliance ouverte du dehors. Ils s'avancèrent, et, en un clin d'œil, Sion fut enlevée car l'Ange de Dieu les aidait, et si la volonté de Dieu ne les avait pas couverts, ils n'auraient pas réussi si promptement. À la place de l'Arche, ils mirent les planchettes de bois, les couvrirent avec les vêtements sacrés et refermèrent les portes comme avant. Ils emportèrent l'Arche, et la placèrent dans la maison d'Azaryas pendant sept jours et sept nuits.

Cependant le roi d'Éthiopie était dans le contentement que lui donnait son départ pour sa patrie. Il alla chez son père chercher l'imposition de ses mains. Il lui dit : « Bénissez-moi, mon père. » Il s'inclina. Salomon le releva, le bénit, puis, posant la main sur la tête de son fils, il prononça :

« Sois béni par Dieu, mon Créateur, qui a béni mon père David, qui a béni Abraham. Qu'il soit avec toi pour toujours. Que ta postérité soit bénie comme l'a été celle de Jacob. Sois bon et non méchant, grand et non petit, pur et non corrompu, saint et non pécheur, patient et non coléreux. Que tes ennemis vivent dans la terreur de ton nom, qu'ils s'abaissent devant tes pieds. Que Sion, l'Arche d'Alliance de Dieu, te soit un guide pour toujours. »

Les compagnons avaient chargé les Tables de la Loi sur un char. Ils les avaient couvertes avec de vieux harnais, des vêtements usés, des objets de rebut. Ensuite ils accumulèrent leurs bagages sur les autres chars. Les grands chefs s'étaient levés de leurs sièges, les cornes sonnaient, la ville faisait entendre sa voix et le spectacle était majestueux. Partout on voyait de la joie ; partout éclatait la grâce. Les chefs et les enfants poussaient des cris, mais les vieilles et les jeunes filles pleuraient, parce qu'elles voyaient partir les enfants de leurs chefs, les forces d'Israël.

Et ce n'était pas sur eux seuls que pleurait la ville, mais sur son âme qui allait partir avec eux. Certes, ils ne savaient pas encore que l'Arche d'Alliance était en train de les quitter, mais leurs cœurs l'avaient senti. Et ils pleurèrent à flots, comme avaient pleuré les Égyptiens quand Dieu tua tous les premiers-nés du pays. Il n'y eut pas une maison où l'on ne pleurât ; les hommes comme les animaux. Jérusalem se sentit émue comme si elle venait d'être prise de vive force par une armée ennemie qui eût enlevé ses murailles, saisi ses habitants, pour les passer par le tranchant du fer.

Salomon, lui-même, quand il vit le cortège de son fils qui partait avec tant de majesté, au milieu de la multitude, fut troublé et saisi de frayeur. Ses larmes roulèrent sur ses joues. Il dit :

« Malheur à moi ! Ma gloire est passée. Le diadème de ma confiance est tombé. Mes entrailles me brûlent parce que mon fils part. Il a arraché la majesté de mon pays. Il a entraîné les enfants de ma force. Ainsi notre grandeur sort de chez nous, notre royauté a été dérobée par un peuple qui ne connaît pas Dieu. Le Prophète l'avait prédit : "Ceux qui me cherchent ne me trouveront pas." Et maintenant, ce sont ces étrangers qui posséderont la science et la sagesse. C'était sûrement à eux que songeait mon père David quand il a dit dans ses prophéties : "Les Éthiopiens adoreront Dieu et leurs ennemis mangeront des cendres." C'est à eux qu'il a pensé pour la troisième fois quand il a annoncé : "Les Philistins, Tyr, les peuples d'Éthiopie qui sont nés sans la Loi trouvent la Loi. Ils disent à Sion qu'elle est leur mère." C'est peut-être pour l'accomplissement de cette destinée que mon fils est venu de moi. »

Après cela, les voyageurs chargèrent leurs chars. Ils traversèrent le pays de Medyam. Ils le laissèrent derrière eux. Ils arrivèrent au pays de Bélontos qui est une dépendance de l'Éthiopie. Là, ils se sentirent satisfaits, et ils se reposèrent. En effet, ils étaient parvenus dans les dépendances de leur patrie. Ils y rentraient avec la gloire, avec le contentement de leurs cœurs, sans fatigue du voyage, puisque, par la vertu de saint Michel Archange, une force céleste avait poussé leurs chars. Et toutes les provinces d'Éthiopie tressaillaient de joie car l'Arche d'Alliance arrivait comme le soleil dans les ténèbres, illuminant toute vie sur son passage.

Quand le Grand Prêtre Sadoq retourna chez Salomon après le départ des Éthiopiens, il le trouva dans la tristesse. Le roi le regarda et lui dit : « Autrefois, tandis que la reine Makéda dormait à mon côté, j'ai eu une vision pendant la nuit. Il m'a semblé que je planais au-dessus de Jérusalem. Le Soleil descendait du ciel sur le royaume de Judée. Il éclairait ardemment. Un peu après il s'est couché et je l'ai vu qui se relevait sur l'Éthiopie. Alors j'ai vu un autre Soleil qui descendait du ciel sur notre peuple. Il éclairait plus vivement que l'ancien, mais les hommes d'Israël n'ont pas voulu lever les yeux vers lui. Ils ont essayé d'enterrer sa lumière. Lui est ressorti de la terre, en éclairant, dans un endroit où l'on ne croyait pas qu'il surgirait. Et, depuis, il a brillé sur le pays de Rome, sur l'Éthiopie et sur leurs dépendances. »

Le Grand Prêtre Sadoq répondit :

« Majesté ! Pourquoi ne m'avez-vous pas parlé plus tôt d'une telle vision ? Vous faites trembler mes genoux ! Malheur à nous, les fondateurs d'Israël, si l'on a pris notre reine, Sion, Sainte, Céleste, les Tables de la Loi de Dieu ! »

Le roi répondit :

« Notre intelligence est obscurcie, notre pensée a décliné comme le Soleil de Sion, la Sainte, qui m'est apparu tandis que je dormais aux côtés de la reine d'Éthiopie. Dis-moi, l'autre jour, quand tu as enlevé les vêtements d'honneur qui habillent Sion, t'es-tu assuré si elle était là, elle-même ? »

Sadoq répondit : « Majesté, j'ai enlevé trois des vêtements qui sont sur elle, et je vous les ai apportés, après l'avoir recouverte de ceux que vous m'avez donnés en échange. »

Le roi dit : « Maintenant va vite ! Regarde notre reine, assure-toi de sa présence ! »

Sadoq prit les clefs, il partit, il ouvrit les portes de la Maison de Dieu. Il entra en se hâtant. Il regarda, il chercha. Il ne trouva rien, si ce n'est les planches de bois, le simulacre d'Azaryas, appuyées à l'endroit où autrefois était l'Arche d'Alliance. À cette vue, il tomba le front contre terre ; son âme coula hors de lui dans la terreur et il demeura glacé.

Cependant, comme il tardait à revenir, Salomon envoya vers lui Joas, fils de Jodahé. Joas entra. Il le découvrit à terre, comme mort. Il lui souleva la tête, il l'étendit, il n'en obtint rien. Il écarta ses vêtements, il le tâta pour voir s'il avait quelque chaleur. Alors il l'appuya contre une table et regarda du côté du Tabernacle de Sion. Il s'approcha, et le trouva vide. Alors, terrorisé, il prit la fuite, sortit et se mit à crier devant la Maison de Dieu.

Son cri fut entendu jusqu'au palais du roi. Aussitôt Salomon se leva. Il donna l'ordre de publier la nouvelle dans la ville, de sonner les cornes d'alarme, de poursuivre les gens du pays d'Éthiopie. Il voulait, si l'on atteignait son fils, qu'on le lui ramenât avec l'Arche. Pour tous les autres, il ordonnait qu'on les passât par le tranchant du fer. Il prononça ces mots de sa propre bouche :

« Dieu vivant ! Dieu d'Israël ! Que tous meurent ! Ils ont volé votre Maison ! Ils ont voulu souiller la Demeure de Votre Nom en allant l'établir dans ce pays sans Loi ! »

Sur ces mots, le roi Salomon se leva avec fureur pour courir à la poursuite. Et, dans le temps que le roi, ses officiers et ses forts se levaient pour combattre, les vieillards d'Israël se rassemblèrent dans la Maison de Dieu avec les veuves, les femmes âgées, les vierges. Et ceux-ci, tous ensemble, pleurèrent à cause de Sion ; car elle était partie de chez eux, la Table de la Loi de Dieu.

Après plusieurs heures, le Grand Prêtre Sadoq reprit ses sens. Le roi avait donné l'ordre à ses soldats de battre le chemin à droite et à gauche. Il soupçonnait en effet que, inquiets de leur vol, les Éthiopiens s'étaient jetés en dehors de la grande route. Quant à lui, il suivit leurs traces. Il avait envoyé en avant des éclaireurs à cheval. Lorsque ceux-ci arrivèrent au pays de Mesr, ils questionnèrent les habitants. Les gens d'Égypte leur répondirent : « Il y a longtemps que ceux d'Éthiopie sont partis d'ici. Ils volaient sur leurs chars comme des anges. Ils étaient plus légers que les aigles dans le ciel. »

Ceux qui étaient revenus vers le roi lui dirent :

« Nos compagnons ont persévéré dans la poursuite, nous autres, nous sommes revenus pour vous avertir. Ô roi ! Jugez par vous-même : ils sont partis de chez nous un lundi. Dès le mardi, ils étaient arrivés au fleuve du pays de Mesr. Nous autres, qui, par vos ordres, venions de Jérusalem, nous avons atteint le fleuve le dimanche. Il nous a fallu quatre jours pour revenir vers vous. Examinez donc dans votre intelligence à quelle distance d'éloignement ces Éthiopiens sont maintenant parvenus. »

Mais Salomon s'emporta de colère et il ordonna : « Saisissez ces hommes jusqu'à ce que l'on vérifie l'exactitude de leur témoignage ! »

Et le roi se mit lui-même en mouvement avec sa force. Il arriva au pays de Gaza, et interrogea les habitants : « Quand mon fils est-il passé chez vous ? »

Ils dirent :

« C'est un mardi qu'il a traversé notre territoire. Personne ne marchait sur la terre, dans son escorte, mais vraiment les chars étaient portés par le vent, plus légers que les aigles dans le ciel. Leurs bagages allaient aussi vite qu'eux, par le même artifice. Et nous avons cru que ceci était l'œuvre de votre Science, que vous leur aviez donné des chars qui marchaient par le vent. »

Salomon demanda encore : « Est-ce que Sion Sainte, la Table des Lois de Dieu, était avec eux ? »

Ces gens répondirent : « Nous n'avons rien vu. »

Salomon passa au-delà. Il trouva un officier de Pharaon que le roi d'Égypte avait envoyé au-devant du roi Salomon, avec de grands cadeaux, et avec une importante somme d'argent. Cet officier se prosterna ; mais immédiatement Salomon commença de le questionner, avant qu'il eût pu remettre son présent et s'acquitter de sa commission.

Il demanda : « As-tu vu les Éthiopiens quand ils ont passé par ici ? »

L'envoyé de Pharaon répondit :

« Vous êtes le roi pour l'éternité. D'Alexandrie, mon Seigneur Pharaon m'a envoyé vers vous et voici pourquoi je viens. En quittant Alexandrie je suis entré dans le pays de Qafra, qui est terre de mon roi. Les gens d'Éthiopie dont vous me parlez étaient déjà arrivés. Le mardi ils passaient le fleuve de Mesr. Ils faisaient résonner leurs harpes, leurs chars roulaient comme s'ils étaient poussés par une Force Céleste. Ceux qui les voyaient disaient : "Ceux-ci, qui sont de la Terre, semblent du Ciel. Qui donc au monde possède une Science supérieure à celle de Salomon, roi d'Israël ? Cependant, jamais lui-même n'est monté sur un char vivant comme ceux-ci !" Et tous les habitants du pays, ceux qui demeurent dans des maisons hautes, sont venus témoigner que, à l'entrée des Éthiopiens dans ce pays d'Égypte, nos idoles sont tombées et qu'elles se sont brisées. Et les Dieux de mon roi et les palais de ses Dieux se sont écroulés de même. Quand nous avons interrogé les docteurs de nos sciences divines, les savants d'Égypte, sur la raison qui fait crouler nos Dieux, ils ont répondu : "La

Demeure du Dieu d'Israël était descendue en Israël pendant des siècles ; elle s'était fixée dans ce pays ; mais voici qu'elle vient d'entrer sur la Terre d'Égypte ; et alors nos Dieux sont tombés et ils se sont brisés." Je vous interroge donc à mon tour. Ô roi, il n'y a personne sous le ciel qui égale votre Science. Pas un être vivant ! Pourquoi donc avez-vous donné ces Tables de la Loi de votre Dieu que vos pères vous avaient léguées ? Nous avions entendu dire que c'étaient elles qui vous gardaient des mains de vos ennemis. L'esprit des Prophètes vous parlait en elle. Le Dieu du Ciel habitait en elles par son Saint-Esprit. Vous vous appeliez les hommes de la Maison de Dieu. Pourquoi avez-vous donné votre gloire à d'autres ? »

Salomon fut inspiré par sa Sagesse et il répondit :

« Comment ces étrangers auraient-ils pu enlever notre reine ? Ils ne l'ont pas emportée avec eux, puisqu'elle est avec nous ! »

Mais aussitôt il rentra dans sa tente, et pleura, disant :

« Ô mon Seigneur ! Est-ce donc dans mon temps que tu retireras de nous ton Arche d'Alliance ? Est-ce à moi que tu l'enlèves ? Au lieu de l'ôter pendant que je vis tu aurais mieux fait de prendre mon âme avec elle. Quant à toi, tu ne mens pas ! Tu n'abandonneras pas les promesses que tu as faites à nos pères, à Noé, ton serviteur, qui a observé la justice, à Abraham, qui jamais n'a transgressé tes commandements, à Isaac, ton favori, qui tint son cœur pur de toutes souillures. »

Tandis que Salomon prononçait ces paroles, les larmes coulaient de ses yeux.

À ce moment, l'esprit des Prophètes descendit sur lui et lui dit :

« Pourquoi t'abandonnes-tu ainsi ? Ce qui est advenu est arrivé par la volonté de Dieu. L'Arche n'a pas été donnée à un étranger : elle est aux mains de ton fils, de ton premier-né qui restera sur le trône de ton père David. Car Dieu avait fait la promesse à ton père, sans hésitation, en ces termes : "Je placerai sur ton Trône le fruit de ton rein, dans Sion Sainte, mon Arche d'Alliance. Et je le ferai grand, à cause de cette promesse, parmi les Rois du Monde." Résigne-toi donc et rentre chez toi. Ne désespère jamais dans ton cœur ; mais après que tu te seras consolé pour la raison que je t'ai dite, prononce : "Que la volonté de Dieu soit faite." »

Ensuite un Ange du Seigneur passa au-dessus du roi et lui dit : « Tu as bâti la Maison de Dieu. Si tu gardes ses commandements, si tu n'adores pas d'autres Dieux, elle sera ton espérance, ton appui. Dieu ton père t'aimera. »

Après cela Salomon rentra dans Jérusalem. Là, il pleura avec les vieillards de la ville dans la Maison de Dieu.

Après un long temps les grands d'Israël se levèrent et ils dirent au roi :

« Majesté, ne vous désespérez pas à cause de ce qui est arrivé, car nous avons la foi que Sion reste là où c'est la volonté de Dieu qu'elle aille, de l'instant de son arrivée jusqu'à la minute de son départ. Un jour, dans le temps d'Élie, le prêtre, elle a été prise par les Philistins.

Par sa propre vertu elle nous est revenue d'elle-même. Quand Saül a été vaincu et quand il est mort, ses enfants ont voulu la cacher dans la vallée de Gilboa afin que David ne la prît pas. Or, par la volonté de Dieu, ton père l'a amenée depuis la ville de Samarie, jusqu'à Jérusalem, en dansant sur ses pieds, en battant des mains devant elle. À cette heure, tu pleures, parce qu'elle est partie pour le pays d'Éthiopie ? Souviens-toi que cela est arrivé par la volonté de Dieu. Si Dieu le veut elle nous reviendra. Sinon, qu'elle reste où elle est, selon sa volonté. »

Quand Baïna Lehkem fut parvenu au pays de Ouaqérom, il dépêcha par bateau des messagers à la reine Makéda. Ses envoyés, étant arrivés au terme de leur voyage, contèrent à la reine toutes les joies qu'ils avaient eues, comment son fils avait été sacré roi, comment ils amenaient avec eux l'Arche d'Alliance, la Sion céleste.

Ayant appris cette nouvelle, la reine publia un édit, par tout son royaume, afin de préparer la réception de son fils, et, plus encore, celle de la Table du Dieu d'Israël.

Les Éthiopiens sonnèrent les cornes devant elle. Grands et petits étaient plongés dans l'allégresse. Ils partirent avec elle pour aller au-devant de leur roi. Elle parvint dans la province qui est en tête du royaume d'Éthiopie, et là, elle organisa, elle-même, toutes les gloires de la réception. Elle amassa des parfums sans nombre, de Balté jusqu'au Galtêt, d'Alsafu jusqu'à Saba.

Le roi David rentra dans le pays de sa mère avec beaucoup de majesté. Au-dessus du cortège, la reine aperçut l'Arche d'Alliance qui brillait comme le soleil. Quand elle l'eut distinguée elle l'adora, le front contre terre. Elle frappa son sein ; elle releva la tête ; elle regarda vers le ciel ; elle rendit gloire à son Créateur.

Comment dire la joie, qui, ce jour-là, fut celle du pays d'Éthiopie, des grands jusques aux petits, des hommes jusqu'aux animaux ?

On installa l'Arche d'Alliance au cœur de la montagne. En plus de ses gardes propres, qui étaient au nombre de trois cents, la reine fit veiller l'Arche par trois cents porte-glaive.

Ayant donné le royaume d'Éthiopie au fils du roi Salomon, roi d'Israël, la reine Makéda lui dit : « Prends. Je te donne ce royaume. Je te sacre, toi que Dieu a déjà sacré. Je choisis Celui que Dieu a choisi, Celui qui soutiendra la Tente de Dieu. J'aime Celui en qui Dieu a aimé le Serviteur de la Loi. J'élève Celui que Dieu a élevé, Celui qui nourrira les vieillards. J'honore Celui que Dieu a honoré et qui donnera des aliments aux orphelins. »

Ainsi fut renouvelé le sacre de David, fils de Salomon, roi d'Israël, dans le pays de la reine de Saba. Et il régna sous le nom de Ménélik Ier.

En conclusion, la légende a fini par s'unir à l'Histoire contemporaine. Cette communauté juive éthiopienne, issue de l'union de la reine Makéda et du roi Salomon, a bien été reconnue en 1975 par le gouvernement israélien. Leur émigration vers Israël fut organisée dans les années 1980.

Ils sont aujourd'hui environ 100 000.

Théodora.
(mosaïque, Ravenne)

Théodora

Constantinople, vers 512 de notre ère.

La cité brille de tout l'éclat de sa splendeur. Les tuiles roses et brunes des mille coupoles de ses églises et de ses thermes ont des teintes mordorées qui contrastent avec la blancheur scintillante des marbres des monuments publics.

Vers l'extrémité orientale de la ville, sur cette pointe de terre qui, tel un fer de lance, fend les eaux du Bosphore, de la Corne d'Or et de la Propontide, le palais sacré où réside l'empereur Anastase déploie la magnificence de ses pavillons.

Pour l'heure, Théodora (en grec *théou dôron*), qui signifie « don de Dieu », n'est encore qu'une enfant. Elle a une sœur aînée, Comito, et une cadette, Anastasie. Toutes trois sont orphelines. Leur père, Acacius, est mort neuf ans plus tôt, les abandonnant dans une misère absolue. Quant à la mère de Théodora, nous ignorons tout de ses origines et jusqu'à son nom.

Avant sa mort, Acacius était « gardien d'ours » (nourrisseur d'ours, nous dit l'historien Procope[1]), une fonction qui trouvait toute son utilité lors des *venationes*, les chasses aux animaux[2] qui se déroulaient dans l'hippodrome entre deux courses de chars. L'hippodrome. Le saint des saints, cœur battant de la cité, où curieux et passionnés de jeux se retrouvaient régulièrement pour soutenir les deux équipes rivales du moment : les Bleus, issus de l'aristocratie, et les Verts, issus de la frange populaire. À l'origine, les deux factions n'étaient là que pour encourager les différents équipages qui s'affrontaient. Mais assez rapidement, les convictions se déployèrent en d'autres domaines, les Bleus se posant en défenseurs du monophysisme[3], tandis que les Verts se faisaient gardiens de l'orthodoxie religieuse définie par les différents conciles. Et à cela se greffèrent tout naturellement des oppositions d'ordre politique. Acacius, lui, était au service de la faction des Verts.

---

1. Procope a rédigé un ouvrage, sans doute écrit vers 550 et le dernier de son œuvre, qui ne fut divulgué qu'après sa mort, sous le titre grec d'*Anecdota* ou encore *Histoire secrète.* Il s'agit d'un véritable pamphlet, mais dont l'historicité ne semble pas pouvoir être mise en doute dans son ensemble. C'est sur ce texte que nous nous sommes appuyé essentiellement.
2. Un décor naturel était créé dans l'arène pour faire croire à une véritable scène de chasse. On y croisait, entre autres, des cerfs, des lions et… des ours.

3. Doctrine religieuse selon laquelle il n'y aurait dans le Christ qu'une seule nature, la nature divine, et non, comme décrété par le concile de Chalcédoine en 45, une double nature, humaine *et* divine.

Dans cet univers de jeux et de pouvoir, seuls les enfants de patriciens avaient une éducation et étaient en mesure de gravir les marches de la société. Il va de soi que ni Théodora ni ses sœurs ne bénéficièrent d'un quelconque enseignement, étant donné la misère dans laquelle elles vivaient. Peut-être suivirent-elles à la rigueur un apprentissage de groupe auprès de quelque institut charitable de la ville.

Leur enfance eut donc pour école la rue et pour distraction les jeux familiers qui avaient pour cadre les places et les jardins de la cité. Après la mort de son époux, leur mère, la « veuve sans nom », prit un nouveau compagnon, lequel occupait la même fonction que le défunt Acacius, « gardien d'ours », et toujours au service des Verts. Ce qui permettait à la famille de survivre tant bien que mal. Et puis, brusquement, aux alentours de l'an 504, le responsable des Verts, un dénommé Astérios, soudoyé sans doute, lui ôta cet emploi et le remplaça par un autre homme, privant ainsi la veuve d'Acacius et sa famille de sa seule source de revenu.

Soudain démunie de tout, aux abois, la « veuve sans nom », qui n'était pas femme à renoncer ni à subir, décida de jouer son va-tout. Elle convoqua ses trois filles et les prépara à jouer une pantomime digne des plus grands mélodrames de l'Histoire. Elle leur fit répéter plusieurs fois des gestes de supplique, de désespérance, leur fit assimiler les moindres nuances de la componction pour qu'elles s'imprègnent de toute la grammaire de la douleur, et saisit le jour consacré à la célébration de Flora, l'un des premiers noms de la cité, pour accomplir son coup d'éclat.

Elle couvrit les trois fillettes de guirlandes et les envoya, vêtues de robes blanches, vers l'amphithéâtre du Kynêgion.

Théodora marche sur sa première scène. Et elle ne le sait pas.

Les trois fillettes s'arrêtèrent à hauteur des Verts, lancèrent leurs fleurs vers les gradins. Le silence s'instaura. Lorsqu'il vit les silhouettes s'agenouiller en signe de soumission, le public comprit. Les codes de communication de l'époque prévoyaient la négociation publique de questions privées, l'appel théâtralisé.

L'assistance se tourna alors vers Astérios. Mais dans son regard ne se lisait que mépris. Le contraste entre les requérantes, à genoux, et le puissant suscita la compassion des Bleus. Et les premières voix s'élevèrent dans leur secteur.

La « veuve sans nom » ordonna aussitôt à ses filles d'ajuster leurs robes et leurs couronnes et se hâta avec elles vers les gradins opposés où elles s'agenouillèrent à nouveau. Alors, parmi les Bleus, se dressa un directeur de jeux égal à Astérios. Manifestement, sa faction avait besoin d'un gardien des ours. Il tendit le bras pour imposer silence. Il fit observer que les requérantes étaient trois, trois comme dans la Trinité chère aux Bleus orthodoxes, et que le blanc de leurs robes reflétait une pureté de cœur bienvenue. Il déclara donc que les Bleus accueillaient favorablement leur requête.

Cette supplique du Kynêgion est l'une des scènes majeures de l'enfance de Théodora. Elle explique les rapports qu'elle entretiendra avec les Bleus, avant et après son accession au pouvoir, de même que l'aversion qu'elle témoignera aux Verts en tant qu'impératrice. Expression d'une vengeance obstinée à la suite de l'humiliation que sa mère et ses sœurs avaient subie ce jour-là dans l'amphithéâtre.

On peut penser que c'est aussi en cette occasion que Théodora apprit à retourner à son propre avantage une situation qui semblait perdue d'avance.

Quand les orphelines atteignirent l'adolescence, ou comme l'écrit Procope[1] : « quand elles furent nubiles, leur mère, pour montrer leur beauté, les fit monter sur la scène, non toutes à la fois, mais à mesure que leur âge les rendait propres à cet office ». Ce qui sous-entendait que la veuve respectait certains critères de maturité dans une société où la norme était qu'une femme se marie et enfante à partir de quinze ou seize ans. Le début d'une carrière dans le spectacle devait exiger un âge comparable. Ce fut donc l'aînée, Comito, qui ouvrit la voie à ses deux sœurs. Cela a pu avoir lieu vers 512, alors que Théodora avait environ une douzaine d'années. Ce qui ne l'empêchait pas d'accompagner Comito « vêtue d'une tunique courte,

1. *Anecdota* ou *Histoire secrète de Justinien*.

garnie de manches, semblable à celles que portent les jeunes esclaves ».

Faut-il accorder foi à Procope lorsqu'il ajoute : « Quoique jusque-là Théodora ne fût pas assez formée pour avoir aucun commerce avec un homme et pour être regardée comme une femme, elle accordait certaines privautés masculines à des hommes corrompus, et même aux esclaves qui accompagnaient leurs maîtres aux théâtres qui y trouvaient l'occasion de se livrer à cette infamie. Elle consacrait aussi au lupanar beaucoup de temps, en abusant ainsi de son corps pour des plaisirs contre nature. »

C'est sûrement exagéré, quand on sait la rancœur qu'éprouvait l'historien – et c'est un euphémisme – à l'égard de celle qui devait devenir impératrice et épouse de l'empereur Justinien. D'ailleurs, on voit mal comment l'historien peut rapporter un tel témoignage, alors qu'au temps de Théodora impératrice, des lois très sévères furent promulguées qui condamnaient la sodomie et l'homosexualité, ces fameux actes « contre nature », décrits par Procope…

Pour ce qui est du spectacle théâtral que proposaient les orphelines, on n'imagine pas qu'il se fût agi de textes « sérieux », mais plutôt de saynètes, avec peu de dialogues et beaucoup de gestuelle et d'intervention physique. « Aussitôt qu'elle arriva à la puberté, et que ses formes furent développées, Théodora se mit en scène, en qualité d'actrice, comme disaient les anciens, et fut reçue sociétaire. Elle n'était ni chanteuse ni danseuse, et ne se mêlait guère des exercices de l'amphithéâtre ; mais elle consacrait ses charmes à tous ceux qui avaient l'habitude de le fréquenter, et travaillait de tout son corps[1]. »

Bientôt, d'apprentie à la suite de sa sœur aînée, Théodora devint actrice à part entière, et il est possible – que orientée par sa mère – elle ait alors adhéré à quelques organisations féminines professionnelles semblables aux « collèges » masculins de mimes. Et, ce qui semble accorder une certaine foi aux accusations de Procope, elle tombe enceinte et donne naissance à une fille vers 516. Nous ignorons le nom de celle-ci.

C'est vers l'âge de dix-huit ans que Théodora obtint des rôles qui lui permirent de se distinguer dans les théâtres de Constantinople situés dans les faubourgs. Ses talents de mime furent dès lors reconnus, même par son pire détracteur : « Elle prenait d'ailleurs part à toutes les scènes mimiques qui étaient représentées sur le théâtre ; elle les préparait, et concourait aux bouffonneries qui faisaient rire ; car elle était éminemment spirituelle et plaisante, et aussitôt qu'elle était en scène, elle fixait les regards de tous. Personne ne la vit jamais reculer par pudeur, ni perdre contenance devant aucun homme ; elle assistait sans scrupule aux réunions les plus équivoques. Elle excellait surtout, quand on la fustigeait avec une baguette ou qu'on la frappait sur les joues, à faire des gentillesses et à provoquer les plus grands éclats de rire ; elle se découvrait devant et derrière d'une manière si indécente, qu'elle montrait aux

1. *Anecdota, op. cit.*

spectateurs ce qui doit toujours être caché et rester invisible[1]. »

Notons que, généralement, le grand final de ces spectacles était la *nudatio mimarum*, avec le défilé des actrices totalement dénudées...

À mesure qu'elle progressait dans son art, il semble qu'elle eût aussi progressé dans la sphère amoureuse, multipliant les conquêtes.

« Elle stimulait ses amants par ses facéties voluptueuses, et habile à inventer sans cesse de nouvelles jouissances, elle parvenait à s'attacher invinciblement les plus libertins. Elle ne se bornait pas en effet aux moyens vulgaires ; mais elle essayait, même par ses bouffonneries, à exciter les sens ; elle s'attaquait à tous ceux qu'elle rencontrait, et même aux impubères. Nulle ne fut jamais plus avide qu'elle de toute espèce de jouissances. Souvent, en effet, elle assistait à ces banquets où chacun paye sa part, avec dix jeunes gens et plus, vigoureux et habitués à la débauche ; après qu'elle avait couché la nuit entière avec tous, et qu'ils s'étaient retirés satisfaits, elle allait trouver leurs domestiques, au nombre de trente ou environ, et se livrait à chacun d'eux, sans éprouver aucun dégoût d'une telle prostitution. Il lui arriva d'être appelée dans la maison de quelqu'un des grands. Après boire, les convives l'examinaient à l'envi ; elle monta, dit-on, sur le bord du lit, et, sans aucun scrupule, elle ne rougit pas de leur montrer toute sa lubricité. Après avoir travaillé des trois ouvertures créées

1. *Anecdota*, *op. cit.*

par la Nature, elle lui reprocha de n'en avoir pas placé une autre au sein, afin qu'on pût y trouver une nouvelle source de plaisir. »

Mais si l'on se fonde sur ces anecdotes, il devient simpliste d'assimiler l'expérience de la jeune Théodora à de la prostitution dans le sens premier du terme. Si elle offrait son corps, c'était plus certainement en échange de dons : vêtements, joyaux, serviteurs, appartements, s'attirant l'attachement de protecteurs influents.

Sa réputation s'étendant, on commença à l'inviter à se produire dans des demeures de dignitaires, dans les grandes *domus* de la Cité où elle pouvait contempler à loisir le faste et la « vraie vie », celle de ceux qui commandent. Mais à quoi ressemblait-elle ? Hormis la célèbre mosaïque de Ravenne qui la représente, on sait peu de chose, sinon de la plume de Procope qui semble contraint – tant elle était probablement charmante – de la gratifier d'une description que l'on pourrait considérer comme impartiale : « Elle avait un beau visage et était gracieuse, menue. Son œil était toujours attentif et son sourcil froncé. »

Sur la mosaïque, en tout cas, on aperçoit un regard tendu qui paraît scruter les environs, guetter les dangers, entrevoir les possibilités.

C'est au moment où elle franchit le cap de ses vingt ans que, dans la masse indistincte de ses amants et admirateurs, émerge une silhouette précise. L'indistinct cède le pas au spécifique, de sorte qu'apparaît le premier – en réalité l'unique – amant de Théodora sur lequel nous ayons une information prouvée. Il s'appelait Hécébole, il était originaire de Tyr, l'antique cité phénicienne, et avait obtenu le gouvernement de la Pentapole (Libye supérieure). Dans quelles conditions se connurent-ils ? Nous l'ignorons. Une certitude : elle l'accompagna jusqu'à Tyr et occupa à ses côtés diverses fonctions : celle de concubine, mais peut-être aussi d'« accompagnatrice », bien que Procope nous assure qu'elle avait suivi le Phénicien « sous les conditions les plus honteuses » ; ce qui laisse entendre qu'elle eût été sa domestique. Combien de temps dura leur liaison ? Nous n'en savons rien, si ce n'est qu'elle s'acheva alors qu'elle vivait aux côtés d'Hécébole à Apollonia, la capitale de la Pentapole. Le désert de la Cyrénaïque n'était pas Byzance. Malgré l'attachement qu'elle éprouvait pour le Phénicien, Théodora trouva pesant son exil. Elle se languissait de Constantinople. Il fallait rompre. Elle se rendit tellement exécrable que son amant, exaspéré, n'eut d'autre choix que de la chasser.

Folie ? Inconscience ? À peine mise à la porte, elle se retrouva seule, sur une terre qui n'était pas la sienne et dont elle ne savait rien. Les *Anecdota*, nous disent qu'Hécébole la laissa « privée du minimum vital », de sorte qu'elle dut affronter la disgrâce en ne comptant que sur ses forces et sur ce qu'elle avait pu emporter de ses biens : vêtements, bijoux, qu'elle n'avait pas vendus ou cédés pour assurer la vie de sa fille laissée dans la Cité.

Où a-t-elle puisé l'énergie pour accomplir l'incroyable voyage du retour qui lui fit parcourir des milliers de kilomètres à travers l'Égypte, la Palestine, la Syrie, l'Anatolie ? L'aventure tient du miracle.

Avec son habitude du dénigrement, Procope propose une explication : « Elle se rendit d'abord à Alexandrie, puis elle revint à Constantinople, après avoir parcouru tout l'Orient, et fait, en chaque ville, un métier qu'aucun homme qui veut conserver la protection de la divinité ne peut nommer, de sorte que, par l'intervention du démon, il n'y eut pas de lieu qui n'eût reçu quelque souillure du libertinage de Théodora. »

Lorsqu'elle revient à Constantinople, une idée l'accapare : reconquérir la ville amie. Or, elle ne dispose plus de rien, si ce n'est de sa jeunesse et de bribes de ressources. Alors, elle va réclamer de l'aide non auprès d'une personne, mais d'une institution : l'Église. Elle s'adresse aux prêtres en invoquant le droit d'asile. La supplique ne pouvait pas ne pas être prise en considération, même si elle suscitait un grand embarras.

Les classes dirigeantes du pouvoir ecclésiastique étaient proches de celles du pouvoir civil qui, en la personne d'Hécébole, avaient « chassé » Théodora. De plus, ses antécédents ne correspondaient guère à l'exemple de la chrétienne idéale. Aussi lui fut-il demandé de donner des preuves concrètes de repentir. On exigea d'elle qu'elle se rende à Alexandrie, distante de trois semaines de voyage environ, en lui fournissant aide et protection. Une fois arrivée dans la grande métropole égyptienne, elle devait nouer des liens avec les Bleus du lieu, en s'appuyant sur un réseau de solidarité d'une ville à l'autre.

On consentit que la suppliante voyageât, dûment couverte d'une robe et d'une coiffe noire, en compagnie d'un groupe de prélats qui se rendaient à un synode à Alexandrie. Ses vêtements mondains et ses bijoux furent empaquetés et joints à une lettre de présentation pour un couvent féminin d'Alexandrie qui se proposait de lui offrir l'hospitalité. Ce séjour alexandrin – dont nous ignorons la durée – eut certainement des effets sur la personnalité de la future impératrice. Elle mit à profit sa présence sur le sol égyptien pour rencontrer à travers des réseaux religieux et ecclésiastiques deux éminences du monophysisme qui vivaient alors à Alexandrie : l'un était un théologien du nom de Sévère, originaire de Turquie, savant d'une grande culture ; l'autre, le patriarche Timothée III, véritable « pape » local. Il faut rappeler qu'à cette époque, l'École théologique d'Alexandrie était sans aucun doute la plus réputée des institutions d'études théologiques dans l'antiquité chrétienne.

À Alexandrie, par ailleurs, Théodora put accomplir l'un des aspects de sa mission : retrouver la faction des Bleus du Levant. Et de la même façon qu'ils l'avaient sauvée vingt ans auparavant alors qu'elle et ses sœurs s'étaient agenouillées dans l'amphithéâtre du Kynêgion, ils vinrent à sa rescousse, et c'est grâce à eux que, vers 521, elle fut en mesure de repartir pour Constantinople.

C'est au cours de son voyage de retour, lors d'une halte, qu'elle se lie d'amitié avec une danseuse, Macedonia, réputée parmi les Bleus. Elle lui confie même avoir fait un songe dans lequel on lui disait « qu'elle ne devait absolument pas se soucier d'argent. Qu'une fois arrivée à Constantinople, elle coucherait avec le prince des démons ; elle vivrait en tout et pour tout avec lui en tant qu'épouse et, dès lors, serait maîtresse de toute richesse ».

Que Macedonia ait cru ou non à cette confidence, elle lui offrit ses encouragements et lui prédit à son tour que « bientôt le sort la pourvoirait à nouveau de grandes richesses ». La danseuse avait tissé un réseau de connaissances influentes parmi lesquelles un personnage qui allait jouer un rôle déterminant et définitif dans la vie de Théodora. Il ne s'agissait ni plus ni moins que de Justinien, neveu de l'empereur régnant. Né en 482 près de l'actuelle Skopje, d'une famille assez modeste d'Illyriens romanisés, il avait eu la grande chance d'être le neveu de Justin Ier, adopté par lui, et d'être nommé patrice[1] après avoir bénéficié d'une excellente éducation.

On dit que le pouvoir de Macedonia était si grand, qu'il suffisait d'une lettre de sa part à Justinien pour ostraciser tel ou tel notable d'Orient et faire confisquer ses biens. Il est fort probable que, s'étant prise de sympathie pour Théodora, elle lui ait confié une lettre d'introduction auprès du futur empereur qui ouvrit à la jeune femme les portes du palais.

1. Titre créé par Constantin et décerné à des personnages puissants mais qui n'appartenaient pas à la famille impériale. Il se situait dans la hiérarchie immédiatement après les titres d'Auguste et de César.

Flavius Petrus Justinianus était un homme dont on disait qu'il n'avait pas le temps de dormir tant il était submergé par les responsabilités que lui avait confiées son oncle. Âgé d'une quarantaine d'années, il était encore célibataire, ce qui suscitait bien évidemment des espoirs matrimoniaux dans les meilleures familles aristocratiques de l'Empire, particulièrement fières de lui vanter les attraits de leurs filles de seize ans, pourvues de fabuleuses dots.

Théodora accéléra son retour, limitant au minimum les engagements théâtraux que lui offraient les Bleus le long des routes qui conduisaient d'Antioche à Constantinople. En attendant d'être reçue par Justinien, elle mena une vie discrète, renouant avec ses sœurs, et avec la faction de ses protecteurs, les Bleus. Dans le même temps, elle conserva des relations épistolaires avec ses maîtres spirituels d'Alexandrie. Elle avait environ vingt et un ans.

La rencontre de Justinien et de Théodora eut lieu sans doute entre 521 et 522. Elle fut invitée au palais et admise devant le consul. Il la détailla du regard… et fut infiniment troublé. Elle aurait pu être sa fille ; vingt ans les séparaient. Avait-il entendu parler d'elle ? De ses frasques ? De sa « conversion » aux Bleus dans les circonstances que l'on sait, une dizaine d'années auparavant ? Sans doute. Mais il ne retint rien de tout cela. Celle qui se tenait devant lui répondait à tout ce dont il rêvait chez une femme : « Justinien en devint épris, et son amour fut violent », écrit Procope. Quant à elle, elle était entièrement sous le charme. Séduite par la maturité de l'homme, subjuguée par le personnage de pouvoir. La fusion entre les deux êtres ne pouvait que se produire et : « Elle acquit un crédit extraordinaire et les moyens de se procurer des richesses. Elle devint pour cet homme le charme le plus doux, et comme il arrive à ceux qui aiment sans mesure, il se plut à accorder à cette maîtresse toutes les faveurs et tous les biens dont il pouvait disposer. L'accroissement de cette opulence fut l'aliment de sa passion. »

Procope dit vrai. Un an après le « coup de foudre », Théodora fut promue au rang de patricienne, occupant donc le même rang que Justinien. Si les yeux de l'actrice admise au palais se montraient « attentifs et concentrés », c'est qu'ils scrutaient ceux qui se trouvaient autour d'elle : courtisans et fonctionnaires, prélats et militaires. Leurs réserves, s'ils en formulaient, étaient toutes exprimées à mi-voix. Très attentive, elle saisissait en revanche leur moindre geste, leur moindre mot et les gravait définitivement dans sa mémoire. Ensuite, elle en informait Justinien ou lui en demandait la raison.

En 523 ou 524, Euphemia (qui ne portait pas Théodora dans son cœur, loin s'en faut), l'épouse de l'empereur Justin, mourut. Une nouvelle porte s'ouvrait pour l'ex-actrice : « Tant que l'impératrice était vivante, Justinien ne pouvait d'aucune manière parvenir à faire de Théodora une épouse légitime. Quoiqu'elle ne lui fît opposition sur aucun autre point, elle demeura invincible sur cet article[1]. » D'ailleurs, les lois interdisaient

1. *Anecdota, op. cit.*

aux sénateurs le mariage avec une femme née dans une condition servile ou une femme qui était montée sur scène, et l'impératrice n'aurait jamais souffert qu'une « fille perdue » entrât dans sa famille.

Quoi de plus naturel donc si, aussitôt après le décès de son épouse, Justin rédigea une loi expressément conçue pour satisfaire les deux amants. C'est la constitution *De nuptiis* faite pour une actrice « repentie » qui mènerait une vie « honorable ». Il lui est permis de faire appel à l'empereur pour épouser un homme, même de rang élevé. Par ailleurs, le mariage est autorisé, sans appel, à l'actrice « repentie » et précédemment distinguée par un titre honorifique. Enfin, les enfants, filles ou garçons, nés des actrices avant leur « repentir » pouvaient se marier librement. Tout cela, afin que « la voie du repentir fût ouverte à celles qui se seraient prostituées sur la scène ».

Théodora peut donc être épousée par Justinien sans appel impérial. Enfin, la voilà acceptée, reconnue, confirmée, et elle acquiert pleinement sa liberté de mouvement sur la scène non plus du théâtre, mais du pouvoir.

Vers 524, Justinien tombe malade, victime d'une orchite – une inflammation des testicules – qui le rendra stérile. Malgré cela, leur mariage est célébré un an plus tard, au grand dam de Procope : « Justinien ne rougit pas d'unir à sa personne une femme que le commun des hommes regarde comme réprouvée ; et sans se préoccuper aucunement de ce que nous avons rapporté, il admit dans sa couche cet être entaché de si grandes souillures, qui s'était rendu coupable de plusieurs infanticides par ses avortements. Rien ne saurait être, à mon avis, plus propre que ces faits à établir la corruption des mœurs de cet homme. Tous les vices de son âme se révèlent dans le fait seul d'une union si indigne. »

Trois ans plus tard, le 1er août 527, l'empereur Justin âgé de quatre-vingts ans, s'éteint, dévoré par la gangrène. Justinien lui succède sur le trône impérial. Il a quarante-cinq ans. Théodora, à présent impératrice, s'installe dans l'appartement impérial, le palais sacré, sur le Bosphore. Elle triomphe. Elle est au zénith. Très vite se met en place une politique des plus sévères envers les hérétiques ou schismatiques chrétiens, particulièrement visés : les manichéens, les païens, les juifs et les Samaritains. Et quand, en 529, ces derniers vont se rebeller en Palestine, la répression est impitoyable. Selon Procope : « Cent mille hommes périrent dans ces circonstances critiques. Le pays le plus fertile de toute la terre demeura depuis cette époque désert et privé des bras qui le cultivaient. »

Insensiblement, Théodora exerce une influence considérable sur l'empereur et, bien qu'elle ne soit jamais associée « directement » au pouvoir, son intelligence et sa gestion habile des affaires politiques amènent un grand nombre d'historiens à penser que c'est elle et non Justinien Ier qui règne sur l'Empire byzantin, d'autant qu'elle reçoit personnellement les émissaires étrangers et correspond avec les autres souverains, deux fonctions généralement réservées à l'empereur. De surcroît, son nom est mentionné dans presque toutes les lois promulguées à cette période.

En cette même année, sa sœur aînée, Comito, se marie avec l'un des plus proches collaborateurs de Justinien, le général Sittas. Ce qui place celui-ci au nombre des militaires « amis » du pouvoir. Elle pouvait compter aussi sur Narsès, un eunuque. Ancien trésorier impérial, il sera mis à la tête de l'armée d'Italie et se révélera le meilleur stratège de son temps.

Les mêmes puissants qui, jadis, évitaient d'effleurer la main de l'ancienne actrice jugée « impure » doivent maintenant exprimer, par leurs gestes et leurs paroles, leur dévotion. Les voici prosternés, non seulement devant le souverain, mais aussi devant elle, Théodora. Il ne leur est pas permis de se relever avant d'avoir effleuré des lèvres le pied des deux *augusti*. L'innovation fait évidemment scandale.

Théodora entrait maintenant dans le dernier tiers de sa vie. Elle aimait les richesses et les honneurs, pour elle, pour ses proches, pour ses partisans. Elle s'enorgueillit de l'appellation de « Théodoriade » appliquée à certaines provinces et villes d'Asie.

Elle se réjouit de voir son nom uni à celui de l'*augustus* dans les inscriptions dédicatoires et les monogrammes qui ornent les chapiteaux des nouvelles églises. Les instruments de son pouvoir – ou de sa cruauté de « destructrice des mortels », si l'on s'en tient à la critique masculine qui s'oppose à elle – sont discrets. On évoque les grincements de clefs « dans certains de ses cachots au palais… sombres, secrets, inaccessibles ». Longtemps, des militaires en firent l'expérience, auxquels ne fut pas épargné le bâillon. Plusieurs notables le subirent, à qui il fut soudain interdit de parler ou de protester. Ce fut le cas de Prisque, jadis secrétaire personnel de Justinien, qui parut arrogant sinon hostile à Théodora, et qui fut poussé à l'exil. Il avait été laïc, au centre du pouvoir ; il se retrouvait moine en quelque île aride de la mer Égée.

L'an 532 débute par de nouveaux désordres entre Bleus et Verts. Justinien, absorbé par des questions militaires en Occident, exerce des mesures coercitives contre les extrémistes des deux factions rivales. Fatale erreur car Bleus et Verts, dans un retournement complet de situation, s'allient et exigent, le 13 janvier, des mesures d'amnistie. Devant le refus de l'empereur, les insurgés se ruèrent dans le quartier impérial et les quartiers adjacents au cri de *Nika,* « Victoire », pillant les entrepôts impériaux et préfectoraux, incendiant les casernes, et massacrant les soldats et les fonctionnaires impériaux.

Le 14 janvier, Justinien cède, mais trop tard. L'émeute est devenue une véritable insurrection. Le 15, la basilique Sainte-Sophie, le sénat, le palais impérial brûlent et, durant trois jours, l'incendie fait rage. Le 18, la ville est en grande partie en flammes. Réunies dans l'hippodrome, les deux factions désignent un nouvel empereur : Hypatios, un neveu de l'ancien empereur Anastase Ier, réputé favorable aux Verts. Justinien, dont le courage ne semble pas à la hauteur de ses qualités intellectuelles, songe alors à s'enfuir par la mer.

C'est alors qu'intervient Théodora. Devant le conseil secret de l'empereur, elle prononce son plus long discours conservé par écrit (on peut le lire dans les *Guerres* de Procope).

Devant les grands de l'Empire, l'*augusta* prend la parole et dit : « J'estime insensé de discuter maintenant pour savoir s'il est opportun que, lorsque les hommes ne savent plus de quel côté se tourner, une femme prenne la parole ou en vienne à proposer de courageux conseils. Qui est parvenu au summum des maux n'a pas d'autre solution que d'y remédier par le meilleur parti possible. Je juge que, en ce moment, la fuite est le plus erroné des choix que l'on puisse faire, même si nous y trouvons le salut. S'il est vrai que tout homme qui a vu la lumière du monde ne peut se soustraire à l'heure de la mort, de même l'homme qui a été empereur ne pourra tolérer de vivre en exil. Pour ma part, jamais je ne voudrais me dépouiller de cette pourpre ni voir le jour où quelqu'un ne m'appellera plus "dame". Si toi, mon césar, tu veux sauver ta vie, bien : fais-le. Tu en as toute possibilité : nous avons suffisamment d'argent ; là-bas, il y a la mer et les navires sont prêts à t'accueillir. Mais prends garde, ce salut pourrait t'être plus fatal que la mort elle-même. Quant à moi, je reste fidèle à l'antique propos : le pouvoir est un splendide linceul. »

Le discours va permettre miraculeusement de renverser à nouveau la situation. L'eunuque Narsès soudoie les chefs des Bleus et, avec leur aide, le général Bélisaire, prestigieux chef de l'armée d'Orient, fait reculer les insurgés dans l'hippodrome où tous sont massacrés. Le 19 janvier, Hypatios est exécuté. Le pouvoir des factions est dompté et le restera jusqu'à la fin du règne de Justinien.

Nous ne pouvons pas ne pas établir un parallèle entre le discours de Théodora et la scène qui s'était déroulée près de vingt ans auparavant, lorsque, dans l'enceinte de l'amphithéâtre du Kynêgion, la mère de la future impératrice avait elle aussi fait basculer en sa faveur une situation en principe perdue…

Au cours du printemps 533, Théodora entreprend un voyage en Bithynie. Il sera légendaire. Elle se déplace avec une suite qu'on a évaluée à plus de quatre mille personnes, et d'innombrables bagages. Il ne manque pas un bijou, pas un vêtement précieux, pas une coupe dorée constellée de brillants. De précieuses litières portant le corps délicat de la souveraine, des voiles brodés la protègent de toute gêne. Même les prodigieuses girafes et les admirables éléphants voyagent avec elle : son voyage est une exposition itinérante du palais hors du palais.

Elle veut rencontrer ses sujets, qui se prosternent devant elle et à qui elle promet de meilleures routes. Près des thermes, elle fait ériger de nouvelles constructions, puis un aqueduc. Elle exhorte les gens à la confiance et à l'espoir pour le bien de l'Empire.

Elle parvient aux monastères du mont Olympos (actuel Ulu Dag, la « montagne des Moines »[1]) par-delà Prusa (aujourd'hui Bursa) et discute théologie avec les moines et les ermites. Mais ce n'est pas là le seul élément religieux de ce voyage. Théodora veut aussi agir et convaincre dans ce qu'elle avait de plus intime et de plus cher : la cause des monophysites. Et le monophysisme est la première carte qu'elle abat dans son grand jeu de pouvoir avec Justinien.

Justinien, sous son influence, va donc légiférer avec un soin particulier pour l'Église, dont il s'estime le chef suprême. Il règle en détail le statut, le recrutement, la juridiction du clergé, organise l'administration des biens ecclésiastiques. Il légalise le contrôle des évêques sur les autorités locales, ce qui a pour conséquence heureuse d'atténuer l'excès de centralisation.

À partir de l'été 547, se manifestent les premiers symptômes du mal qui ronge Théodora. C'est une tumeur cancéreuse sans doute. Elle ne vieillit donc pas longtemps dans ce monde qui décline apparemment, mais qui, en réalité, se transforme, en partie sous son influence. Dans un concert d'éclairs, de tonnerre, dûment enregistrés par les chroniqueurs du temps, à quoi s'ajoute le mauvais présage universel qu'est la rupture d'une colonne, elle meurt le 28 juin 548.

Elle reste dans les mémoires comme l'un des premiers souverains à avoir établi des droits pour les femmes, ayant fait adopter des lois strictes interdisant la prostitution et

1. Haute montagne de l'ouest de la Turquie.

modifiant la législation du divorce afin d'augmenter les pensions accordées aux femmes. Elle aura aussi passé une grande partie de son règne à tenter d'atténuer les lois contre les monophysites et réussi ainsi à mettre fin à leur persécution en 533.

La mort de l'impératrice portera un coup terrible à Justinien. Ce dernier ne formula dès lors et jusqu'à sa mort, en 565, que peu de lois majeures, révélant ainsi l'importance de son épouse dans la vie politique byzantine.

La sultane martiniquaise

« La Sultane Validé[1] vient de mourir des suites d'une fièvre maligne. J'ai vu qu'elle a été placée dans le mausolée qu'elle avait commencé à faire construire, il y a maintenant deux ans, et que le Padishah[2] s'est promis de terminer. J'ai vu le cercueil quitter le palais. On l'a transporté d'une rive à l'autre du Bosphore à bord de l'un des caïques couverts du Sultan.

Son palais était situé non loin de celui du Grand-Seigneur, à Beşiktaş[3]. De nombreuses personnes de haut rang patientaient sur le rivage pour prendre la charge du cercueil, ainsi que le veut la coutume. Ici, lorsque le mort est un homme ou une femme ordinaire, on lutte pour l'honneur de le porter, ou le toucher. Néanmoins, cette fois, le cercueil était scellé et il fut déposé au centre

1. La mère du sultan régnant (reine mère).
2. Titre monarchique de langue persane composé de *padi* (maître) et *shah* (roi).
3. L'une des trente-neuf municipalités d'Istanbul.

de la crypte ; un immense salon peint dans les tons arabesques verts. Son altesse a envoyé un châle pour couvrir le sarcophage.

On disait de la Sultane Validé qu'elle surpassait en beauté, en charme et en amabilité toutes les Circassiennes et les Géorgiennes ; qu'elle était française, d'origine américaine, née à Nantes. On précise aussi que, lorsqu'elle avait à peine deux ans, embarquée avec ses parents pour l'Amérique, ils furent tous capturés par des corsaires et transportés à Alger où ses parents périrent. La petite fille fut achetée par un négociant slave qui avait saisi qu'une beauté d'un âge si tendre le rembourserait un jour proportionnellement à l'éducation qu'il lui donnerait. Il ne fut pas déçu dans ses espoirs, puisqu'à l'âge de quatorze ans, d'une beauté resplendissante, elle fut vendue au dey[1] d'Alger en échange de l'hommage dû au Grand-Seigneur.

Par la suite, elle fut envoyée au sultan Abdel Hamid Ier qui, la trouvant avenante, l'éleva au rang de kadine[2], c'est-à-dire d'épouse. Elle lui a donné un enfant, Mahmoud II, l'actuel sultan régnant. »

1. Titre des régents d'Alger à l'époque de la domination ottomane. Littéralement, le mot signifie « oncle ».

2. Littéralement *kadine* signifie « femme » et *iqbal*, « fortune, faveur », les unes et les autres sont des épouses attitrées et reconnues du sultan, mais les *kadines* occupaient un rang plus élevé ; elles étaient pour ainsi dire les épouses officielles.

C'est l'extrait d'une lettre écrite par la comtesse de la Ferté-Meun, à Constantinople, le 15 août 1817, éditée à Paris en 1820.

En parcourant ce texte, on pense tout de suite à la célèbre Angélique, marquise des Anges, héroïne du roman d'Anne et Serge Golon. Et pourtant, non. Il est question d'une tout autre femme : Aimée Dubuc de Rivery.

Mais le contenu de cette missive est-il crédible ?

Son auteur appartenait à ces voyageuses pionnières qui sillonnaient l'Orient au XIXe siècle. Nul doute qu'elle se trouvait à Constantinople en 1817. Le mausolée où serait enterrée la sultane n'est pas une invention. Il est bien situé sur l'une des collines de Constantinople, dans l'enceinte du complexe de Mehmet le Conquérant. On dit même que l'architecte qui l'a conçu fut exécuté quand le sultan s'aperçut que le dôme de sa mosquée n'était pas aussi prestigieux que celui de Sainte-Sophie. Le sultan Abdel Hamid Ier, ainsi que son fils Mahmoud II, ont évidemment régné, et par ailleurs la comtesse n'est pas la seule à avoir narré l'histoire de cette mystérieuse mademoiselle Dubuc de Rivery.

Pour certains, il s'agirait d'une fiction diplomatique destinée à expliquer et justifier à l'époque le rapprochement de la France et de l'Empire ottoman. Pour d'autres, Aimée a bien existé, mais se serait noyée en mer. Il n'en demeure pas moins que sa vie a inspiré de nombreux ouvrages, plus de 400, à l'instar du roman de Michel de Grèce, *La Nuit du Sérail*[1], vendu à plus d'un

1. Éditions Olivier Orban, 1985.

million d'exemplaires ou *Le Message d'un fantôme*, de Lesley Blanch[1], première épouse de Romain Gary, ou encore *La Grande Sultane*, de Barbara Chase-Riboud[2]. D'autres textes, telles *La Belle Nak-Chidil* ou *Une sultane martiniquaise à Constantinople*, ne connurent que la gloire d'être publiés.

Dans une *Histoire de la Martinique depuis la colonisation jusqu'en 1815*[3], on peut lire : « Au quartier du Robert, sur l'habitation la Pointe-Royale, vint au monde, en 1766, Aimée Dubuc de Rivery, appartenant à l'une des plus anciennes et des plus notables familles de la Martinique. »

Et dans sa biographie sur l'impératrice Joséphine, André Castelot, le célèbre historien, nous rapporte lui aussi le souvenir de cette héroïne, qu'il tient pour véridique, car mentionné deux fois. Une première fois par l'impératrice Joséphine qui fut la cousine d'Aimée et une seconde fois par Napoléon. Alors ? Ne se pourrait-il pas que, diluée dans le romanesque, les faits soient authentiques ?

Aimée est donc née vers 1766 au Robert (à Pointe-Marlet) à la Martinique. Elle était la fille de François Henri Jacob Dubuc de Rivery, qui mourut l'année de

1. Paru en 1956, chez John Murray Publishers, et republié, en 2005, aux Éditions Denoël.
2. Éditions Albin Michel, 1987.
3. Par M. Sidney Daney, publié par E. Ruelle, en 1846, tome IV.

sa naissance. Sa veuve, Marie-Victoire Menant, décéda six ans plus tard, et leur fille, la petite Aimée, fut adoptée par un parent, M. Dubuc de Sainte-Preuve, et élevée par une nourrice.

Aimée avait une cousine, Marie-Josèphe-Rose de Tascher de La Pagerie, née à la Martinique elle aussi, aux Trois-Îlets. Plus tard, Marie-Josèphe-Rose se fera connaître sous le nom de Joséphine… de Beauharnais, future impératrice des Français. Toutes deux étaient inscrites chez les Dames de la Providence de Fort-Royal.

Un jour, les deux fillettes (peut-être âgées de huit ou neuf ans) décidèrent de rendre visite à une mulâtresse appelée Euphémia qui passait pour tirer les cartes ; selon une autre source, elles seraient allées trouver une certaine Mme David, bohémienne qui jouissait alors d'une réputation extraordinaire dans l'art de prédire l'avenir et « de deviner les choses secrètes ».

En prenant la main de la petite Marie-Josèphe-Rose, la voyante lui décrivit ses amours, le mariage avec Alexandre de Beauharnais, et lui prédit que son deuxième mari serait un petit homme à l'allure insignifiante, mais qui dominerait le monde. Grâce à lui, elle deviendrait une « grande dame », une reine – mais finirait sa vie malheureuse, répudiée[1]. Puis, se tournant vers

1. On raconte qu'au moment où s'embarquait Joséphine, on aperçut un feu au-dessus du navire, feu qui d'ailleurs pourrait bien n'être que celui que les navigateurs appellent Saint-Elme. Louis-Xavier Eyma, *Les Femmes du Nouveau Monde*, Éditions Michel Lévy Frères, 1860.

Aimée, elle déclara avec l'emphase et la voix ténébreuse que nécessite ce type de prédiction : « On vous enverra en Europe parfaire votre éducation. Votre bateau sera capturé par des pirates. Vous serez faite prisonnière, enfermée dans un couvent pour femmes d'une autre nation que la vôtre, ou dans une prison… Là, vous aurez un fils. Ce fils régnera glorieusement sur un empire, mais un régicide ensanglantera les marches de son trône. Quant à vous, vous ne jouirez jamais d'honneur public ni de gloire, mais vous régnerez, reine voilée, invisible. »

En 1776, Aimée, contrairement à ce qui se pratique pour les jeunes filles aux colonies, dut être envoyée en France pour y achever une éducation qui, dans son pays natal, serait restée à l'état d'ébauche et « inférieure aux qualités remarquables d'intelligence dont elle avait donné des preuves[1] ». Fait exceptionnel, car à l'époque les familles créoles les plus riches se séparaient rarement de leurs filles. Elle s'embarqua pour Nantes accompagnée de sa gouvernante et entra comme pensionnaire au couvent des Dames de la Visitation. Les lettres envoyées par la mère supérieure ne tarissaient pas d'éloges « sur les grandes qualités de cœur et d'intelligence et sur la beauté de Mlle Aimée ».

1. *Les Femmes du Nouveau Monde, op. cit.*

Huit années s'écoulèrent ; beaucoup plus que prévu, car à partir de 1778, la France s'était s'engagée dans la guerre d'indépendance américaine aux côtés des insurgés, contre l'Angleterre. Naviguer devenait extrêmement périlleux.

Finalement, ce n'est que dans la première semaine de septembre 1783, après la signature du Traité de Paris, que la jeune fille – elle a alors dix-sept ans – et sa nourrice purent s'embarquer à bord de la *Belle Mouette*, pour la Martinique.

Après quelques jours de mer, alors qu'il longeait la baie de Biscaye, une voie d'eau se forma sous la flottaison du bateau et il fut impossible de la colmater. Tout espoir semblait perdu, la *Belle Mouette* commençait à couler, lorsque, miraculeusement, on vit poindre une voile à l'horizon. C'était un bâtiment espagnol, l'*Aliaga*, faisant voile pour Majorque. Il les aperçut, vint à leur secours et recueillit les passagers et l'équipage. Mais le lendemain, alors qu'ils étaient en vue de Palma de Majorque, un bateau de corsaires algériens fondit sur eux. Le navire fut saisi, et emmené à Alger.

Le pays faisait alors partie de l'Empire ottoman et la ville était gouvernée depuis vingt-trois ans par le dey Baba Mohammad ibn Osman.

Ici était le royaume de la traite. Jeunes gens, jeunes femmes, enlevés pour la plupart des pays bordant la Méditerranée ou des rives de la mer Noire, étaient amenés dans la ville et vendus au plus offrant, Circassiennes et Géorgiennes à la peau de soie étant parmi les plus recherchées. C'est ainsi que les harems de l'Empire et tout particulièrement ceux d'Istanbul étaient régénérés. De toute évidence, une jeune femme comme Aimée était un véritable morceau de choix. Dix-sept ans, et selon certaines descriptions, très belle. Les lettres de Nantes ne tarissaient-elles pas d'éloges sur ses grandes qualités de cœur et… sur sa beauté ? Une gravure laisse apparaître un visage menu, doux, de grands yeux (bleus ?), un grand front et de petites lèvres à la moue attendrissante. La légende indique : « Aimée Dubuc de Rivery, devenue Sultane Validé de Mahmoud II », et elle est signée « Berger-Levrault & Cie ».

Conscient de la valeur de sa prise, le capitaine la fit immédiatement conduire au palais du dey. Surplombant la ville, offrant une vue imprenable sur la baie d'Alger, le palais était l'un des plus prestigieux monuments de l'époque ottomane. C'est là qu'un peu moins d'un demi-siècle plus tard se produira le fameux « coup de l'éventail », prétexte à l'occupation française de l'Algérie.

Nous ignorons ce qui arriva aux autres femmes qui se trouvaient à bord. Comme nous ignorons le sort de la gouvernante d'Aimée. D'aucuns assurent que, non seulement elle suivit sa maîtresse, mais devant l'extrême désespérance affichée par cette dernière, elle lui aurait tiré les cartes (reproduction de la scène jouée quelques années plus tôt par Euphémia-David), en lui affirmant :

« Mam'selle Aimée, vivez, vivez, ma bonne maîtresse ! Le grand jeu m'annonce que vous rencontrerez de suprêmes destinées. Prenez courage, ne vous abandonnez pas ainsi à la douleur. Essuyez vos larmes, les larmes nuisent à l'éclat des yeux ! »

Quoi qu'il en soit, en découvrant la jeune Martiniquaise, le dey dut immédiatement entrevoir tout l'intérêt qu'elle représentait. À Constantinople, régnait depuis neuf ans le sultan Abdel Hamid Ier, sexagénaire sans envergure qui entraînait lentement mais sûrement l'Empire vers le déclin. Il demeurait néanmoins l'Ombre d'Allah sur terre. Lui offrir un tel présent ne pourrait que rehausser le prestige du dey aux yeux de son maître et lui attirer les faveurs impériales. Et puis, c'était aussi une manière de lui exprimer sa gratitude pour avoir envoyé ses troupes en renfort lors d'une attaque espagnole qui, quelques mois auparavant, menaçait Alger.

Il donna des ordres pour qu'Aimée fût traitée avec le plus grand soin et, quelque temps plus tard, la transféra sur un bateau à destination de Constantinople.

Pour une jeune fille de « bonne famille », élevée chez les bonnes sœurs, habituée aux dentelles et aux « bonnes manières », le choc émotionnel dut être pour le moins violent, et elle fut sans doute prise de vertige en apercevant un beau matin les eaux du Bosphore et l'estuaire de la Corne d'Or. Décoration d'opéra dans une pièce féerique. La tour de Galata, Péra, la résidence des Européens, étagée au sommet d'une colline parsemée de cyprès, l'ancienne cathédrale de Sainte-Sophie et surtout… les minarets entourés de balcons et terminés par une pointe aiguë dressée vers le ciel. Pour une fidèle chrétienne élevée dans le culte des crucifix, ce fut sans doute une vision fantasmagorique.

On imagine qu'elle fut conduite au palais de Topkapi, qu'elle franchit le portail en marbre noir et blanc, traversa la première cour, la deuxième, où elle fut accueillie par le chef des eunuques, et emmenée dans le harem : quatre cents chambres dispersées autour de cours étroites et sombres, des corridors sans fin, sur une superficie de 15 000 m^2. C'est là que vivaient la Sultane Validé, ses sœurs, ses épouses et des légions de concubines. Le mot « harem » dérive de l'arabe *haram*, qui signifie « défendu, sacré ». Ce qui sous-entendait : défendu aux hommes. Par conséquent, les gardiens du lieu ne pouvaient qu'être des mâles émasculés : des eunuques. Paradoxalement, pour Aimée, ce devait être presque comme si sa scolarité nantaise recommençait. La même surveillance stricte, les mêmes groupes de filles, avec leurs rivalités, leurs jalousies, leurs vengeances mesquines, leurs papotages, mais aussi leurs amitiés.

Tout le reste appartenait à un univers diamétralement opposé à tout ce qu'elle avait connu jusque-là. D'abord la nourriture... Plus d'acras de morue, plus de beignets à la farine de manioc, adieu le poulet boucané, fini les bouchées coco-banane. Leur avaient succédé les *böreks*, les feuilletés au fromage ; l'*arnavut cigeri*, le foie à l'albanaise ; les *köfte*, les boulettes de bœuf, et des myriades de desserts gorgés de sirop, et gavés de sucre.

Il y eut ensuite les heures passées dans le hammam. Et Aimée, à qui l'on n'avait enseigné que la pudeur, se retrouva à évoluer nue dans des salles noyées de vapeur où résonnaient les roucoulements des femmes, frôlée par des mains anonymes. Contraste blasphématoire s'il en fut, lorsqu'elle repensait aux bains au couvent où on la contraignait à glisser dans une baignoire, vêtue d'un calicot, barrière présumée contre les tentations de la chair. Insensiblement, jour après jour, elle n'eut d'autre choix que de s'accoutumer à sa nouvelle existence.

On lui enseigna qu'il y avait le quartier des eunuques noirs et celui des eunuques blancs. Les dortoirs des nains, des muets et des bouffons, ainsi que la place des exécutions et la suite du chef des eunuques. Elle apprit à faire la différence entre les *calfas*, et les autres ; les *calfas* étant d'anciennes esclaves qui, par leur intelligence et leurs capacités, étaient parvenues à occuper une situation privilégiée au sein du harem. Sur tout ce monde marginal régnaient le *kapi aga*, le chef des eunuques blancs, et le *kizlar aga,* celui des eunuques noirs, eux-mêmes étant commandés par l'Agha de la Porte de la Félicité, l'eunuque le plus important. Le rôle des *kadines* et des *iqbals* n'eut plus de secret pour elle.

Elle frémit d'horreur lorsqu'on lui raconta qu'il existait une « cage » où l'on enfermait les prétendants au trône jusqu'à l'heure de leur avènement ou de leur mort. Et devant son air apeuré, le chef des eunuques lui avait alors expliqué que, depuis l'abolition de la loi de fratricide instaurée par Mehmet II, la « cage » n'était autre qu'une somptueuse suite richement décorée. Seul ennui, le prince y vivait en vase clos dès l'âge de sept ans, et ne pouvait en sortir que pour régner. De cette manière on évitait qu'un héritier trop impatient fomente un coup d'État, ou attente à la vie du sultan. Précisons que le droit turc ne reconnaissait pas la primogéniture et, par conséquent, un cadet qui ne reconnaissait pas à son frère aîné le droit de régner n'éprouvait aucun état d'âme à l'éliminer. De même les mères ambitieuses n'hésitaient pas à supprimer les prétendants les plus âgés qui séparaient le trône de leur fils.

Les premiers jours d'Aimée dans le harem durent être une terrible épreuve ; tout son mode de vie, y compris son nom, avait changé. La coutume voulait que l'on donnât aux femmes des noms qui reflétaient leur personnalité ou leur physique. La beauté d'Aimée lui aurait valu le surnom de *Naksh,* la Belle en osmanli. Plus tard, ce surnom se transformera en *Naksh-i-dil Haseki,* « la belle favorite qui a donné un enfant au sultan ».

L'histoire de l'Empire ottoman est un long témoignage du pouvoir énorme détenu par les femmes du harem. Cet État oriental, où l'on s'imagine souvent que les femmes n'ont ni place ni statut et ne sont que des jouets soumis, à cajoler ou abandonner à son gré, fut en réalité gouverné pendant des siècles par l'influence secrète des favorites.

Or, en cette année 1783, selon l'ordre de succession, si le sultan Abdel Hamid venait à mourir, le trône devait revenir à son fils cadet Moustapha. Mais celui-ci n'avait encore que quatre ans. Par conséquent, c'était à Selim, son neveu de vingt-deux ans, qu'irait le pouvoir. Contrairement à la plupart des princes de sa famille, ce dernier n'a pas été élevé dans la « cage » dorée du palais.

Son père, le sultan Moustapha III, lui avait accordé une grande liberté de mouvement et Selim avait consacré le plus clair de son temps aux études, l'esprit tourné vers la France, rêvant de réformer le pays. Mais comment transformer lorsque dans l'ombre sévissait une milice omnipotente, aussi redoutée que redoutable, sorte de garde prétorienne dont la création remontait à plus de quatre siècles : les *Yeni Ceri,* les janissaires ? Leur rôle ne cessa de croître en même temps que leurs vertus se dégradèrent. Ils étaient devenus un véritable contre-pouvoir au sein de la cour du sultan et, à partir du XVIe siècle, leur histoire ne fut qu'une suite de révoltes, d'assassinats, de renversements de vizirs, et même de sultans au fur et à mesure que déclinait l'Empire ottoman.

Mais, bien entendu, si Aimée était au courant de ces méandres politiques, elle ne devait pas vraiment s'y intéresser. Peu importe si les janissaires complotaient et aspiraient à détrôner Abdel Hamid pour installer le petit Moustapha comme sultan. Peu importent les ambitions secrètes des mères de l'un ou de l'autre, le sort de la Martiniquaise était scellé et ce n'était pas l'arrivée au pouvoir d'un nouveau sultan qui y changerait quoi que ce soit.

Peut-on imaginer qu'elle fût d'une manière ou d'une autre manipulée pour devenir un instrument d'accession au pouvoir ? Le chef des eunuques manœuvra-t-il à travers elle pour obtenir quelque faveur de la part d'Abdel Hamid ? A-t-elle été le jouet, pour une raison obscure, de la mère de Selim qui craignait pour l'avenir de son fils et qui estimait que cette Française pouvait lui servir ? C'est peu probable. Si un soir de cette même année, le sultan jeta son dévolu sur Aimée, c'est tout simplement parce que d'entre toutes ses odalisques elle était non seulement la plus belle, la plus raffinée, mais aussi la plus cultivée.

De surcroît, la jeune femme avait été préparée et formée pour obtenir les faveurs du sultan. Comme toutes les autres esclaves, elle était passée par l'« Académie de l'amour », l'école des odalisques, où elle avait assimilé les nuances les plus subtiles du plaisir. Les jeunes candidates à l'alcôve impériale devaient satisfaire à l'examen d'un jury, ordinairement présidé par la Sultane Validé. Rien n'était laissé au hasard afin d'éviter de décevoir le sultan. Quand la nouvelle venue était jugée parfaite, elle rejoignait les rangs des dames de compagnie et attendait sa chance. C'est précisément ce qui a dû se passer dans le cas d'Aimée. Comme à l'accoutumée, Abdel Hamid avait rendu visite à son harem, un jour d'octobre 1783, il avait examiné chaque esclave adoptant l'attitude prescrite par l'étiquette, la tête rejetée en arrière, les mains croisées sur la poitrine, et porté son choix sur la créole.

Dès cet instant, elle devenait *gözde*, c'est-à-dire « remarquée » et donc, en tant que telle, elle bénéficierait d'un traitement privilégié. Installée dans un appartement spécial, choyée, soignée, elle attendrait la convocation dans l'alcôve impériale.

La première réaction de l'élue fut sans doute une réaction de révolte. Celle d'une jeune femme élevée au couvent, terrifiée par ce qui la guettait. Si encore le sultan avait été jeune, doté d'un physique agréable, mais c'était loin d'être le cas : Abdel Hamid avait cinquante-huit ans, était ventripotent, avait le visage démesurément ovale, les joues noires de barbe, de petits yeux inquiétants. On peut imaginer que la révolte d'Aimée fut celle de la fille d'un esclavagiste, à présent conduite, elle-même, vers la couche d'un homme qu'elle considérait comme un sauvage. Mais avait-elle le choix ?

Résignée à son sort, Aimée passa sa première nuit d'amour sans amour, mais, sans en être consciente, le charme de son innocence dut émouvoir les sens de l'Ombre d'Allah sur terre puisqu'il décida d'en faire sa favorite.

Neuf mois plus tard, le 20 juillet 1784, son fils Mahmoud naissait. C'est ainsi qu'Aimée Dubuc de Rivery devint un personnage clef dans la succession au trône ottoman et que les paroles de la vieille Euphémia retentirent sans doute à ses oreilles : « Vous serez faite prisonnière, enfermée dans un couvent pour femmes d'une autre nation que la vôtre, ou dans une prison… Là, vous aurez un fils. Ce fils régnera glorieusement sur un empire. »

Mais le destin qui, décidément, n'était pas à court d'idées, allait entraîner Aimée vers une nouvelle voie.

Comme nous le disions plus haut, le trône devait revenir au fils cadet d'Abdel Hamid Ier, Moustapha. Mais étant donné le jeune âge de ce dernier, c'est Selim, le neveu du sultan, qui était pressenti. Lui et la créole avaient sensiblement le même âge. Il n'est que de trois ans son aîné. C'était un jeune homme sensible, timide et replié sur lui-même. Eut-il le loisir de croiser Aimée et de tomber sous son charme ? Une relation amoureuse s'était-elle créée entre les deux jeunes gens ? Il se peut que la jeune femme ait incarné aux yeux du futur maître de l'Empire la liberté et la civilisation qu'il recherchait en vain autour de lui. Sans véritables preuves, nous ne pouvons que nous laisser porter par l'imaginaire.

Le 7 avril 1789, le sultan Abdel Hamid meurt et il est remplacé par son neveu qui devient le sultan Selim III. Il a vingt-huit ans, est poète et compositeur classique accompli et il veut réformer l'Empire – l'armée en particulier. En 1793, il promulgue le *Nizâm el djedid*[1], mais le code se révèle insuffisant car il ne rénove pas de façon profonde le corps des janissaires, gangrène de la nation. Bientôt, les réformes qu'il tente d'imposer sous l'influence grandissante de la France (que certains expliquent par le crédit qu'Aimée aurait eu auprès du sultan) suscitent de vives réactions chez les janissaires et les autres groupes conservateurs. Lorsqu'en 1807, Selim III cherche à réorganiser l'armée, les janissaires se révoltent, marchent sur Constantinople, et obligent Selim à abolir le *Nizâm el djedid* avant de l'emprisonner. Dans les mois de confusion qui suivent, les réformateurs se rassemblent autour d'un général, Moustapha Bayraktar, pacha de Rusçuk (ville bulgare sur le Danube), un

1. Ces textes prévoyaient notamment de modifier le mode de gouvernement des provinces, la fiscalité et le régime foncier. Les réformes les plus profondes concernaient l'armée.

partisan loyal du sultan. Il rallie ses troupes et marche sur Constantinople pour restaurer Selim. Il atteint les murailles extérieures du palais, surprend la garde, déferle dans la première cour.

Affolé, Moustapha, le premier fils d'Abdel Hamid, prend alors la décision de faire assassiner Selim, mais aussi l'autre prétendant au trône : Mahmoud, le fils d'Aimée et d'Abdel Hamid Ier. En les éliminant, il se dit que personne n'osera le toucher, puisqu'il devenait d'office l'ultime survivant de la Maison royale et qu'une vieille superstition assurait que la dynastie et l'Empire tiendraient ou tomberaient ensemble. Il dépêche donc la garde pour tuer les deux jeunes gens.

Selim mourut étranglé. Quant à Mahmoud, la légende veut que sa mère ait réussi à le cacher dans le poêle désaffecté d'un pavillon de bains, lui sauvant ainsi la vie. Selon une autre source, elle l'aurait roulé dans un tapis.

Entre-temps, le général Bayraktar qui est entré dans le sérail cherche désespérément son maître. Il ne trouve que sa dépouille. D'abord tétanisé, il se ressaisit et pense à l'autre successeur potentiel : Mahmoud. Ce dernier, sans doute rassuré par la présence du général libérateur, sort de sa cachette en compagnie d'Aimée. Il ordonne que Moustapha et sa mère soient conduits en prison et nomme Bayraktar grand vizir. Le même soir, le fils d'Aimée Dubuc de Rivery est proclamé sultan, Maître de l'Empire et elle devient la Sultane Validé. Une fois encore, les propos d'Euphémia-David durent résonner à ses oreilles.

Sitôt sur le trône, Mahmoud veut reprendre les réformes interrompues par son demi-frère. Il se heurte aux janissaires, qui se révoltent avant la fin de l'année 1808 et font tuer le général Bayraktar. Le fils d'Aimée doit attendre le milieu des années 1820 pour mettre en œuvre son programme réformateur. Il réussit à former un gouvernement fondé sur un cabinet ministériel, organisera un recensement ainsi qu'un relevé cadastral et crée un service postal. En matière d'éducation, il déclare l'école primaire obligatoire, ouvre une faculté de médecine et envoie des étudiants en Europe. Il abolit également le droit du sultan à confisquer la propriété d'un officiel décédé. Il prescrit enfin l'abandon du costume traditionnel au profit des vêtements occidentaux. Autant de réformes (inspirées par sa mère ?) qui consolidaient l'assise de l'Empire ottoman malgré les défaites militaires et les pertes territoriales que Mahmoud subit au cours de son règne.

On ne s'est pas toujours rendu un compte exact de la situation influente des femmes dans cette espèce de prison aux murailles impénétrables qu'était le harem impérial, et cependant, comme l'écrivait M. de Lamartine dans son *Voyage en Orient,* le génie politique se développe largement quelquefois « chez des sultanes favorites, admises à toutes les confidences du gouvernement, et exercées à toutes les intrigues d'une cour ». De grands règnes, ajoute-t-il, « ont été fondés et gouvernés par quelques-unes de ces belles esclaves. Elles sont souvent le ressort caché des plus grands événements. Favorites, elles asservissent ; femmes, elles inspirent ; mères, elles couvent et préparent le règne de leurs fils ».

Toujours est-il que les journaux anglais, en 1807 et 1808, attribuèrent à l'influence positive de Mlle Dubuc, l'ascendant que, dans sa brillante et glorieuse ambassade, le général Sébastiani exerça sur le sultan Selim. Après l'évacuation de l'Égypte par les Français en 1801, ébloui par les succès de Napoléon en Europe, le sultan l'avait reconnu comme empereur dès 1804. Et l'influence du général Sébastiani, envoyé comme ambassadeur de France à Constantinople, poussa même Selim à déclarer la guerre à la Russie et à la Grande-Bretagne en 1806.

Dans *Les Femmes du Nouveau Monde*, Louis-Xavier Eyma nous propose, sur la foi de « papiers de famille », un courrier écrit par le propre beau-frère d'Aimée, M. Marlet, courrier retrouvé dans les archives de l'ambassade française à Constantinople, où il fut envoyé en 1821 (la lettre porte la date de Paris, 24 janvier), alors que le sultan Mahmoud II faisait des recherches sur la famille de sa mère.

Voici un fragment de cette lettre :

« Mademoiselle Aimée Dubuc de Rivery, ma belle-sœur, née à la Martinique, fut élevée à Nantes, aux Dames de la Visitation, où elle reçut l'éducation la plus soignée et tous les talents d'agrément dont pouvait être susceptible une jeune personne d'une famille distinguée. Elle joignait à tous les avantages la plus grande beauté réunie à toutes les grâces de nos plus aimables Françaises.

Rappelée dans son pays par ses parents avant la Révolution, elle fut prise par un corsaire barbaresque, et, après plusieurs incidents qu'on aurait pu considérer comme fâcheux pour la belle créole, mais qui, dans l'ordre de sa destinée, n'étaient qu'autant d'acheminements à sa grandeur future, elle fut placée au sérail, où bientôt sa beauté et les avantages d'une éducation soignée la firent remarquer par le sultan alors régnant, Abdel Hamid, qui en fit sa sultane[1] favorite. »

L'auteur précise : « La personne de qui nous tenons la communication de cette pièce est hautement honorable et digne de foi. De sa main est écrite, au bas de la lettre, que l'identité de la Sultane Validé a été parfaitement constatée par les renseignements parvenus à Constantinople. Et elle ajoute que sur l'original de la note remise par M. Marlet et retrouvée, comme je l'ai dit, dans les archives de l'ambassade, six lignes avaient été rayées par une plume étrangère. Dans quel but, et que contenaient ces lignes biffées ? C'est ce qu'on ignore. »

1. L'auteur de la lettre ne devait pas être informé du sens véritable du mot « sultane ». À la cour ottomane, les sultanes n'étaient pas les épouses du sultan. C'étaient les princesses, filles du sultan ou d'un prince descendant d'un sultan en ligne directe masculine.

L'Arbre de perles

Le 3 octobre 610, le général Héraclius prend le pouvoir à Constantinople dans une période très critique de l'Empire romain d'Orient et remplace son titre d'imperator par celui de *basileus*, qui signifie « roi ».

Occupés à mater les révoltes qui secouaient l'Empire, les empereurs de Constantinople avaient été contraints de n'entretenir en Égypte qu'une armée recrutée sur place, dont la mission se limitait à défendre les cultures contre les razzias des Bédouins. La police intérieure ne possédait aucun chef d'envergure, et le pays, déchiré par les conflits religieux, suffoquait sous la domination byzantine. Aussi, lorsqu'en 619 les Perses réussissent à entrer en Égypte, ne rencontrent-ils aucune résistance dans le peuple. Alexandrie est prise sans coup férir, et juifs et monophysites accueillent ce nouvel envahisseur en libérateur.

En 629, Héraclius libère l'Égypte de l'emprise perse en s'emparant de la Mésopotamie. Mais, douze ans plus tard, la terre des pharaons lui échappe à nouveau. Le général arabe, 'Amr ibn el 'As, entre dans Memphis, fonde en 641 le camp d'Al-Fostat (qui deviendra Le Caire).

Le 22 décembre 643, Alexandrie, ville grecque plutôt qu'égyptienne, se rend après un siège de quatorze mois. La relative facilité de cette conquête s'explique sans doute en raison des tendances séparatistes de la population chrétienne (en majorité copte) qui n'avait jamais apprécié les maîtres byzantins, dont elle ne partageait ni la langue ni les croyances.

Les autochtones acceptèrent donc avec une certaine indifférence, sinon avec soulagement, l'occupation arabe qui ne modifiait guère leur statut et paraissait même l'améliorer. Au fil du temps, le peuple égyptien adopta progressivement la langue des vainqueurs et la population musulmane devint majoritaire vers la fin du VIIIe siècle.

Après la mort du calife Omar ibn el-Khattab, ces successeurs, Osman et 'Ali, se révélèrent incapables de maintenir l'unité et connurent des fins tragiques. Dès lors, en 660, profitant de la division qui régnait, Mu'âwiyya ibn Abi Sufyan, gouverneur de Syrie, se fit proclamer calife par les Syriens, transféra sa capitale à Damas, étendit son Empire sur l'Égypte, et fonda la dynastie des Omeyyades en rendant le califat héréditaire par la désignation de son fils Yazîd comme héritier. Mais très vite, des rivalités de clans allaient ensanglanter et déchirer le pouvoir.

Vers 750, à l'issue d'une véritable révolution menée contre les Omeyyades, une nouvelle force apparut : les

Abbassides[1]. Ils déplacèrent le centre du pouvoir de Syrie vers l'Irak et firent de Bagdad leur nouvelle capitale. Pendant près de cinq siècles, ils vont régner sur un immense Empire allant des rivages atlantiques de l'Ibérie aux bords de l'Indus et porter la civilisation arabo-musulmane à son apogée. D'illustres califes se succéderont à la tête de la dynastie, à l'instar d'El-Mansour, ou encore le légendaire Haroun el-Rachid. Bagdad devint non seulement le centre politique et économique du monde, mais aussi un haut lieu de culture et de pensée.

Toutefois, selon ce mouvement de balancier inexorable qui oscille entre grandeur et décadence, l'Empire abbasside amorce son déclin. Dès 756, l'Espagne lui échappe avec la création de l'émirat omeyyade de Cordoue. Puis, c'est au tour du Maroc et de la Tunisie. En 868, l'Égypte se détache à son tour.

Aux alentours de 969, une nouvelle puissance, schismatique, celle des Fatimides[2], apparaît en Afrique du Nord, et assoit sa domination sur la vallée du Nil. Elle y régnera pendant deux siècles (969-1171). On peut dire que cette période correspond à l'« âge classique » de la civilisation musulmane, caractérisée par un formidable développement de la littérature, des arts, de la

1. Les Abbassides tirent leur nom d'Abbâs, l'oncle du Prophète dont ils sont les descendants.

2. Leur nom s'inspire de celui de Fatima, fille de Mohammad et épouse du quatrième calife Ali, lui-même cousin du Prophète.

poésie, des mathématiques, de la philosophie et de la géographie.

C'est au cours de cette époque que les Fatimides, désireux de renforcer leur armée jusqu'alors composée de Berbères et d'éléments européens, commencèrent à introduire dans leur rang des contingents d'esclaves. Il s'agissait exclusivement de très jeunes gens ou jeunes filles originaires des contrées riveraines de la mer d'Azov et de la mer Noire. Par cette décision, en apparence anodine, les Fatimides allaient indirectement donner naissance à une nouvelle dynastie : les Mamelouks[1]. La plupart de ces hommes subissaient non seulement un entraînement militaire complet, mais aussi une véritable éducation générale qui les préparait au rôle qu'ils seraient amenés à jouer soit dans l'armée, soit dans l'administration. Insensiblement, d'esclaves qu'ils étaient, ils devinrent une véritable force, tant militaire que politique.

À partir de la seconde moitié du XIIe siècle, après avoir connu une époque fastueuse et un renouveau culturel exceptionnel, l'Empire fatimide déclina pour succomber sous les coups de boutoir des croisés. Jérusalem leur est arrachée et leurs possessions ne se limiteront plus qu'à l'Égypte.

Vers 1171, il allait être donné à une nouvelle famille, celle des Ayyoubides[2], d'établir sur ce pays une force

1. Mot qui signifie littéralement : « qui est la propriété de… qui appartient à ».
2. Ils tirent leur dénomination du Kurde Ayyoub, père de Saladin.

militaire renouvelée et une unité religieuse. Son fondateur n'était autre que l'un des plus illustres souverains du Moyen Âge musulman : Salah el-Dîne el-Ayyoubi. Saladin pour l'Occident. Ce guerrier hors pair va commencer par bouter les Francs qui, sous la direction d'Amaury Ier, s'étaient introduits en Égypte, et décapiter leur royaume en reprenant Jérusalem après avoir conquis la plus grande partie des États latins d'Orient. Lorsqu'il s'éteint en 1193, à Damas, une série de sultans prennent successivement le pouvoir en Égypte jusqu'en février 1200 où le neveu de Saladin, El-Kâmil, se hisse sur le trône.

Son règne durera plus d'un demi-siècle et sera marqué par un accord diplomatique signé avec l'empereur germanique Frédéric II aux termes duquel il acceptait de lui céder Jérusalem. L'accord – on s'en doute – souleva un tollé parmi les populations musulmanes[1]. Notons que, depuis 1095, à la suite de l'appel du pape Urbain II visant à repousser ceux que la chrétienté nommait les « infidèles » et à protéger les pèlerins se rendant à Jérusalem, pas moins de six croisades s'étaient lancées à la conquête de la Terre sainte.

1. Aux termes de cet accord, Jérusalem devenait un condominium religieux islamo-chrétien, inaugurant une période de paix qui se prolongea pendant une dizaine d'années.

Lorsque El-Kâmil décède en mars 1238, son fils aîné, El-Sâlih, végète à l'autre bout du monde, à Hisn Kayfa, cité anatolienne, à majorité kurde, aux confins de l'Irak et de la Turquie actuelle, où son père avait jugé bon, non sans raison, de l'expédier. Le jeune homme, âgé alors d'une trentaine d'années, était réputé pour son caractère irascible, violent, cruel et froid. Il n'avait hérité ni la grandeur d'âme de son grand-oncle Saladin, ni la magnanimité d'El-Kâmil. Il est à noter aussi qu'un contentieux existait entre le père et le fils qui remontait à une dizaine d'années. En 1229, après avoir conquis la ville de Damiette dans le Delta, les croisés qui marchaient sur Le Caire avaient été surpris par la crue du Nil et capturés par les armées d'El-Kâmil. Un traité fut signé, stipulant la restitution de la ville contre la liberté des croisés prisonniers. Afin de garantir la bonne exécution de l'accord, et pour prouver sa bonne foi, le sultan avait envoyé le jeune El-Sâlih Ayyoub en otage chez les Francs. Il n'est pas impossible que cet épisode eut pour résultat d'accentuer les traits déjà ombrageux du personnage.

En tout cas, de cet isolement devait surgir un bonheur, puisque c'est dans ce coin perdu qu'il rencontra la jeune fille qui deviendra – fait unique dans l'histoire de l'islam – la première sultane d'Égypte. La lui a-t-on présentée ? L'un de ses fidèles s'en serait-il rendu acquéreur pour la lui offrir ? Quelle que soit la raison qui le mit en présence de la jeune esclave, nous savons qu'El-Sâlih fut tout de suite subjugué, fasciné par sa grande beauté.

Un pur joyau, ou plutôt, une multitude, à en juger par le surnom qu'il lui donna : « Shagarat el-Dorr », *l'Arbre de perles*[1]. Personnage secondaire pour certains historiens ; figure emblématique pour les féministes du monde arabe.

D'où venait-elle ? Quelle était son origine ? Quel âge avait-elle ? Selon l'historienne Azza Heikal, auteur du seul livre digne de foi sur le personnage[2], et qui s'appuie sur des sources arabes jamais exploitées, Shagarat faisait sans doute partie de ces jeunes filles capturées dans le Caucase, enlevées très jeunes à leur famille et vendues comme esclaves ; les Circassiennes et les Géorgiennes, réputées pour leur éclat, étant les plus recherchées. Tous les historiens s'accordent pour décrire une beauté devenue légendaire : « Teint lumineux, magnifique chevelure noir de jais, sourcils en croissant de lune, paupières plus acérées que le fil de l'épée, la grâce d'un nez qui évoque la délicieuse confiserie que les Arabes qualifient de *balah el-cham,* "datte de Syrie". La bouche est aussi ensorcelante que le sceau de Salomon. » On peut imaginer qu'au moment où El-Sâlih la rencontre, Shagarat el-Dorr devait avoir entre dix-sept et vingt ans.

1. Il existe de nombreuses variantes : Shajarat al-Dorr (en arabe classique), Shagarat el-Dorr (en dialecte cairote). Nous avons choisi d'adopter cette seconde variante puisqu'il s'agit d'une souveraine égyptienne.

2. *Il était une fois une sultane, Chagarat al-Durr*, Éditions Maisonneuve & Larose, 2004.

Belle, mais aussi loin d'être inculte, car, comme le souligne Mme Heikal, si les garçons capturés étaient, la plupart du temps, envoyés dans des écoles coraniques où on leur apprenait à lire, à compter, à écrire, les filles, elles, étaient placées sous la férule d'un précepteur. Cette démarche (onéreuse) des marchands n'avait rien de magnanime. Une esclave instruite voyait sa valeur commerciale décuplée. Il semble que durant sa captivité Shagarat el-Dorr ait côtoyé des personnages qu'elle retrouvera plus tard, par un effet du destin. L'un d'entre eux étant le célèbre Baïbars, surnommé « El-Bunduqdari », l'Arbalétrier, appelé à régner sur l'Égypte. Enivré par le charme de la Circassienne, El-Sâlih n'hésite pas – attitude plutôt exceptionnelle – à limoger toutes ses concubines et à l'épouser. Dès lors, il n'entendra plus, il ne verra plus qu'à travers son « Arbre de perles » et subira son emprise jusqu'à la fin de ses jours.

Au moment où, avec son épouse, il décide de rentrer en Égypte dans l'espoir de récupérer le trône laissé vacant après le décès de son père, il apprend que son demi-frère cadet, El-'Adil, l'a pris de vitesse. Hélas, le personnage n'a pas la poigne de son père. L'anarchie s'installe rapidement dans l'Empire ayyoubide après son avènement et les luttes claniques embrasent la région.

C'est dans ce désordre shakespearien qu'El-Sâlih, accompagné par sa sublime épouse, entame une longue marche vers la conquête du sultanat égyptien. La route sera tortueuse, parsemée de mille trahisons, revirements d'alliance, luttes armées. Finalement, El-Sâlih est en vue du Caire, prêt à livrer l'ultime bataille. Son frère, décidé à ne pas se laisser déposséder, a réuni l'ensemble de ses troupes aux abords de la ville de Bilbeis, dans le Delta, à une cinquantaine de kilomètres au nord de la capitale.

C'est alors que survient un coup de théâtre qui évite in extremis l'empoignade fratricide et introduit pour la première fois les fameux mamelouks dans le jeu politique du pays. Ces derniers qui, depuis un certain temps déjà, rongeaient leur frein, furieux d'avoir été écartés des postes clefs au bénéfice des favoris d'El-'Adil se décident à intervenir. Le 31 mai 1240, ils cernent la tente d'El-'Adil, se saisissent de sa personne, le déposent et appellent El-Sâlih pour le mettre sur le trône. La voie est libre. Début juin, le vainqueur et ses troupes entrent au Caire sous les acclamations de la foule. Il traverse la capitale pavoisée en son honneur et s'installe dans le palais de la Citadelle, sur la colline du Mokattam qui surplombe Le Caire. Il aura tout de même fallu plus de deux ans au nouveau sultan pour accéder au pouvoir. Deux ans au cours desquels, aux dires des commentateurs de l'époque, Shagarat el-Dorr joua un rôle décisif, supportant les épreuves avec un étonnant courage et abreuvant son insupportable époux de précieux conseils.

Hélas, au lieu d'apaiser le nouveau sultan, les épreuves subies n'ont fait qu'accentuer son côté ténébreux et endurcir son caractère. À peine au pouvoir, il fait jeter son demi-frère en prison. Sa cupidité lui fait mettre à mort un grand nombre d'émirs pour s'emparer de leurs richesses. Dans les mois qui suivent, il se met à recruter frénétiquement et d'une manière jamais égalée, des légions de mamelouks, accentuant ainsi un mouvement déjà amorcé sous les Fatimides. Certains de ces mamelouks – parmi lesquels Baïbars, l'Arbalétrier, le compagnon d'esclavage de Shagarat el-Dorr – sont désignés pour composer la garde personnelle d'El-Sâlih, les autres constituent le noyau dur de son armée. Jugeant que sa sécurité n'est plus assurée dans la Citadelle, il fait ériger une forteresse digne des Mille et une Nuits sur l'île de Roda, située sur le Nil, s'y installe, l'entoure de casernes (*Bahriya el-Salihiya*) pour héberger ses mamelouks, forgeant ainsi l'arme qui se retournera plus tard contre toute la dynastie ayyoubide.

Il ne se plaira qu'en compagnie de ses Bahrides[1] à qui il s'est empressé de distribuer les commandements détenus par les émirs mis à mort. Personne n'ose prendre la parole en sa présence, excepté pour répondre à ses questions ; les requêtes qu'on lui soumet sont placées sous ses yeux par les eunuques. Ses ministres ne le consultent que par écrit. On se demande comment son épouse a pu vivre aux côtés d'un personnage aussi détestable. On imagine qu'elle n'eut guère le choix.

En novembre 1241, Shagarat el-Dorr, alors âgée d'une vingtaine d'années, met au monde un enfant mâle : Khalil, et adopte – ainsi que le veut la tradition – un second surnom : Oum Khalil, « la mère de Khalil ».

1. De *bahr*, le « fleuve », parce qu'ils étaient cantonnés sur les rives du Nil.

Hélas, l'enfant devait décéder six ans plus tard. À ce malheur se greffa un autre : pour des raisons inconnues, la jeune femme était devenue stérile. Par conséquent, l'héritier du trône revenait d'emblée au prince Turân-Shah, que le sultan avait eu avec une autre femme.

Quelque sept ans plus tard, en 1248, un envoyé de Frédéric II, l'empereur germanique, roi de Sicile, arrive discrètement en Égypte. Frédéric fut sans doute l'un des souverains les plus originaux de l'Histoire, doué d'une intelligence rare, d'une grande culture où se mêlaient la connaissance des philosophes grecs et des savants arabes, manifestant une certaine indifférence en matière religieuse qui n'excluait pas la poursuite des hérétiques mais l'incitait à la tolérance envers les juifs et surtout envers les musulmans. Le fait qu'il ait été éduqué à Palerme par un cadi[1] ne fut sûrement pas étranger à cette ouverture d'esprit.

Excommunié par Grégoire IX en 1227 pour ne pas avoir honoré sa promesse de lancer la sixième croisade, il était parti l'année suivante et s'était emparé de Jérusalem, après des négociations et un simulacre de bataille avec le sultan Al-Kâmil, avec qui des liens d'amitié s'étaient tissés. Auparavant, les deux hommes avaient entretenu une longue relation épistolaire, au cours de laquelle l'un et l'autre avaient exposé leurs points de vue, tant sur les questions politiques que sur des idées philosophiques. Cette sixième croisade fut d'ailleurs la seule croisade

1. Juge musulman remplissant des fonctions civiles, judiciaires et religieuses.

« pacifique ». De ses contemporains, Frédéric avait reçu le surnom de « Stupeur du monde » et fait l'objet d'une telle vénération que ses fidèles étaient persuadés qu'il reviendrait après sa mort.

Néanmoins la visite de cet envoyé à la cour du sultan n'était pas uniquement inspirée par l'esprit de curiosité et de tolérance de l'empereur. Il faut garder en tête le passé tumultueux que connurent l'empereur et la papauté, conduisant cette dernière à l'excommunier par deux fois.

L'envoyé, reçu par le sultan, lui annonça, sous le sceau du secret, que le roi de France, Louis IX, plus connu sous le nom de Saint-Louis[1], répondant à l'appel d'Innocent IV, s'apprêtait à marcher contre l'Égypte.

En effet, après le départ de l'envoyé de l'empereur, une série de missives, les unes plus menaçantes que les autres, déferlent au palais de l'île de Roda auquel le sultan répond avec la même véhémence. La guerre est inévitable. En mai 1249, à la tête d'une flotte de près de deux mille navires, Louis IX embarque du port d'Aigues-Mortes et met le cap sur l'Égypte. Après une brève escale à Chypre, les Francs font route pour Damiette.

El-Sâlih est à ce moment cloué au lit, victime de la tuberculose, et donc dans l'incapacité de marcher sur l'ennemi. Dans une ultime tentative de médiation, il a proposé au roi d'échanger Damiette contre Jérusalem, mais s'est vu opposer une fin de non-recevoir, Louis IX lui ayant fait savoir qu'il n'était pas question pour lui de

1. Il fut canonisé en 1297.

traiter avec un « infidèle ». El-Sâlih charge alors l'un de ses plus valeureux généraux, le généralissime Fakhr el-Dîne Youssouf, de partir pour Damiette, à la rencontre de l'ennemi. Le 6 juin, les Francs débarquent et dressent leur camp aux abords de la ville. Le combat éclate. Mais tourne très vite à l'avantage des croisés. C'est la débâcle dans les rangs égyptiens. Fakhr el-Dîne Youssouf bat en retraite. Damiette est prise le 8 juin.

En apprenant la nouvelle, El-Sâlih entre dans l'une de ses crises de colère dont il a le secret. Il fait décapiter une cinquantaine de personnes qu'il juge, injustement, responsables de cette défaite, emprisonne des civils qui n'avaient pas eu d'autre choix que de fuir Damiette, fait convoquer le généralissime Fakhr el-Dîne Youssouf et, après l'avoir tancé de la manière la plus brutale qui soit, il le condamne à mort. C'est alors que Shagarat el-Dorr intervient. Avec toute la patience et la subtilité qui la caractérisent, elle finit par convaincre son époux d'accorder la vie sauve au général. Elle va même plus loin. Elle lui confie à nouveau le commandement de l'armée. Ce dernier lui témoigne sa reconnaissance et s'engage à désamorcer la révolte qui gronde parmi les militaires. Après tout, l'affreux sultan est malade et tout porte à croire qu'il n'en a plus pour longtemps.

Pourtant, dans un ultime sursaut, défiant les pronostics, El-Sâlih ordonne qu'on le transporte sur une litière à bord d'un bateau, jusqu'à Mansourah, à environ cent cinquante kilomètres du Caire, afin de participer à la contre-attaque contre les Francs.

Ces derniers, harcelés depuis des semaines par les troupes du généralissime Fakhr el-Dîne Youssouf, parviennent devant la citadelle de Mansourah. Ils établissent le siège, mais sont manifestement à bout de forces.

Le sultan quant à lui, enfermé avec son épouse derrière les remparts, continue de lutter contre la tuberculose qui s'est doublée d'un ulcère. Il semble un moment se rétablir, puis replonge, et l'on voit bien qu'il ne s'agit plus maintenant que d'une question d'heures. C'est ici que deux versions s'opposent. Selon l'une, il aurait appelé à son chevet le généralissime Fakhr el-Dîne et son secrétaire personnel et leur aurait demandé de prêter allégeance à Turân-Shah, son fils héritier. Selon l'autre version, c'est Shagarat el-Dorr qui fit croire que tel était le souhait de son époux, alors qu'en réalité, c'est au calife abbasside de Bagdad[1] qu'il désirait confier l'Empire.

Quoi qu'il en soit, Turân-Shah se trouve à ce moment à des centaines de lieues de l'Égypte, à Hisn Kayfa, là même où quelques années auparavant El-Sâlih avait été exilé par son père. Fakhr el-Dîne et le secrétaire s'exécutent, mais à contrecœur. Ni l'un ni l'autre n'ont d'estime pour le prince qu'ils jugent inapte. Cependant, l'ennemi est là, et l'heure n'est pas à la désobéissance. Aux alentours du 20 novembre 1249, le sultan rend l'âme, sans doute au grand soulagement de son épouse

1. D'après André Clot, *De saint Louis aux Mongols / Une esclave gouverne l'Égypte*, Éditions Tempus, 1996.

et de tout son entourage. Il a quarante-quatre ans. Cette mort ne pouvait survenir à pire moment.

Les Francs assiègent toujours Mansourah et ne semblent pas faiblir. Si la nouvelle de la disparition du sultan venait à s'ébruiter, les troupes de Louis IX s'en trouveraient ragaillardies et les soldats arabes, découragés, risqueraient fort de baisser les bras. C'est alors que l'ex-esclave fait preuve d'une étonnante présence d'esprit. Avec un sang-froid assez exceptionnel, elle rassemble les familiers du sultan et leur ordonne de garder le silence sur la mort de leur maître jusqu'au retour de l'héritier du trône. Puis, elle fait envelopper la dépouille dans un linceul et l'envoie à bord d'une barque, dans le secret le plus absolu, jusqu'au palais de l'île de Roda. Elle charge ensuite l'un des mamelouks les plus proches du sultan, un dénommé Aqtay, de se rendre immédiatement à Kayfa pour informer Turân-Shah du décès de son père et le prier de rentrer en Égypte toutes affaires cessantes. Parallèlement, elle demande à Fakhr el-Dîne de rédiger au nom d'El-Sâlih une harangue destinée à être proclamée par l'imam de la mosquée d'El-Azhar, appelant le pays tout entier à la guerre sainte contre les envahisseurs. Et comme il faut une signature au bas du document, elle n'hésite pas à imiter celle du sultan défunt.

L'hiver s'installe. Le siège se prolonge. Rien ne semble infléchir la résistance arabe. Et puis, soudain, dans la nuit du 8 février, les troupes franques, commandées par le comte Robert d'Artois, s'introduisent par surprise dans Mansourah. Manifestement, le comte aurait enfreint les ordres de son roi et refusé d'entendre les protestations de ses compagnons qui lui recommandaient d'attendre le gros de l'armée royale avant de déclencher un assaut voué à l'échec. C'est le branle-bas de combat. Le généralissime, tiré de son sommeil, se précipite à la rencontre de l'ennemi, se bat comme un lion à un contre dix, il vacille, il va battre en retraite, lorsque surgit un bataillon de mamelouks qui renverse la situation au bénéfice des Arabes. Détail qui n'est pas sans importance, l'homme qui conduit la contre-attaque n'est autre que Baïbars, Baïbars dit l'Arbalétrier, compagnon d'infortune de Shagarat el-Dorr, du temps où elle aussi était esclave sur les rives de la mer Noire. Le calme revenu, des centaines de cadavres jonchent les ruelles. Une véritable hécatombe. Près de trois cents Templiers périrent, dont le maître de l'ordre, Guillaume de Saunhac, et Robert d'Artois lui-même. Du côté égyptien, la perte la plus douloureuse est la mort du généralissime Fakhr el-Dîne, le preux guerrier.

Au fil des jours, Shagarat el-Dorr va s'imposer, affirmant aux yeux de tous sa personnalité de « commandant en chef ». C'est elle qui prend les décisions, elle qui préside aux réunions du Conseil, elle qui signe les décrets en continuant d'imiter la signature de son époux défunt. Même les mamelouks, qui ne sont pas dupes, font bloc autour d'elle.

Pendant ce temps, Turân-Shah, l'héritier au trône, se fait attendre. Au lieu de se hâter, il fait halte à Damas pour se faire adouber par les Ayyoubides de Syrie. Les émirs lui prêtent allégeance et il en profite aussitôt pour faire main basse sur le trésor de la citadelle de Damas.

Alors que l'armée égyptienne continue de lutter pied à pied pour contenir les croisés, le jeune homme (il a environ vingt-cinq ans) s'éternise, festoie. Le mamelouk Aqtay, l'émissaire de Shagarat el-Dorr, tente bien de le rappeler à son devoir, il ne l'entend pas. Finalement, il se décidera à repartir pour l'Égypte où il arrivera fin février 1250. Fort de la cinquantaine de cavaliers qui l'accompagnent, il se lance (enfin) à l'attaque des Francs qui sont contraints de battre en retraite. Constatant que la situation est devenue intenable, Louis IX tente une médiation. Il propose aux Égyptiens de leur restituer Damiette en échange de Jérusalem. Proposition faite précédemment par El-Sâlih et que le roi avait sèchement rejetée. La réponse des Égyptiens ne se fait pas attendre : trop tard.

Deux mois s'écoulent. Le scorbut, la peste et la famine ont décimé les rangs des croisés. L'armée franque n'est plus qu'une armée agonisante. Louis IX doit se rendre à l'évidence. Il n'a plus d'autre choix que de tenter un retrait de ses troupes vers les côtes méditerranéennes. Il lève le camp le 5 avril 1250 et franchit le Bahr el-Saghîr, l'un des bras du Nil qu'il avait traversé une première fois lorsqu'il avait attaqué Mansourah. C'est le moment que choisissent les Égyptiens pour leur porter le coup de grâce. L'ultime bataille va se dérouler le 6 avril, à hauteur de Faraskour, non loin de Damiette. Le désastre fut total. Encerclée, l'armée franque est laminée et le roi Louis IX est fait prisonnier.

De retour au Caire, Shagarat el-Dorr est confrontée à un nouvel ennemi. Cette fois, il ne s'agit pas des croisés, mais de Turân-Shah. À peine installé dans le palais de l'île de Roda, encouragé par les militaires qui l'avaient accompagné, il s'attaque ouvertement à celle qu'il considère comme une usurpatrice. Il lui réclame des comptes sur sa gestion, exige qu'elle restitue la fortune héritée d'El-Sâlih, et comme elle refuse de s'exécuter, il la menace des pires châtiments. Toujours sous l'influence néfaste de ses compagnons, et sans consulter les émirs, qui s'estiment à juste titre humiliés, Turân-Shah se lance dans une négociation précipitée avec les Francs, veut signer la paix au plus vite, régner en maître absolu, tout en menant une vie dissolue. Bientôt, il suscite un sentiment de rejet tant parmi les anciens fidèles de son père que dans les rangs des mamelouks bahrites que commande désormais Baïbars, l'Arbalétrier, totalement acquis à Shagarat el-Dorr. Ce sont ces derniers qui vont prendre l'initiative d'éliminer le sultan devenu indésirable. Dans la première semaine du mois de mai 1250, au cours d'un banquet organisé par Turân-Shah, Baïbars lui porte un coup de sabre. Le sultan, qui n'est que blessé, réussit à fuir et se réfugie dans une tour de guet. Les mamelouks y mettent le feu. Turân-Shah parvient à s'échapper. Il fonce vers le fleuve, mais au moment de l'atteindre il est rattrapé et tué.

Shagarat el-Dorr est maintenant seule maîtresse de l'Égypte.

D'un commun accord, les mamelouks décident d'élever la veuve d'El-Sâlih au rang de sultane. Elle s'octroie aussitôt le titre de « Reine des musulmans ». Les formules du protocole sont désormais écrites en son nom sur les pièces officielles et elle établit un sigle royal avec cette formule : « Oum Khalil ». La « mère de Khalil » (son fils défunt). Et, fait sans précédent, on prononcera la *khotba*, le prêche du vendredi, au nom de la sultane. Elle recevra les dignitaires et les membres de la cour, à l'instar du Commandeur des Croyants, allongée sur un lit à baldaquin, et cachée par un rideau qui soulignait ainsi le caractère quasi sacré de la « Reine des musulmans ».

Installée au pouvoir, la première démarche de la souveraine est d'ouvrir les négociations avec les Francs. Elle conclut bientôt un traité de paix qui stipule la libération de Louis IX (guéri entre-temps par les médecins égyptiens d'une sévère dysenterie), en échange d'une somme absolument astronomique : 400 000 besants[1]. Somme considérée par les uns comme une infâme « rançon » et par les autres comme une « réparation pour dommages de guerre ». La mère du roi, Blanche de Castille, exigera des Templiers réticents le paiement du montant qu'ils accepteront de payer par tranches annuelles. Le roi de France sera libéré sur parole le 13 mai 1250 et expédié à Saint-Jean-d'Acre. Il ne reviendra en France que quatre années plus tard, après le paiement intégral de la

1. Pièce de monnaie ronde d'or ou d'argent frappée autrefois à Byzance d'où elle tire son nom. Elle était aussi l'emblème des voyages accomplis en Orient et en Palestine, à l'époque des croisades. En France, on frappait des besants que l'on nommait aussi *sous d'or*. Au XIIIe siècle un besant valait (très) approximativement 3 euros.

dette qui sera finalement réduite d'un quart et mettra à profit son séjour pour réorganiser l'administration et le système défensif de la région et assurer ainsi quelques décennies de survie à l'Orient latin.

Aux yeux des musulmans, et tout particulièrement du calife de Bagdad, une sultane sans époux n'était sultane qu'à moitié. Ce dernier, d'ailleurs, avait vu d'un très mauvais œil l'élévation d'une femme au trône d'Égypte. D'où cette remarque acerbe qu'on lui attribue : « S'il n'existe pas un homme parmi vous, faites-le-moi savoir et je vous en enverrai un d'ici. »

Si elle veut mettre un terme à la tension déclenchée par son statut de femme au pouvoir, Shagarat el-Dorr n'a donc d'autre choix que de se marier. Elle porte son dévolu sur un mamelouk du nom d'Aybak et l'épouse en grande pompe aux alentours de 1253. Aussitôt après son accession au trône, le nouveau personnage adopte le titre d'El Malek el-Mu'izz el-Dîne Aybak et, dès lors, on cessa de dire le sermon du vendredi au nom de la sultane. Ainsi, grâce à ce mariage fabriqué de toutes pièces, les apparences étaient sauves. Un homme était au pouvoir, mais dans les coulisses, c'est une femme qui gouvernait. Malheureusement, le stratagème fut loin de convaincre le calife de Bagdad et des désordres de plus en plus nombreux se produisirent ici et là. On usa donc d'un nouveau subterfuge. Les émirs mamelouks se mirent en quête d'un prince ayyubide, un homme susceptible de faire l'unanimité. Ils trouvèrent un enfant de six ans. Le prince Moussa, dont le père, prince du Yémen, était un frère d'El-Sâlih, l'ex-époux de sinistre mémoire de Shagarat el-Dorr. Dans la foulée, on proclama qu'Aybak n'était que son « délégué ». La tension eut l'air de retomber. Guère longtemps. Un nouveau venu raviva le feu. Il s'agissait d'El-Nasîr, le sultan d'Alep. Désireux de venger l'assassinat de Turân-Shah, il marcha sur l'Égypte, convaincu qu'il ne ferait qu'une bouchée des mamelouks. L'avenir lui donnera tort. Ses forces furent littéralement balayées et lui-même fut massacré.

On aurait pu croire que le pays allait connaître enfin une période de calme et de prospérité ; il n'en fut rien. Les problèmes intérieurs surgirent au bout de quelques mois et les mamelouks ne tardèrent pas à se scinder en deux factions rivales. L'une, commandée par Aqtay, demeuré fidèle à l'enfant-sultan, l'autre prenant le parti d'Aybak. Pillages, meurtres. L'Égypte n'était plus qu'une proie livrée à la rapacité des uns et des autres. La situation ne pouvait plus durer ; d'Aqtay ou d'Aybak, l'un des deux adversaires devait disparaître. Ce sera Aqtay.

Mandaté par son ennemi à la citadelle sous prétexte de vouloir négocier une trêve, l'émir fut brusquement assailli et passé au fil de l'épée. Non content d'avoir éliminé son rival, Aybak s'attaqua ensuite à Moussa, l'enfant-sultan, et le fit jeter dans un cachot.

Seule Shagarat el-Dorr demeurait. Immuable, omnipotente, exerçant une pression étouffante sur Aybak. Sa domination était telle qu'elle avait obligé le mamelouk à répudier sa première épouse, la mère de son fils Ali. Lassé, irrité, Aybak n'aspira plus qu'à une seule chose :

se débarrasser de son encombrante épouse. Dans les jeux de sang, seul celui qui porte le premier coup a une chance de survivre. Un matin du mois d'avril 1257, Aybak vint rendre visite à son épouse dans les appartements qu'elle occupait dans la citadelle. Un chroniqueur nous affirme que le couple se réconcilia et qu'Aybak « honora » sa femme. La nuit venue, il se rendit dans la salle d'ablutions pour prendre un bain. C'est alors que cinq mamelouks – à la solde de Shagarat el-Dorr – firent irruption. Aybak était piégé. Le dernier sultan ayyubide venait ainsi de disparaître ouvrant la voie à une nouvelle dynastie : les mamelouks.

Pour masquer le crime, on fit courir le bruit que le sultan était décédé de mort naturelle et l'on fit venir des pleureuses en signe de deuil. Mais les compagnons d'Aybak ne furent pas dupes. Shagarat el-Dorr allait payer. Pressentant que ses jours étaient comptés, la sultane broya dans un mortier ses fabuleux bijoux.

Le 11 avril 1257, Ali, le fils d'Aybak, fut proclamé sultan. Une fois sur le trône, il fit revenir sa mère qui avait été répudiée et renvoyée du palais par la faute de Shagarat el-Dorr, et le 27 avril, il fit appréhender sa rivale et la livra à la vindicte des esclaves, non sans l'avoir giflée et injuriée. Elle fut littéralement massacrée, piétinée à coups de socques jusqu'à ce que mort s'ensuive, puis l'on emporta sa dépouille et on la précipita du haut des murailles de la citadelle. Elle y restera plusieurs jours, livrée aux chacals du désert.

Pour célébrer la disparition de sa rivale, la mère d'Ali fit distribuer du pain et du lait aux pauvres du Caire.

Ceux-ci ajoutèrent du sucre dans le lait ainsi que quelques fruits secs, donnant naissance à un dessert baptisé depuis « Oum Ali », la « mère d'Ali », dont se délectent aujourd'hui encore les Égyptiens.

Ce qu'il restera de la dépouille de la seule souveraine médiévale d'Égypte sera finalement rassemblé dans un panier et enterré dans le mausolée qu'elle avait fait ériger dans la nécropole de Sayyeda Nafissa.

Sur le cénotaphe en bois, on peut lire cette inscription :

« Ô vous qui venez près de ma tombe, ne soyez pas surpris de ma condition. Hier, j'étais votre pareille. Demain vous serez comme moi. »

Bibliographie

Chronique des reines d'Égypte, Joyce Tyldesley, Actes Sud.

Cléopâtre, Benoist-Méchin, Tempus.

Cléopâtre, Joël Schmidt, Folio biographies.

Dictionnaire de la civilisation égyptienne, Guy Rachet, Larousse.

Épouses du Prophète de l'Islam (Les), Malika Dif, Tawhid.

Épouses du Prophète Muhammad (Les), Vérités et mensonges, Gebo.

Femme au temps des pharaons (La), Christiane Desroches Noblecourt, Stock/Laurence Pernoud.

Harem impérial au XIXe siècle (Le), Leïla Hanoum, Éditions Complexe.

Harem years, the memoirs of an Egyptian feminist, Huda Shaarawi, *translated and edited by* Margot Badran.

Hatshepsout, la femme pharaon, Joyce Tyldesley, Éditions du Rocher.

Histoire de Zénobie, impératrice-reine de Palmyre (1758), Euvoi de Hauteville.

Il était une fois une Sultane, Azza Heikal, Maisonneuve & Larose.

Kahina, reine des Aurès (La), Germaine Beaugitte, Éditions des Auteurs.

Kebra Negast, La Gloire des Rois d'Éthiopie, traduit du guèze par Samuel Mahler, les Éditions de la boutique des artistes.
Moi Zénobie, reine de Palmyre, Bernard Simiot, Albin Michel.
Moi, Aïcha, 9 ans, épouse du Prophète, Leïla Mounira, L'Âge d'Homme.
My people shall live, Leïla Khaled, Georges Hajjar.
Oum Kalsoum, l'étoile de l'Orient, Ysabel Saïah-Baudis, Éditions du Rocher.
Palestiniens, 1948-1998, de la lutte armée à l'autonomie, Christian Chesnot, Joséphine Lama, Autrement.
Pharaons, Philipp Vandenberg, Omnibus.
Putain des dieux (La), Michel Cazenave, Éditions du Rocher.
Reine mystérieuse Hatshepsout (La), Christiane Desroches Noblecourt, Pygmalion.
Reines, princesses et intrigantes, Patrick Weber, Hachette.
Roman de la Kahina (Le), Magali Boisnard, Éditions d'Art.
Théodora, impératrice d'Orient, Guy Rachet, J'ai Lu.
Théodora, impératrice de Byzance, Paolo Cesaretti, Payot.
Vers les rives de l'amour, Lesley Blanch, Denoël.

Table

Composition et mise en page

NORD COMPO
multimédia

Achevé d'imprimer en mars 2011
dans les ateliers de Normandie Roto Impression s.a.s.
61250 Lonrai
N° d'impression : 111275
N° d'édition : L.01EUCN000297.N001
Dépôt légal : avril 2011
Imprimé en France